학교여, 춤추고 슬퍼하라

국립중앙도서관 출판시도서목록(CIP)

학교여, 춤추고 슬퍼하라 / 샐리 다운햄 밀러 지음/김진원 옮김. -- 서울 : 이채,
2004
    p. ;   cm.
원서명 : Mourning and Dancing for Schools
원저자명 : Miller, Sally Downham
ISBN 89-88621-37-9 03370 : ₩10000

372.61-KDC4
371.46-DDC21   CIP2004000684

학교여, 춤추고 슬퍼하라

초판 1쇄 인쇄 2004년 7월 30일 I **초판 1쇄 발행** 2004년 8월 5일
지은이 샐리 다운햄 밀러 I **옮긴이** 김진원 I **펴낸이** 한혜경 I **펴낸곳** 도서출판 異彩(이채) I **주소**
135-100 서울특별시 강남구 청담동 68-19 리버뷰 오피스텔 1110호 I **출판등록** 1997년 5월 12일
제 16-1465호 I **전화** 02)511-1891, 512-1891 I **팩스** 02)511-1244 I **e-mail** yiche7@dreamwiz.com

Mourning and Dancing for Schools
Copyright © 2000 Sally Downham Miller
published by agreement with Health Communications, Inc.
Deerfield Beach, Florida, U. S. A.
All Rights Reserved
Korean Translation Copyright © 2001 by Yiche Publishing Co.
through Inter-Ko Book Library Service, Inc.

ISBN 89-88621-37-9 03370

* 값은 뒤표지에 있으며, 잘못된 책은 바꿔 드립니다.

학교여, 춤추고 슬퍼하라

샐리 다운햄 밀러 지음 / 김진원 옮김

이채.

머리말

지난 24년 동안 저는 교육계에 몸담아 왔으며, 유치원에서 대학에 이르는 모든 과정을 가르쳐보았습니다. 24세 되던 해 남편을 잃고 두 아이를 양육해야 했지요. 제 주변 사람들은 이러한 사실을 좀처럼 알지 못합니다. 남편이 죽던 날, 제 인생은 180도 변해버렸습니다. 하지만 어느 누구에게도 그러한 사정을 말하지 않았지요. 그때까지 텔레비전이 보여주는 유명인사의 장례식을 제외하고는 다른 사람들의 슬픔에 대해선 아무것도 알지 못했습니다. 존 F. 케네디가 저격당했던 때 어떤 느낌이었는지 기억하고 있습니다. 그래서 남편이 죽었을 때 JFK의 아내 재클린, 그 다음에는 코레타 스코트 킹*Coretta Scott King*(마틴 루터 킹 목사의 미망인: 역주)과 에델 케네디*Ethel Kennedy*(로버트 케네디 전 미국 상원의원의 미망인: 역주)의 슬퍼하는 행동을 흉내내려고 애썼는지도 모릅니다. 전 어둠 속에 홀로 남겨졌습니다.

결국 학교로 돌아가 아이들을 가르치게 되었습니다. 두 아이는 학교에 잘 다니며 건강히 자라주었지요. 학교는 우리 가족의 중심무대가 되었습니다. 하지만 학교에서도 우리 가족은 슬픔에 대해 말하려 하지 않았습니다. 1970년대 말이 되어서야 우리는 자신의 슬픔과 힘겨운 싸움을 벌이는 이들과 함께 시간을 보내기 시작했습니다. 홀로 슬픔을 겪어나가는 것이 어떤 것인지 너무나 잘 알고 있었으니까요.

슬픔에 빠진 사람들과 함께 시간을 보내면서 "그곳에 함께 있다"는 사실만으로도 도움이 된다는 것을 배웠습니다. 더 이상 혼자라고 느끼지 않아도 되기 때문이겠지요. 전 여러 이야기를 했습니다. 물론 그들도 제게 이야기를 했습니다. 함께 하면서 서로를 도왔습니다. 각자

해야만 하는 일들을 계속 해나갈 수 있도록 서로 격려했지요. 누군가 저를 필요로 할 때마다 시간을 냈습니다. 개인, 가족, 호스피스 모임, 교회 그리고 다른 에이전시들과의 만남이 입에서 입으로 전해졌지요.

1980년대 초, 학교에서 행정직을 맡게 된 후에도 비탄에 잠긴 사람들을 위한 봉사활동을 계속했습니다. 첫 번째 지원모임을 시작하자 사람들이 찾아왔습니다. 홍보 한 번 한 적 없고, 상담과 위로에 대한 대가로 보수를 받은 적도 없었습니다. 더구나 이런 활동이 제 개인의 이력에 도움이 되리라고는 생각해본 적 없었죠. 제가 했던 일이, 국립 정신보건협회(National Institute of Mental Health)의 지침이나 혹은 어떤 철학 분야의 연구 방법에도 따르지 않았다는 것은 확실합니다.

어느 금요일 밤, 뉴저지주 패터슨Patterson의 한 학교에서 연설을 한 적이 있습니다. 한 달 전 강연을 했던 교회에서 몇 분이 참석하셨어요. 왜 여기까지 오게 되었냐는 질문에 한 사람이 이렇게 답했습니다. "이 도시에서 당신밖에 없기 때문이에요." 그들은 저의 열성팬이자 애정 어린 비평가가 되었습니다. 우리가 서로를 얼마나 필요로 하는지, 좀더 적극적인 활동을 위해서 어떤 경험이 필요한지 모두 그들을 통해서 알게 되었습니다.

1985년에 교장이 되었습니다. 대부분 다른 학교들과 마찬가지로 이 학교도 엄격한 관리와 통제 하에 교육이 이루어졌습니다. 하지만 슬픔에 빠진 사람들에 대한 대처 방법에 대해서는 대부분의 교직원들이 아무런 정보도 가지고 있지 않았습니다. 물론 학생들에게 용기를 북돋우는 특별한 시간을 마련해주는 선생님이 간혹 있었습니다만.

어떤 학생이 부모 중 한쪽을 잃었을 때 주위의 반응에 대해 한번 생각해봅시다.

"지금 그런 걸 꼭 얘기해야겠니?"

"그것에 대해 이야기한다고 바뀌는 건 없어."

"그런 토론은 집에서나 하려무나."

"지금부터는 그런 감정에 빠져 있으면 안 돼. 어서 끝내려무나."

이처럼 낡고 진부한 생각을 하는 이들과도 마주치게 될 것입니다.

학생들이 죽습니다. 선생님들은 아이들을 잃지요. 학생들은 애완동물과 할아버지, 할머니를 잃습니다. 그러나 당혹스럽게도 그 슬픔을 다독거릴 시간이 많이 주어지지 않는다는 사실을 저는 깨달았습니다.

부모이자 선생님이자 학교 행정담당자인 우리들은 상실들로부터 결코 회복될 수 없는 학생들과 가족들에 대한 이야기들을 충분히 알 수 있었습니다. 학교에 대한 아이들의 관심이 줄어들고 성적이 떨어지는데도 무기력하게 아이들을 지켜보았습니다. 아이들이 엇나가고 마약에 손을 대는 것을 맥없이 바라보고 있었습니다. 청소년들의 우울증, 자살, 심지어는 초등학교로까지 그 범위가 내려온 마약 사용의 비율에 깜짝 놀라면서 말입니다. 하지만 여전히 상실과 슬픔이 가져오는 압도적이고 강력한, 삶을 변화시키는 영향에 대해 이야기를 하는 데는 여전히 망설이고 있습니다.

슬픔에 빠진 가족들, 학교들, 그리고 개인들과 함께 일해 온 24년은 성공을 거두는 일정한 요소들이 있다는 사실을 제게 증명해주었습니다. 슬프지 않은 체하는 대신 슬픔을 받아들이는 것, 슬픔은 고통스럽지만 삶의 자연스런 부분이라는 현실을 인정하는 것, 슬픔을 겪고 있는 사람들과 함께 있는 것, 그리고 도움이 되는 정보들에 대해 사람들과 이야기를 나누는 것. 이 일은 로켓에 관한 학문이 아닙니다. 법에 거스르는 것도 아니지요. 쉽진 않지만 단순한 것이기도 합니다. 학교에서도 이루어질 수 있습니다. 그리고 여러 생명을 구할 수 있습니다.

차례

추가 자료

....

아이들의 죽음에 대한 개념과 임종 심리

최 영 (최영 정신과/학습증진센터 원장 http://소아청소년.kr)

진료실에서 면담을 하면서, 또는 인터넷 게시판을 통한 상담실을 운영해 오면서 부모들로부터 여러 가지 질문을 받아 왔다. 그 중에는 자녀가 죽음에 대해 물어올 때 부모는 어떻게 설명해주어야 되는지에 대한 문의가 생각보다 많다. 또는 주변 사람이 사망을 앞두고 있거나 사망했을 때, 아이들을 어떻게 도와주어야 되는지에 대한 질문도 흔하다.
아이들은 죽음에 관해 대체적으로 다음과 같이 질문한다.

- 죽는다는 게 뭐예요?
- 죽으면 어떻게 돼요?
- 엄마(아빠, 나)도 죽어요?
- 그럼 누가 날 키워주나요?
- 사람은 왜 죽어요?
- 죽은 사람은 지금 어디에 있어요?
- 죽은 사람은 왜 다시 돌아오지 않죠?

사랑하는 사람 또는 애완동물의 죽음은 아이들에게 상당한 정도의 스트레스가 된다. 전체 아이들의 5%는 만 15세 이전에 부모의 사망을 경험하며, 중고등학생의 약 40% 정도는 또래가 사망하는 것을 경험한다고 보고되고 있다. 또는 미래에 닥쳐올 주변사람의 사망에 대한 걱정 때문에 불안해 하는 아이들도 있다.
이런 아이들의 질문에 답하고 죽음과 관련해서 고통받는 아이들을 도와주기 위해서는 아이들이 가지고 있는 죽음에 대한 개념이 어떤 것인지를 먼저 알아보아야 한다.

소아의 죽음에 대한 개념

가까운 친지의 죽음을 접하거나 아이 자신이 심각한 질병이나 사고로 죽음을 앞두고 있을 때, 아이가 어떻게 반응하는가는 아이가 죽음에 대해 어떤 개념을 가지고 있느냐에 따라 결정된다. 대개 나이가 들면서 점차 죽음에 대한 명확한 개념을 가지게 되므로, 죽음에 대한 이해도 발달단계에 따라 달라진다. 죽음에 대해 충분하지 못한 개념을 가진 아이들의 경우, 죽음을 감정적으로 원만하게 처리하지 못하므로 예측하지 못한 반응이 나타날 수 있다.

1. 죽음의 4가지 주요 개념과 아이들의 오해들

1) **되돌이킬 수 없다(irreversibility)** : 죽음이란 되돌릴 수 없는 영구적인 현상이다. 어린아이의 경우 마치 여행에서 돌아오듯 죽은 사람을 다시 만날 수 있다고 생각한다. 사실 이런 미숙함이 사망한 사람에 대한 원만한 감정적인 처리에 도움이 되기도 한다.

2) **생명의 최종 도착점이다(finality, nonfunctionality)** : 쉽게 말해 모든 것이 끝나는 것이 죽음이며 죽으면 모든 기능이 멎는다. 아이들은 땅에 묻힌 죽은 사람이 춥지 않을까, 아프지 않을까 걱정하고 음식을 같이 묻어주어야 한다고 생각할 수도 있다. 하지만 이렇게 죽은 자의 신체적인 고통에 집착하게 되면 아이의 적응에 문제가 초래되기도 한다.

3) **피할 수 없다(inevitability, universality)** : 모든 생명체는 죽음을 피할 수 없다. 아이들은 자신이나 부모가 결코 죽지 않는 것으로 오해하기도 한다. 그래

서 주위 사람의 사망에 대해 자신이 뭔가 잘못했고, 그 잘못에 대한 벌로 죽음이 일어난다고 생각해 지나친 죄악감이나 수치심을 가지기도 한다.

4) 원인이 있다(causality) : 모든 죽음에는 원인이 있다. 아이들은 자신의 나쁜 생각이나 행동이 사랑하는 사람의 죽음의 원인이라는 식의 마술적인 생각을 할 수도 있다. 결국 죄악감에 빠지게 되어 죽은 사람에 대한 감정 처리를 방해하게 된다.

어른들과 유사한 죽음의 개념은 만 5세부터 7세 사이에 시작된다고 본다. 하지만, 개인에 따라 발달에 차이가 있게 마련이므로 비슷한 또래에서도 서로 다른 죽음에 대한 개념을 가질 수도 있다. 이 개념의 형성은 아이의 사회문화적인 경험이나 지능에 따라 영향을 받는다.

2. 나이에 따른 개념의 변화

1) 5세 이전 : 죽음이란 눈앞에서 사라지는 것, 또는 자신과 헤어지는 것으로 간주한다. 이별이기 때문에 다시 만날 수 있고, 죽은 사람은 다른 곳에 있다고 믿는다. 즉, 죽음을 일시적이고 임시적인 것으로 생각한다. 때에 따라서는 부모의 죽음을 세상을 떠난 것이 아니라 자기를 괴롭히는 어떤 계획된 행동으로 오해하고 슬픔과 분노를 나타내기도 한다.

2) 5~10세 : 죽음에 대해 이해의 폭이 넓어지지만, 아직은 죽음에 대한 오해를 상당히 갖고 있다. 죽음을 의인화하기도 하는데, 죽음을 무서운 사람으로 간주하거나 누군가를 납치해가는 어떤 사람으로 생각하기도 한다.

3) 10세 이후 : 대개 성인과 유사한 개념이 생겨난다. 죽음은 누구에게나 오는 마지막 길로 생각하게 된다.

주위 사람의 죽음에 대한 소아의 반응

1. 급성 반응

죽음 자체에 쇼크를 받아서, 사실을 믿지 못하거나 죽음 자체를 부정한다. 죽은 사람을 보고 듣는 꿈을 꾸거나, 죽은 사람에 대한 생각에 몰두하며, 그리워한다. 집중하기 힘들어지고, 어떤 결정을 내리기가 어려워져서 학교나 유치원 생활에 어려움이 발생한다. 갑자기 화를 내거나 남을 탓하기도 하며, 부적절한 죄악감이나 수치심을 느낀다. 일부 아이들은 우울해지고 사회생활이 위축되며, 자살을 생각하기까지 한다. 불안과 공포를 느끼는 아이들도 많은데, "이제 누가 나를 돌보아줄까?"를 걱정한다. 다양한 신체증상을 호소하거나, 어린 시절로 퇴행하는 모습을 나타내기도 한다.

2. 만성 반응

일정한 시간이 지나면 가까운 사람을 잃은 데 대한 상실감이 마음속에 자리한다. 사망자의 증세와 유사한 증상을 나타내는 일종의 전환장애를 보이기도 하며, 적절한 대인관계를 맺고 유지하는 데 어려움을 겪는다. 일부 아이들은 이런 감정이 수개월 또는 수년 동안 표현되지 않을 수도 있으며, 애도 반응이 특정한 날짜(예, 부모의 기일)에 반복될 수도 있다.

죽음에 관해 대화하는 법

대부분의 성인들은 죽음에 대해 이야기하는 것 자체에 불편함을 느낀다. 아이들과 대화하기 전에 어른 자신이 느끼는 슬픔이나 상실감에 대해 스스로 인식하는 것이 필요하다. 먼저, 아이가 이해할 수 있는 언어로 죽음의 이유에 대해 설명해준다. 그런 다음, 아이가 질문을 할 수 있는 기회를 주고 아이 자신이 가진 두려움이나 공상에 대해 알아본다. 친지가 사망한 경우 아이가 불편해 하지만 않는다면 사망한 사람의 사체를 볼 수 있도록 해주고, 사망 후의 장례식에 아이를 참여시켜준다. 사망한 사람에 대한 아이의 감정이나 기억들에 대해 말할 수 있도록 격려한다. 충분히 감정 표현을 할 수 있도록 하는 것이 중요하다. 아이가 이 시점에서 어떤 도움을 필요로 하는지를 인식하고 반응해주는 것이 성인의 할 일이다. 아이들의 죽음에 대한 질문에 "너는 몰라도 돼", "나중에 크면 알 게 돼"라는 식의 반응은 해로우므로 피해야 한다.

임종을 경험하는 아이들을 도와주는 법

1. 만 3세 이전

이 시기에는 부모와의 이별이 주된 문제가 되므로 주위 어른이 가능한 낯익은 환경에서 일관성 있고 지속적으로 양육을 제공해주는 것이 중요하다. 평소에 낯익은 장난감이나, 적절한 대체물(transitional object)을 잘 이용한다. 이 무렵에는 주 양육자가 자주 바뀌지 않는 것이 좋다.

2. 만 3~6세의 학령전기 또는 초기 아동기 어린이

어린 아동의 경우에는 "죽음은 네 잘못이 아니란다"는 식으로 아동에게는 책임이 없다고 안심시켜주는 것이 좋다. "아빠는 언제 집에 와?" "할머니가 땅 속에 있으면 춥지 않을까?" "흙으로 덮으면 숨을 못 쉬면 어떻게 해?" 등의 질문에는 솔직하고 직설적으로 말해주는 것이 좋다. "할머니는 돌아가셨어. 다시는 만날 수 없지. 그래서 우리 모두 슬퍼하는 거란다" 또는 "네 질문에 대답을 하고 싶은데…… 먼저 네 생각이 어떤지 듣고 싶구나. 너는 어떻게 생각하는데?"라고 말해주는 것이 바람직하다.

이전에 애완동물이나 관상용 식물의 죽음을 경험했던 아이라면 그런 경험과 현재의 경험을 연결지어 설명해주는 것이 도움이 된다. 죽음이나 이별과 관련된 동화나 그림책을 읽어주는 것도 좋다.

장례식에 참석하는 것은 아이가 선택할 수 있도록 해준다. 장례식에서의 경험은 아이의 불필요한 두려움이나 공상을 줄여줄 수 있다. 참석하는 경우 아이를 배려할 수 있는 어른이 반드시 곁에 있어준다. 아이가 장례식 참석을 두려워한다면 행사가 끝난 다음 묘지에 방문할 수 있도록 배려한다.

3. 만 6~12세의 학령기 어린이

이 시기의 어린이들은 몸의 기능에 대한 개념이 있으므로 사망의 원인에 대해 구체적으로 설명해준다. 예를 들자면 "심장이 멎었단다" "숨을 쉬지 않아서……" "암 때문에 돌아가셨단다" 등의 표현이 좋다. 자살이나 타살의 경우라 할지라도 솔직하게 죽음의 이유에 대해 설명해주는 것이 아이의 장기적인 적응에 도움이 된다. 아이 자신의 감정을 충분히 말로 표현할 수 있도록 격려해주어야 하며, 이 나이에는 반드시 장례식의 전 과정에 아이를 참석시키는 것이 좋다.

4. 청소년

이 시기에는 대부분 성인과 유사한 감정반응을 나타낸다. 친구가 중요한 시기이므로 가족 대신에 친구와 함께 있고 싶어 할 수도 있다. 사랑하는 사람과 '같이 하기' 위해 자살에 대한 생각을 할 수도 있음에 유의한다.

정신적 후유증의 가능성이 높은 때

5세 미만이나 초기 청소년기에 상실을 경험한 경우, 11세 이전의 여아에서 어머니가 사망하거나 청소년기 남아에서 아버지가 사망한 경우, 이전부터 정신적인 어려움이 있었거나 죽음에 대한 사전 지식이 없었던 경우, 죽은 사람과의 관계가 갈등이 많았거나 생존한 부모가 재혼한 후 새 부모와의 관계가 좋지 않을 때, 생존한 부모가 심리적으로 불안정하거나 환경의 변화가 심하고 일관되지 못했을 때, 가족과 사회의 지지가 좋지 않은 경우, 그리고 사망이 예측되지 않았던 것일 때, 특히 자살이나 타살인 경우에는 아이들에게서 정신적인 후유증의 가능성이 높다.

사망한 사람에 대한 애도반응이 6개월 이상 지속되는 경우, 슬픔의 정도가 나이에 비해 지나치게 심한 경우, 가정생활과 학교생활 및 친구관계의 기능이 심각하게 떨어진 경우, 그리고 주위 어른들이 아이의 감정표현이나 질문에 대해 적절하게 대처하기 어려운 경우에는 정신과 의사에게 진단을 받아보아야 한다.

제1부 슬픔에 젖은 학교

캐롤라인 스몰 교장선생님의 죽음

제1일 : 교장선생님의 죽음

캐롤라인 교장선생님이 살아생전 앉았던 의자 앞에 서서 나는 책상 모서리를 따라 손가락을 움직거렸다. 의자에 앉을 엄두도 안 난다. "오늘의 해야 할 일" 메모판에 눈을 고정하고, 낯익은 글씨체의 "할 일들" 목록을 되뇌어보았다. 왼쪽에 체크된 것들이 가장 먼저 해야 했던 일인가 보다. 선생님들은 교실에서 학생들과 수업을 하고 있고, 비서는 제출할 보고서를 작성 중인데, 아직도 나는 교장실에서 메모판만 뚫어지게 쳐다본다. 산들바람이 살짝 불자, 캐롤라인이 애용했던 향수 냄새가 풍겨온다. 즐겨 입던 오렌지색 스웨터, 그리고 손만 뻗으면 닿을 듯한 테디베어 인형들(이 인형들은 캐롤라인이 학생들의 울적한 마음을 달랠 때 상당히 유용하게 사용했는데, 실제 학생들은 이 인형들을 보며 슬픔을 떨쳐버릴 수 있었다).

마음속으로 고요히 그녀의 목소리가 들린다. 바람을 일으키며 언제든지 저 문을 통해 들어설 것만 같다. 큰 소리로 인사를 건네고, 질문을 던지며 외투를 걸고, 축제일에 입을 밝은색 스웨터를 걸치며 이렇게 말하겠지.

"안녕, 베이비! 오늘은 무엇을 배워볼까요?"

학교 행정에 몸담아 일해 오는 동안 어떤 동료들도 나를 "베이비"라고 불렀던 적은 한 번도 없었는데. 본성이 아이와 같은 캐롤라인은 이제 이 세상에 없다. 한순간 일어난 고속도로 교통사고에 사라져간 나의 동료 캐롤라인, 이건 분명 그녀의 잘못이 아니다.

나는 캐롤라인과 마찬가지로 북부 뉴저지주 월드윅Waldwick의 교육계에서 초등학교 교장으로 일하다 전업작가가 되기 위해 1년 전 그곳을 떠났다. 보고 싶었는지 개학을 일주일 남겨 놓고 그녀는 한 달 전에 인디애나에 있는 우리집으로 놀러 왔다. 캐롤라인은 내가 쓰고 있는 책의 마감일이 바로 코앞에 다가와 있음을 알고 도와주려 했다. 처음엔 딱히 도움이 될까 의구심이 일기도 했지만, 캐롤라인은 학교에서 겪었던 학생들의 죽음에 대한 두 가지 이야기를 예로 들며 많은 도움을 주었다. 그런 사건이 생긴 후 캐롤라인은 학생들에게 애도와 추모의 과정을 조심스럽게 교육시키고 있었다. 너무나 생생하고 마음에 사무쳐 녹음했던 그 이야기를 나는 지금 테이프로 듣고 있다. 죽음에 대한 진지하고 소중한 이야기들을……

캐롤라인이 사고를 당했을 당시 나는 출판된 책의 홍보를 위해 여행 중이었다. 도시 순회 연설중 남편이 전해준 소식에 망연자실한 나는 허겁지겁 집으로 돌아왔다. 집에서는 불시에 닥친 사고를 알리는 교육감과 다른 교장선생님들, 선생님들 그리고 친구들로부터 온 15개의 메시지가 기다릴 뿐이었다. 그런데 첫 번째 메시지는 바로 세상을 떠난 캐롤라인에게서 온 것이었다.

"나야, 잘 있었지? 이사 갔다고 해서 아주 안 볼 생각은 아니겠지? 벌써 10월이다. 우리집에 온다는 약속을 잊은 건 아닐 테고. 만나면 같이 먹으려고 멋진 이탈리아 음식을 만들 계획인데, 언제쯤 올 수 있어? 오늘밤엔 집에 있을 거야. 내일은 결혼식에 갈 거고, 일요일엔 집에 있을 텐데, 전화해주면 좋겠다. 정말 보고 싶다. 지금 바로라도 파스타 반죽을 만들 수 있는데 말야."

그녀의 목소리를 듣자마자 침대 위에 쓰러져 엉엉 울었다. 이 모든 것이 어떻게 사라졌단 말인가. 선생님, 학생들과 함께 이 끔찍하고 힘겨운 일을 나누기 위해 지금 캐롤라인의 학교에 와 있다. 멀리서 갑자기 다가온 이 슬픔이 현실처럼 느껴지지 않는다. 짐짓 아무렇지도 않은 체하는 것이 차라리 쉽다. 그러나 그것도 홍수처럼 밀려드는 감정, 시간이 지나면서 더 강렬해지는 감정을 잠시 뒤로 미루는 것에 불과할 뿐이다.

"캐롤라인 교장 선생님 대신 이 학교를 운영해주셨으면 합니다."

교육감님의 따뜻한 요청에 아무런 망설임 없이 "물론이지요"라고 대답했다.

"이번 일을 겪어낼 때까지 도와주실 수 있으신지요?"

껴안고 같이 눈물을 흘렸던 선생님들의 물음에도 "물론이지요"라고 말했다.

"슬픔에 젖어 있는 우리 아이들을 위로해주실 수 있으신지요?"

학부모님들의 한결같은 바람에도 나는 조용히 "물론이지요"라고 답했다.

그렇게 답하면서 슬픔의 본성에 대해 눈을 뜨고 있는 나에게 나는 스스로가 놀라고 있었다. 어쩌면 나보다는 이런 문제를 다루는 전문가들이 더 낫지 않을까 하는 생각이 들었을 수도 있었겠지만, 어쨌든 여기에 있는 것은 바로 나니까.

슬픈 일은 언제든 생길 수 있지만 그렇다고 항상 일어나는 것은 아니다. 사랑하는 사람이 세상을 떠나게 되면 견딜 수 없는 슬픔을 느끼게 되는 게 당연하다.

슬픔은 이겨내는 데는 시간이 필요하다. 모든 사람들이 듣고 싶어 하는, "슬픔을 극복하는 데 얼마나 걸리는가?"라는 질문에 답하는 것은 좀 복잡하다. 이성은 알고 있지만 감정까지 정리하기 위해서는 시간이 좀더 오래 걸린다. 따라서 그 대답은 매우 다양하며, 며칠 혹은 몇 년, 혹은 여러 단계들로 딱 떨어지게 구분하여 측정할 수는 없다.

한편 슬픔에 처한 사람들을 위해 우리 사회는 애도와 치유의 과정이 있어야 한다는 어떤 기대감에 젖어 있고, 사람들은 저마다의 방법으로 그 기대들을 채우려 한다. 비극적인 사건이나 죽음으로 인해 몹시 슬퍼하고 있는 모습들을 TV를 통해 생생하게 방송한다. 임시변통의 방법으로, 또는 죽음 뒤에 으레 뒤따르는 이런 저런 조치들을 취하며, 슬픈 일이 일어난 지 며칠이 지나면 슬픔에 종지부를 찍게끔 부추기기도 한다. 마치 애도의 기간과 치유의 기간이 서로 배타적인 것이기라도 한 것처럼.

캐롤라인의 이야기가 증명하듯이 "애도하는 시간과 춤추듯 기쁜 시간"은 인정할 수 있을 만큼 그렇게 쉽게 측정하거나 분리될 수 없다. 이는 슬픔과 치유가 우리의 삶 속에서 상호작용하고 있다는 사실을 인정하는 것이다. 그것은 "애도하는 것과 춤추듯 기뻐하는 것"이 우리 여러 삶들의 모든 것을 낱낱이 엮어내는 것과 똑같은 끈 혹은 생명 줄 가닥이라는 사실을 인정하는 것이기도 하다. 이는, 그런 반응이나 감정을 겪고 있을 때, 혼자든 여럿이든, 슬퍼하는 것이 유익하다는 사고를 지지한다. 슬픔에 대해 자연스럽게 이야기를 나누고 싶어 하지 않는 것은 대개 출구를 찾지 못한 우리 자신의 슬픔에서 비롯된다. 이 것은 죄의식이나 두려움에서 나온 병약한 목소리이다. 삶 속에 슬픔을 통합시키려는 철학은, 슬픔을 극복하기 위해서는 시간이 필요하다고 주장한다. 슬픔을 자기 자신으로부터 이끌어내기 위해서는 그것을 다루는 적절한 방법이 필요하다.

이것은 편안하고 좋은 느낌만을 주지는 않는다. 그러나 위안을 가져오며 타인이 용기를 얻고 좀더 기분이 나아지도록 도울 수는 있다. 그 힘을 지속하고, 기분을 더 나아지게 하기 위해 우리 일의 목적이 있는 것이 아닐까? 사람들은 보통 자신이 기분 좋을 때 타인이나 자기 자신을 위해 좋은 일을 하는 법이니까.

제2일의 아침 : 선생님들과의 만남

예배당에 들어설 때와 마찬가지의 경건한 모습으로 선생님들이 다목적실에 들어왔다. 이 위기관리팀은 그날을 위한 준비작업을 이미 환상적으로 완수한 상태였다. 다양한 발달 단계에 있는 학생들이 어떻게 죽음을 이해하는가, 우리 문화 속에 만연해 있는 죽음에 대한 잘못된 생각들, 또한 학생들과 어떻게 이야기를 나눌 것인가에 관한 아이디어들, 교실 안에서 받게 될 어려운 질문에 대한 대답을 도울 교직원들을 위한 유인물이 준비되어 있었다. 맛좋은 롤빵, 커피맛 케이크와 베이글, 맛이 풍부한 크림이 든 뜨거운 커피가 테이블에 놓여 있고, 가을꽃들로 만들어진 부케 옆에는 초들이 타들어가고 있었다. 이 모든 것들이 이렇게 속삭인다.

"우리가 보살핍니다. 우리는 이 안에 함께 있습니다. 슬픔을 이겨내는 데 필요한 모든 지원을 아끼지 않고 주고 싶습니다."

교육감님이 내게 그 모임을 주도하도록 했을 때, 나는 사람들이 죽음을 겪고 그 "뒤에 남겨졌을" 때 느끼는 무력감을 새롭게 느꼈다. 작은 목소리로 시작했다.

"캐롤라인을 위해, 그리고 무엇보다도 저는 이 자리에 여러분과 함께 있는 것이 영광스럽습니다."

그리고 나 자신의 슬픔부터 진실한 울림으로 전달하기 시작했다. 캐롤라인의 죽음 앞에서 받은 충격과 도저히 받아들일 수 없는 심정, 그로 인한 방향 감각의 상실과 일상생활에 도저히 집중할 수 없는 나의 상태에 대해 고백했다. 세상 어떤 것에도 관심이 없으며 어떤 일을 해도 손에 잡히지 않던 허망한 시간에 대해 이야기하자 눈물이 샘솟듯 흘렀다. 그 과정에서 면역체계를 자극하여 뇌에서 엔돌핀을 분비하게 하는, 울음의 치유효과들에 대해 일깨웠다. 또한 크리넥스에 대한 조언도 잊지 않았다. 울고 있는 사람에게 티슈를 건네지 말라고. 왜냐하면 그런 행동은 "울음을 그쳐라. 코를 풀고 눈물을 닦아라"고 말하는 것이기 때문이다. 강한 충동이 엄습할 때에는 오히려 슬퍼하게 하라고 했다. 슬픔을 다루는 데 있어서 선생님은 학생들이 귀감으로 삼을 유일한 본보기가 될지도 모르기 때문이다.

모임이 진행되자 어떤 선생님이 매우 훌륭한 질문을 했는데 나는 왠지 그 질문에 대답할 수가 없었다. 대답하려 했지만 문득 마음이 혼란스러워지면서 지금 무엇을 이야기하고 있는지조차 까마득했다. 다행스럽게도 학교 운영위원 중 하나인 재닛이 재빨리 상황을 판단하고 자연스럽게 끼어들었다.

"그 질문에 대한 대답으로 이렇게도 생각해봅시다."

나는 갑자기 내 사고가 진행을 멈추었을 때 재닛이 함께 해주어 감사하다고 하면서, 슬픔이 어떻게 인간에게 작용하는지에 대한 완벽한 사례를 내가 바로 증명한 것이라고 지적했다. 재닛의 세심함과 노련함이 큰 위안이 되었다. 어려움에 처했을 때, 누군가 "내 편"이 되어주는 것은 얼마나 기분 좋은 일인가.

우리는 아이들이 갑작스럽게 슬픔을 분출시키는 방법에 대해 토의했다. 울다가 뛰놀고, 노려보다가 웃고, 아무런 이유 없이 짜증내다가 기쁨에 사로잡힌다. 그리고 일상적인 일과가 가져다주는 위안에 대해서도 이야기를 나눴다. 슬픔은 상당한 관심을 요구한다. 왜냐하면 새로운 방법으로 생각하고, 새로운 방법으로 상호작용하고, 새로운 방법으로 믿기 위해 엄청난 에너지를 필요로 하기 때문이다. 사람들은 기분 전환과 평화, 그리고 편안한 잠을 애타게 바란다. 사람들은 무엇을 기대하는지, 무엇에 의지하는지, 무엇을 하든지 간에 어쨌든 어제와 같은 일상에 그대로 머물고 싶어 한다.

그래서 선생님들이 주의 깊게 하루 계획을 짜도록 제안했다. 수업과 독서, 산책 등 평소처럼 학교 스케줄을 진행하도록 기운을 북돋웠다. 시계를 보고 오전 9시 30분의 체육수업을 위해 체육관으로 향하는 일처럼 일상적인 스케줄의 이행은 다시 자신감을 갖게 해주기 때문이다. 그래야 다른 일들도 변화하게 된다.

선생님들도 슬퍼하면서 변함없이 학생들을 가르쳐야 하는 일이 얼마나 힘든지 위로를 건넸다. 선생님으로서 자리를 지켜야 하는 일, 교실에서 학생들을 만나고 집중하여 가르치는 것……. 수업 중이라도 죽음이나 스콜 교장선생님에 대해 이야기할 수 있도록, 또 『나뭇잎 프레디*The Fall of Freddie the Leaf*(세계적 석학 레오 버스카글리아 교수가 전하는 삶과 죽음에 대한 아름다운 이야기: 역주)』를 읽거나 학생들의 질문에 대답할 수 있도록 했다. 교실마다 돌아다녀봤더니 선생님들은 한 사람도 수업을 빠지지 않고 헌신적이고도 열정적으로 학생들과 함께 이겨나가기 위해 노력하고 있었다. 학교 안의 모든 건물과 도서관에, 이야기를 나누고자 하는 학생들과 선생님들을 위해 단계별 수준에 맞는 전문상담가를 배치했다. 내가 없더라도 학생들이 교장선생님의 집무실에 들를 수 있도록 하여, 교장실이 예나 지금이나 모든 것이 여전히 똑같으며, 학교도 예전처럼 잘 운영되고 있다는 사실을 느끼게 해주었다.

학교 행사로서 캐롤라인을 상징하는 나무를 만들기로 결정했다. 다목적실 벽에 그림을 그리고, 자신의 슬픔과 존경하는 마음을 종이 위에 자유롭게 표현하도록 했다. 미술선생님 릭은 그날 자신이 맡은 학급에서 전교생들을 위한 나뭇잎을 만들자고 제안했다. 이 일은 슬픔을 표현하기 위한 창조적인 수단으로서의 생산과, 미술수업이 다른 학생들에게 줄 수 있는 봉사활동이라는 두 가지 의미를 담고 있었다.

우리 모두에게는 무엇인가 "할" 일이 필요했다. 뜻하지 않은 죽음을 겪게 되면 "안녕", "도와주셔서 감사했어요" 혹은 "오렌지색 스웨터가 좋았어요" 아니면 "정말 보고 싶을 거예요"와 같은 말들을 전할 기회를 놓칠 수도 있다. 몇 주가 지난 후 학생들은 점심식사나 체육수업, 회의 때문에 다목적실로 들어왔을 때, 자신들이 그리거나 쓴 메시지들이 캐롤라인 교장선생님의 나무에 매달려 있다는 사실을 알게 되었다. 나는 그날 늦게 나뭇잎들에 담긴 소중한 메시지들을 하나하나 읽어보았는데, 이런 것도 있었다.

〜

존경하는 스몰 교장선생님,

하늘나라에 가시면, 제 할머니를 꼭 만나주세요. 할머니는 먼저 그곳에 가 계세요. 저는 두 분 모두 진심으로 사랑해요. ―사라

〜

이러한 작업이 끝나갈 무렵까지도, 학생들은 이러한 기억을 죽는 날까지 소중하게 간직하리라는 것을 선생님들에게 굳이 말하지 않았다. 이미 그럴 필요 없이 감동적인 순간을 맛보았기 때문이다. 그것은 선생님들도 마찬가지였다.

『냉장고 권리*Refrigerator Rights*』라는 책에는, 학교에서 할 수 있는 애도활동에 지침이 될 만한 사항들이 들어 있다. 이 책에 따르면 우리는 지리적으로 제각기 멀리 떨어져 살기 때문에 가족과 이웃, 평생 고락을 함께 한 친구들을 잃어버렸다고 말한다. 이들은 예전에 부엌 식탁에 둘러앉아 정치와 종교, 인생, 죽음에 대해 이야기를 함께 나눴던 사람들이다. 이런 관계 속에서 예전의 우리는 삶의 상처를 치료할 수 있는 지혜를 얻기도 했었다. 하지만 굳이 물리적으로 가까운 거리가 필수적인 것은 아니다. 중요한 것은 정직함과, 뭐든 이루고야 말겠다는 도전정신이며 그것은 텔레비전 속 조작된 삶을 지켜보는 것보다 훨씬 큰 힘을 발휘한다.

상실과 그로 인한 슬픔만을 따로 떼어 해결할 수는 없다. 혼자 고립되어 슬픔에 처한 자신의 모습만을 그려보며 마음속으로만 외쳐본들 쉽사리 이겨낼 수 있을까? 어려운 일을 헤쳐나가기 위해서는 비슷한 생각을 가진 사람들의 모임을 주변에 만들 수 있으면 좋을 것이다.

할머니, 마이크 삼촌, 스미스 노부인 그리고 사촌들과 일요일이면 근사한 저녁을 먹기 위해 함께 모여 식탁에 둘러앉아 이야기꽃을 피우거나 산책을 하곤 했던, 오래된 이웃들에게로 우리가 다시 돌아가지는 못할 것이다. 다른 집에 들어가 냉장고 문을 열고 무언가 마실 것을 가지고 와 테이블에 앉아 대화를 나누는 종류의 관계로 발전하려면 엄청난 시간이 걸린다. 그리고 이미 사람들은 아메리칸 드림을 좇아 멀리 떠나와버렸다. 지금의 우리는 꿈을 좇고, 수지타산을 맞추고, 일하고, 가정을 돌보고, 교제나 "접촉"을 위해 인터넷 혹은 텔레비전이라는 비인간적이고 고립된 문명의 이기에 의존하는 가족들을 지키느라 너무 바쁘다.

교회나 지역사회, 그리고 이 책의 초점인 학교와 같이, 오늘날 우리의 삶 주변에 확대된 가족이나 오래된 이웃의 몇몇 형태들이 존재하고 있다는 사실은 그나마 다행스런 일이다.

그곳에서 우리는 가족에게서나 볼 수 있는 안정을 찾는다. 신중하고 경험이 풍부한 교직원들이 학생들과 더불어 안전하고도 도전적인 모형을 만들어낸다. 목표는 학생들의 성공적인 교육, 학습, 그리고 발전이다. 오래된 이웃이나 확대된 가족처럼 서로 항상 뜻이 맞거나 모든 사람을 좋아하지는 않아도, 같은 목표를 향해 일하면서 단체의 한 부분으로 각자의 권리를 존중한다. 바로 그런 특성으로 인해 학교라는 가족들은 치료법과 조언, 지지를 찾는 슬픔에 빠진 사람들에게는 안성맞춤인 장소이다. 슬픔에 대해 이야기하지 않는다는 사회적 터부를 우리가 극복할 수 있다면 말이다.

얼마 전까지만 해도 학교에서는 슬픔에 대해서 그다지 진지하게 논의하지 않았다. 학생이 죽으면 쓰던 책상은 어딘가 다른 곳으로 옮겨지고, 그 학생의 이름은 불려지지 않는다. 물론, 죽은 사람을 존중하는 마음에서이다. 다른 학생들로부터 어떤 질문을 받거나 감정이 드러나면, "그 문제는 집에 가서 이야기해봐라"는 대답만 돌아올 뿐이었다. 즉, 그런 주제는 학교 안에서는 금기시되었던 것이다. 그러나 고맙게도 오늘날에는 위기관리팀이 조직적으로 계획을 세우고 위기가 발생할 때마다 적극 대처한다. 루이즈 앨드리치Louise Aldrich의 『갑작스런 죽음: 학교의 위기Sudden Death: Crisis in the School』처럼 이러한 노력들을 돕는 데 유용한 정보도 출간되어 있고, 학교 상담직원은 지역사회의 전문기관에 도움을 요청할 수도 있다. 도움을 필요로 하는 곳이면 어디나 상담원들이 즉각 파견된다. 신중한 계획 아래 팀의 결집력이 어떠하냐에 일의 성패가 달려 있다. 일이 끝나면 위기관리팀원들은 성취감을 느끼며 본래 자신의 일터로 돌아간다. 위기관리 과정 중에 배운 중요한 일들 가운데 하나는, 학생들과 선생님들 모두 열성적으로 활동하고 있는 상담원들에게 매우 감사한다는 사실이다. 어떤 상호작용이 없더라도, 그들이 "거기에" 있다는 사실 하나만으로도 도움이 된다.

제2일의 낮 : 학생들과 학부모

학부모들도 한마음 한뜻으로 함께 모이기로 했다는 이야기를 전해 들었다. 먼저 오신 분들이 나중에 오실 분들을 위해 맛있는 커피를 준비해놓고, 충격을 받은 사람들과 슬픔을 함께 나누고자 했다. 내가 들어서자 학부모들은 모두 무슨 일이 일어났는지 알고 싶어 했다. 다시 묻고 또다시 대답하면서 사람들은 놀라 얼이 빠진 상태에서 점차 정신을 차리려 애썼다. 이것은 우리 모두에게 도움이 되는 과정이다. 자신의 머릿속을 다시 정리하고 그 정보를 재차 검토하는 일은 사태를 해결하는 데 도움을 주기 때문이다. 이는 병적인 것이 아니라 오히려 필수적인 과정이며, 무례한 행동이 아니라 유익한 일이다.

학생들이 질문할지도 모를 난처한 질문들에 어떻게 대답하면 좋을지도 함께 토의했다. 예를 들어, 스몰 교장선생님께서 사고 당시 차에서 튕겨져나왔다면, 안전벨트를 하고 있지 않았다는 것인지? 아이들에게 적절한 답변을 하고자 하는 열망이 그들 얼굴 위에 쓰여 있었다. 전날 교직원회의에서도 위기관리팀의 한 명이 똑같은 질문을 했었다. 그리고 우리는 그 대답 때문에 고군분투했다. 그러나 우리의 명확한 답변은, 우리들 중 어느 누구도 무슨 일이 일어났는지 알지 못한다는 것이다. 왜냐하면 우리는 거기에 없었으니까. 수많은 그럴듯한 대답들이 오갔다. 안전벨트가 작동하지 않았다든가 혹은 버클이 제대로 들어맞지 않았다든가와 같은.

하지만 사실, 우리 중 어느 누구도 확실히 알지 못했다. 알고 있었던 것은 우리가 무엇인가에 대해 이야기할 수 있다는 것뿐이고, 그것은 바로 이런 것이었다. 스몰 교장선생님은 항상 안전벨트를 맸다, 그녀의 차에 타본 적이 있던 사람은 누구나 이 사실을 알고 있다, 같이 차에 타는 사람이 안전벨트를 매지 않으면 안전벨트를 매라고 도리어 일러주었다. 그녀는 항상 안전하고 올바른 일을 하길 원했으며, 그녀를 아는 사람들은 누구나 이것이 사실이라는 것을 알고 있다. 그래서 우리는 알고 있는 사실에 초점을 맞추어 아이들에게 그것을 알려줄 가장 효과적인 방법에 대해 논의했다. 다행히 학교에서는 이번 해의 중요 교육목표로 '정직'의 중요성을 강조하고 있어서, 교장선생님의 죽음에 대해 있는 그대로 이야기하자고 제안했다.

"교장선생님은 이미 죽었지만 우리 곁을 떠나지는 않았어요. 떠남은 어른들에게는 친숙한 사회적인 완곡어법이지만, 아이들이 일상적으로 쓰는 언어는 아니지요. 아이들은 기르던 애완동물이나 식물, 금붕어의 죽음에 대해서 이야기해요. 떠남은 한 반에서 다른 반으로, 한 학년에서 다른 학년으로 옮길 때 더 많이 쓰이지 않나요?"

부모들에게 죽음의 실체에 대해, 특히 사람들이 죽었을 때 몸은 더 이상 어떤 소리도 들을 수 없고, 어떤 것도 느낄 수 없으며, 영혼이 몸을 떠나 멀리 가버린다와 같은 실제적인 모습에 대해 아이들과 이야기하라고 권했다. 죽음을 이해하지 못해서 묘지에 음식과 담요를 가져왔던 다른 초등학교 1학년 학생의 예를 들며, 부모들이야말로 자기 가족의 신념, 신(神)이나 영생 그리고 "천국행"과 관련된 종교적인 이론에 대해 가장 자연스럽게 이야기할 수 있는 유일한 사람들이라고 덧붙였다.

이야기하는 과정에서 아이들에게 두려움이 생길 수 있는 것도 자연스러운 일이다. 그것은 "교장선생님이 죽었다면"에서부터 출발하여 "그럼 우리 엄마도 죽을 수 있어"에까지 이르는 자연스런 과정이다. 다시 한번 꾸밈없이 이야기하고 복잡하지 않게 이야기를 이끌어가는 것이 좋겠다고 결론을 내렸다. 누구나 다 죽는 것이지만 사고라는 것은 좀처럼 일어나지 않으며, 설사 사고가 일어난다 해도 "모든 일이 이번 사고에서처럼 되지는 않는다"고 조언했다. 우선 아이들에게 자신들은 안전하며 그들이 사랑하는 사람들도 안전하다는 사실을 재확인시킬 필요가 있었다. 특별한 주의를 기울이고 조심하기 위해 모든 사람들이 함께 힘을 합쳐 일하고 있다는 사실을 재확인하는 것은 큰 도움이 된다. 만약 한 아이가 단도직입적으로 "아빠는 죽지 않을 거죠, 그렇죠, 아빠?" 하고 애원하듯 묻는다면, 적당한 대답이 필요하다. "아빠는 노인이 되어 손자들과 함께 잘 살아갈 거야. 손자들은 바로 네가 낳은 아이들이지. 네가 네 아이들에게 무슨 말을 할지 궁금해지는걸" 하고 말하는 것도 좋은 생각이다. 결론적으로 머리를 짓누르는 죽음에 대한 두려움을 아이들에게서 없애주는 것이 중요하다. 그래야 안심하고 교장선생님의 죽음에 대해서 자유롭게 이야기할 수 있으니까.

다음으로, 생물학적으로 인간은 왜 우는지 그 이유와, 또 우는 게 몸에 도움이 된다는 사실을 되풀이하여 일러주며 부모들에게 아이들 앞에서 울어도 좋다고 말했다. 울기 좋아하는 사람은 별로 없겠지만, 울면 속이 시원하고 위안이 된다는 사실을 상기시켰다. 아이들은 부모가 우는 모습을 봄으로써 상실에 따르는 슬픔의 정직한 모습을 알게 될 것이다. 선생님들도 마찬가지다. 슬픔은 아픔과 관련이 있고 아이들도 그것에 대해 배울 필요가 있다. 실신할 때까지 슬퍼하는 게 아니라면 자연스러운 슬픔의 표현은 아이들에게 건강한 본보기가 된다. 눈물을 숨기거나 눈물에 대해 애써 변명하는 것은, 슬픔에 잘못된 무엇인가가 있다고 말하는 것이나 다름없다. 크나큰 슬픔은 크나큰 사랑과 존경에 대한 자연스런 반응일 뿐이다. 아이들에게 아픔을 주고 싶지 않다는 생각에서 억지로 참고 표현하지 않는 것이 오히려 아이들의 성장을 방해한다. 그렇게 되면 아이들은 슬픔을 이겨내는 건전한 방법들을 배우기보다, 고통스럽지 않은 체하는 위선적인 태도가 더 낫다고 잘못된 생각을 하게 될지도 모른다.

몇 가지 어린이 책들은 이러한 상황에 도움을 줄 수 있다.

하나는 잭 켄트*Jack Kent*가 쓴 『용 같은 건 없어*There's No Such Thing as a Dragon*』. 이 이야기는 다음과 같다. 어느 날 한 소년이 잠에서 깨어 일어나보니 고양이처럼 조그마한 용 한 마리가 침대 발치에 있다. 소년은 너무나도 흥분해서 아래층으로 뛰어내려가 엄마에게 말했지만 엄마는 믿지 않았다.

"세상에, 용이 있다니, 그런 건 세상에 없어."

그리고 나서 다시 위층으로 돌아왔을 때, 그 아이는 그 용이 조금 더 커져서 개만해졌다는 사실을 알아챘다. 하지만 세상에 없는 것에 대해 이야기한다는 건 말도 안 되기 때문에 누구도 용이 있다는 사실을 인정하지 않는다. 심지어는 용이 커져서 머리가 현관문을, 꼬리가 뒷벽을 뚫고 나왔을 때조차도, 빵이 먹고 싶어진 용이 빵 배달 차를 따라 집을 등에 진 채 달려갈 때조차도. 결국 모두가 용이라는 존재를 인정하자 비로소 용은 오그라들기 시작한다. 이 이야기가 주는 교훈은 명백하다. 아이의 생각에, 심지어 어른의 생각에도, 무엇이 "존재한다"는 사실을 부정하려 하는 것은 그 존재를 인정할 때보다 더 많은 공간과 힘과 생각을 소모해버린다는 점이다.

테리 케터링*Terry Kettering*이 지은 시 「우리집 거실에 코끼리가 살고 있어요*There Is an Elephant in My Living Room*」도 똑같은 메시지를 담고 있다.

주디스 바이어스트*Judith Viorst*의 『바니의 열 가지 장점*The Tenth*

Good Thing About Barney』은 부모들이 아이들을 도와서 슬픔을 이겨내는 데 도움이 될 만하다. 이 책에서 한 가족은 집에서 키우던 고양이를 잃었다. 모든 사람들은 슬픔에 잠겼다. 내용 중에는 그 고양이가 보여줬던 사랑스러운 행동이나 가족 안에서 차지했던 역할에 대해서는 어떤 것도 나타나 있지 않았다. 그랬다면 읽는 이들이 모두 울고 말았을 테니까. 그런데 마침내 엄마가 바니의 좋은 점에 대해 얘기해보자고 제안했고 아이는 바니의 장점을 꼽기 시작한다. 하지만 아홉 가지는 쉽게 생각해냈어도 열 번째가 좀처럼 떠오르지 않는다. 아이는 아빠와 함께 바니를 묻은 땅에 씨앗을 심으면서 바니가 해줄 열 번째 좋은 일―싹을 틔우고 자라게 하는 것―을 드디어 생각해낸다.

앞으로 몇 주 동안 아이들과 교실에서 나눌 이야기와 훈련들을 위해 부모들에게, 삶과 죽음에 대한 아름다운 은유로 가득 찬 레오 버스카글리아의 『나뭇잎 프레디』를 들려주었다. "여러분들이 배웠던 것이 여기 있어요"에서부터 "자, 이제 여러분이 이 가르침을 다른 누군가에게 전할 수 있어요"에 이르는 사고의 도약을 함으로써, 학생들은 자신들의 나머지 삶을 위해 스몰 교장선생님과 지냈던 시간들을 소중하게 지켜나갈 수 있을 것이다. 그리고 나서 학생들과 함께 달걀 유추론에 대해 이야기했다. 이 이야기는 딸아이인 타마라Tamara가 일곱 살 때 "아빠 돌아가시고 나서 어디로 가셨나요?"라고 내게 물어왔을 때 해준 이야기다.

나는 딸아이를 똑바로 앉혀놓고 달걀 한 개를 꺼냈다. 이게 무엇일까, 이 속을 뭐라 부르지, 우리가 먹는 부분은 어디고, 먹을 수 있는 부분을 어떻게 얻어내는지 묻자, 타마라는 쉬운 퀴즈를 푸는 양 대답했다.

"이걸 다 먹고 나서 껍질로 무엇을 할까?"

"던져버려요."

타마라는 이 게임에서의 확실한 성공을 장담하듯 자신있게 대답했다.

"맞아."

난 미소를 지었다.

"왜냐하면 우리는 더 이상 그 껍질이 필요하지 않기 때문이지. 그 껍질이 할 일은 껍질 속의 영양가 있는 내용물을 보호하는 것이야, 흰자와 노른자가 밖으로 나갈 때까지."

"맞아요."

타마라는 점점 확신에 찼다. 나는 팔로 타마라를 꼭 껴안은 다음 우리가 그런 달걀과 비슷한 존재라고 말했다.

"껍질은 우리가 보고 느끼는 것, 우리의 피부, 뼈, 눈 그리고 머리카락 같은 것이야. 하지만 우리 몸의 좋은 부분들은 볼 수가 없단다. 그것은 우리가 서로 사랑할 때 우리 안의 샘솟는 일부분이란다. 길 잃은 강아지를 볼 때, 다치거나 아픈 사람을 보고 도와주고 싶을 때 솟아나는 마음, 또 바람 불고 추운 겨울 날 공원의 오리들에게 먹이를 주고 싶어 하는 마음이 바로 그 부분이지."

망설여지긴 했지만 타마라가 내 이야기를 따라오는 것처럼 보여서 이야기를 계속했다.

"자, 바로 그것이 우리가 죽을 때, 하느님이 사랑해서 하느님과 함께 살기 위해 천국으로 데려가길 원하는 우리 안의 그 부분이란다. 죽고 난 다음엔 이 낡은 껍질은 더 이상 필요하지 않아요."

타마라는 눈을 크게 뜨고는 이렇게 물었다.

"그래서 사람들은 껍질들을 던져버리나요?"

"음, 정확하게 그렇지는 않단다. 사람들은 서로에게 달걀껍질보다 좀더 가치 있는 존재였기 때문에 관(casket, 관 이외에 보석이나 귀중품을 넣는 작은 상자라는 뜻도 있음 : 역주)이라고 하는 상자에 몸의 껍질을 넣어요. 그것은 보석상자 뭐 그런 것과 비슷한 거야. 그러고 나서 땅속 특별한 장소에 묻는단다."

그날 저녁 늦게 우리는 남편의 묘 앞에 섰다. 타마라는 조그만 꽃병에 꽃을 꽂았다. 저무는 태양의 마지막 햇살 속에서 바람에 날리는 딸아이의 머리카락을 지켜보았다. 얼굴에 어리는 부드러운 표정이 그애가 살아온 짧은 햇수보다 몇 년은 더 먹은 듯 성숙해 보였다.

　　　　　　　　　　－저자의 다른 저서 『슬퍼하며 춤추며Mourning & Dancing』 중에서

　　여러 질문을 해대는 부모들에게 답변을 하는 동안 나 스스로 기진맥진한 상태가 되었다. 비통과 상실감을 맛볼 때, 얼마나 혼란스러운지 나 자신을 통해 알게 되었다. 학생과 학부모들이 교장선생님을 잃었다면, 나 역시 절친한 친구이자 동료를 잃었다는 사실을 일깨워주었다. 나 역시 슬픔으로 가득 차 있다. 하지만 담요 밑으로 기어들어가 홀로 삭이고 싶은 욕망을 느끼면서도, 이렇게 터놓고 맺은 관계는 평생 얻을 수 있는 위안이 될 수 있다. 따뜻한 커피를 조금씩 마시며 위로가 될 수 있도록 가까운 거리에서 서로를 다독여주며, 마치 가족끼리 하듯 슬픔을 나눴다.

　　상호작용들을 통해 우리는 슬픔을 치유하기 위한 원리와 태도, 마음가짐을 세웠다. 비록 겪게 되는 사건이나 사고가 다르고, 덜 슬프고 더 슬픈 차이가 있을지라도 우리가 어떻게 슬픔을 이겨나가고 서로를 위로해줄 수 있는지 강한 확신을 갖게 되었다.

상실은 감정이입의 원천이 된다. 이 접근법은 또한 우리가 함께 할 때—따로따로 떨어져서가 아니라 서로에게 애착을 느낄 때—훨씬 더 강해진다는 믿음에 뿌리를 두고 있다. 직장 동료, 학부모, 같은 반 친구들과 함께 한 팀이 된다는 것은 색다른 통찰력과 힘, 위안을 가져온다. 상실감으로 포기하고 죽고 싶다고 느낄 때, 소속감은 살고자 하는 의지를 북돋운다. 치료가 시작되는 곳이 바로 이 지점이다. 이 책에 담긴 실제적인 교훈들은 이 원리를 보여준다. 캐롤라인 교장선생님의 장례식이 끝난 후 처음엔 학교에 남고 싶지 않았지만, 그녀의 뒤를 잇는 것이 가장 건강한 선택이었다.

학부모회의가 끝난 후, 교장실로 가서 캐롤라인이 쓰던 책상에 앉아 남겨진 일들을 끈기 있게 처리해나갔다. 누군가 교장실에 들어왔다 나갔는지 또 내가 무슨 생각을 하고 있는지도 제대로 알 수 없다. 다만 오늘 하루를 잘 마칠 수 있는지 걱정스러울 뿐이다. 어쨌든 슬픔은 시시때때로 일어나지만, 항상 일어나는 것은 아니니까.

제2일의 끝 : 교장선생님을 추억하며

집무를 마치고 저녁 무렵 장례회관으로 발길을 돌렸더니 애도를 위한 줄이 문 밖까지 원을 그리며 이어져 있다. 학부모들이 아이들의 손을 잡고 학부모회의에서 나눴던 내용들을 상기하며, 아이들과 이야기를 나누려고 애쓰고 있었다.

"이것은 단지 우리 교장선생님의 육체일 뿐이야. 이제는 우리와 함께 지낸 소중하고 아름다웠던 시간을 떠올리며, 우리가 사랑했고 또 우리를 사랑했던 교장선생님의 모든 것을 추억하자꾸나."

추모를 마치고 나오던 길에 어린 소년 하나가 이젠 어떻게 생각해야 하는지 그 뜻을 알았다고 엄마에게 속삭이는 소리를 들었다.

"스몰 교장선생님의 광채는 이미 천국으로 가버린 게 분명해요."

광채란 정말 훌륭한 묘사였다.

제3일 : 장례식장에서

장례식이 열린 교회는 발 디딜 틈 없이 사람들로 꽉 찼다. 추모사를 어떻게 해야 할까 고민하는 내게 다우드*Dowd* 신부님이 가벼운 목례를 보낸다. 신부님과 캐롤라인과 함께 했던 마지막 시간은 할렘 위자즈*Harlem Wizards*와의 시(市)자선 농구경기였는데 아아, 그때 우리는 지금 생각해도 우스꽝스러운 옷을 입고 있었다……

앞으로 걸어나가는데 행복감이 밀려왔다. 연설할 때는 속삭이지 말고 큰소리로 마음 놓고 편안하게 외치라고 항상 용기를 주던 남편의 목소리가 들려오는 듯하다. 이 세상에 없는 친구를 위한 추도사를 위해 역시 이 세상에 없는 남편이 용기를 주다니……. 300명이나 되는 어린이들 앞에서도 재미있게 이야기를 들려준 적도 있는데, 그래 힘을 내자. 하지만 감정이 북받쳐 슬픔이 목젖을 타고 슬며시 기어올라온다. 사람들에게 소중하게 기억되도록 나의 훌륭한 친구에 대해 생생하게 표현하고 싶다.

"캐롤라인 교장선생님이 17세 되던 해, 그녀가 선생님이 되겠다고 했던 게 엊그제 같은데, 벌써 수십 년의 세월이 흘렀습니다. 지금까지 교육에 헌신해 온 그녀의 삶을 반추해보며 우리는 심심한 조의를 표합니다. 교육에 매진해 온 그녀의 삶에 대한 경의의 표시로, 월드윅

공립학교와 우리 모두는 하루 휴교를 했습니다. 교육위원회가 마지막으로 휴교령을 내린 것은 플로이드*Floyd* 허리케인 때문이었습니다. 그런데 오늘 교육위원회는 캐롤라인이라는 회오리바람으로 인해 학교를 쉬었습니다."

모인 사람들이 허리케인 플로이드를 언급하자마자 빙그레 웃기 시작했다. 이미 내가 전달하고자 하는 의도를 그들은 알아차렸던 것이다. 사람들은 모두 알았다. 왜냐하면 그들이 캐롤라인을 잘 알고 있었기 때문이다. 그리고 그것이 이날 모든 사람들이 원했던 것이기도 했다. 사람들은 소중한 사람을 다시 기억하고 또 다시 감동받고 싶어 했다. 덧없고, 이제는 손을 뻗어도 더 이상 닿을 수 없는 곳으로 떠나버렸다고 느꼈던 어떤 것들과 다시 연결되고자 하는 욕망들로 꿈틀대고 있었으니까. 하지만 그것은 말로만 이루어질 수는 없는 노릇이다. 말로는 표현할 수 없는, 깊이에 이르는 상징과 일종의 의식 그리고 추억이 함께 필요한 것이다.

슬픔을 이겨내는 사람들

제1주의 끝 : 아들의 죽음을 극복한 밥 선생님

교장실에서 사서 선생님인 마지*Margie*와 이야기를 나누다가 문득 낯익은 한 백발 남자가 비서에게 뭔가 문의하는 것을 봤다. 날 만나러 온 모양인데, 좀체 기억이 나지 않아 마지에게 슬쩍 물어보았다.

"모르세요? 왜 몇 년 전 은퇴할 때까지 여기서 6학년 담임이셨던 밥 포쉬니*Bob Foschini* 선생님이시잖아요."

곧바로 기억해냈지만 예전의 그분이 아니다. 유머를 즐기는 건장하고 열정적인 분이었는데, 지금은 어깨가 구부정하고 눈가가 붉은, 침울한 표정을 짓고 있다. 한참을 운 것 같다. 그가 캐롤라인 교장선생님을 잘 아는지 물어보자 마지는 그렇지 않을 거라 답했다. 그가 사라지자 마지가 소곤거린다.

"올 여름에 아들을 잃었어요."

"아들을? 무슨 일로요?"

"확실하진 않지만, 백혈병과 비슷한 병이라는 것 같았어요."

밥 선생님과 부인 로즈마리Rosemary는 더 이상 어떤 치료도 할 수 없어지자 아들을 집으로 데려왔는데, 아들은 얼마 지나지 않아 가족들이 지켜보는 가운데 숨을 거두었다고 한다. 임종을 함께 했다니 '가족들은 큰 선물을 받았구나' 하는 생각이 들었지만, 그 선물은 또 마땅한 대가를 치러야 하고 때때로 그게 올바른 일인지조차 의심을 품게 한다. 남겨진 가족들은 자신들이 살아 있다는 사실을 자책하면서, 아들의 생명을 구하지 못한 것 때문에 평생 죄책감 속에서 살게 되는 일이 다반사이니까.

밥 선생님을 위로할 생각에 교장실을 박차고 나갔다. 그는 나를 보자 곧 온몸을 옥죄듯 흐느꼈다.

"아들 빌리Billy가 지난여름 죽었습니다."

"압니다. 사무실에서 함께 커피라도 드시지요."

자리에 앉자 그간 무슨 일이 있었는지 털어놓기 시작했다. 누군가에게 자신의 이야기를 하는 것은, 처음엔 어려울지 몰라도 문제를 해결하는 데는 상당한 도움이 된다.

"밥 선생님, 많이 슬프시겠어요. 하지만 슬픔만큼 사랑도 컸다는 거죠. 아드님을 무척 사랑하고 있는 게 느껴집니다. 빌리는 특별한 아이였겠지요."

그는 고개를 들어 내 눈을 들여다보고 말을 이었다.

"이건 그애 코트입니다. 저는 이렇게 아들놈 옷을 입는 걸 좋아하지요. 오늘처럼 이 옷을 입고 있으면 그 애가 가까이 있는 것처럼 느껴져요. 좀 섬뜩하신가요?"

"아뇨, 전혀 그렇지 않아요. 제 남편이 죽은 지 12년이 흐른 어느 날, 딸아이가 고등학생 때였죠, 다락에서 상자 하나를 발견했어요. 그 속엔 남편이 입던 운동복이 들어 있었어요. 딸애는 그 옷을 몇 년 동안이나 잠옷으로 입었는걸요. 그건 축구를 즐겨하던 아빠가, 자신을 많이 사랑했던 아빠가 세상에 존재했었다는 분명한 증거와도 같은 것이었어요."

"세상에, 남편이 돌아가셨을 때 딸이 몇 살이었습니까?"

"여섯 살요."

"사고로 돌아가셨나요?"

"아네요. 암으로 진단 받은 지 9일 만에 세상을 떠났답니다."

"그 일을 겪고 어떻게 사셨어요?"

"휴, 글쎄요. 남편을 떠나보내고 4개월이 지날 때까지, 지금의 밥 선생님처럼 저 역시 어떻게 살아갈 수 있을까 하고 생각했어요. 그런데 전 이렇게 살아 있잖아요."

그리고 나의 지난 이야기를 숨김없이 들려주자 자신에게도 할 일을 달라고 요청했다.

"좋아요, 그런데 밥 선생님의 등은 어때요?"

"등이라뇨? 무슨 뜻이죠?"

"구덩이를 팔 수 있어요? 아마 몇 개 파게 될지도 모르는데요?"

"물론이죠."

"좋아요. 캐롤라인을 위한 추모 마당을 가꾸어야 하기 때문이에요. 위핑 파인 너서리*Weeping Pine Nursery*에서 관목 몇 그루를 기부하기로 했고, PSO에서는 구근들을 주신대요. 얼기 전에 이것들을 땅에 묻어야 하거든요. 학교도 운영해야 하고, 선생님과 학생들의 의논상

대가 되어줘야 했던 터라 사실 손이 모자랐어요. 이건 정말 중요한 일이에요. 왜냐하면 학생들은 상처를 받고 교장선생님을 그리워하고 있어요. 교장선생님을 추모하기 위해 나무를 심고 가꾸는 이번 일은, 학생들에게도 '할 수 있는 어떤 일'을 주는 것입니다. 그러니 이 일이 얼마나 중요한지 아시겠지요?"

"예, 선생님. 좋은 흙과 거름, 물이끼가 필요하겠네요. 음, 제가 얼마나 기부하면 될까요?"

신념으로 가득 차서 밥 선생님은 지갑을 꺼내들었다.

"글쎄요, 지금 당장은 정확히 말씀드릴 수가 없군요. 밥 선생님께서 알아봐주시면 고맙겠어요. 아, 그리고 좋은 생각이 있는데요, 빌리를 기리는 나무 몇 그루도 여기에 함께 심으면 어떨까요? 이름이 새겨진 작은 명판(名板)을 세우고요. 아마도 스몰 교장선생님을 기리는 특별한 기념물이 될 거예요. 그리고 이미 하늘나라로 간 트라파겐 학교 *Traphagen School* 가족의 일원이었던 다른 사람들도 이번 기회에 함께 기릴 수 있을 테니까요."

그 후 일주일 동안 밥 선생님은 이 일을 앞장서서 추진해나갔다. 수반(水盤, 새들이 먹 감는 그릇)을 기부했으며, 나머지 필요한 물건들을 위한 모금에 앞장섰다. 바쁜 와중에도 살아 있을 때의 빌리에 대해 이야기를 나누려고 교장실로 짬을 내어 들렀다. 밥 선생님은 자신의 슬픔을 "무의식적으로 행동에 옮기고" 있었다. 사람들은 밥 선생님이 학교에 나오는 것을 반겼고, 아들의 죽음을 안타깝게 여기며 어떻게든 작은 힘이라도 보태주고 싶어 했다. 이제 그는 빌리에 대한 추억을 가슴에 안고 열성적으로 학교를 돕는 데 앞장섰고, 덕분에 우리 또한 위안을 받게 되었다.

슬픔은 가끔 추억을 파고들어가 부풀려지게 마련이다. 지금 이 순간의 슬픔 때문에 인생 전체가 슬픔과 상실에 휩싸이기도 한다. 이따금 그 마력은 무척 강하고, 우리를 연약하게 만들어버린다. 어떤 이들은 이전의 시간과 감정 속으로 다시 빨려 들어가는 것처럼 느낀다고 말한다.

가끔 슬픔의 소용돌이 속에 빠진 사람들을 보면 왜 즐거웠던 기억들은 떠올리지 못하는지 의아스럽다. 고통과 고립이 다른 모든 기억들마저 꾸며내는 것인지?

제2주 : 슬픔을 인정할 수 있는 능력

캐롤라인이 떠난 지 2주일이 지나자 부분적으로는 일상적인 업무로 복귀한 듯 보였다. 추모를 위한 조화들은 치워졌다. 학교 운영을 위한 보고서들을 줄줄이 만들어야 하고 시험도 치러야 했으니, 선생님들도 알게 모르게 스트레스에 휩싸였던 것 같다. 슬픔에 대한 태도와 치유 스타일도 저마다 다르다. 어떤 사람들은 눈앞에 닥친 일을 처리하기에 분주하고, 어떤 사람들은 기념식수나 기념품에 캐롤라인 교장선생님의 초상화를 새기는 일 때문에 바빴다. 서로 의견을 구하느라 정신없는 가운데 자신의 일에 관심을 기울이지 않는 사람들에게는 신경질을 부리기도 했다. 앗, 지금이 바로 교직원회의를 소집해야 할 때다.

도서관에서 회의가 열렸다. 감정적인 비난을 자제하고 서로 협조할 수 있는 분위기가 될 때까지 일상적인 이야기를 주고받았다. 선생님 두 분이 우스갯소리를 하자 분위기가 화기애애해졌다.

"시작하기 전에, 캐롤라인 교장선생님과 이를 둘러싼 슬픔의 경험에 대해 잠시 말씀을 드릴까 합니다. 이런 시간을 겪어나갈 때, 우리가 다르다기보다 훨씬 더 많이 비슷하다는 사실을 깨달으셨을 겁니다. 하지만 우리는 제각각 확실히 다른 방식으로 이것을 경험하고 있습니다. 죽음에 대한 태도가 다른 것은, 받아 온 교육과 자라 온 환경이 다르기 때문입니다. 그렇지만, 슬픔에 대해 지금까지 제가 배워 왔던 가장 중요한 핵심은, 슬픔을 겪어내고자 하는 우리의 의지라는 점입니다. 슬픔을 겪어내는 데에는 죄책감과 같은 어떤 낯선 감정들이 존재합니다. 여러분 중에 몇 분은 아마 인생의 선배와 스승을 잃어버렸다고 느끼시리라 생각합니다.

그녀는 정의에 대해 확고한 이상을 가진 강한 정신력의 소유자였습니다. 만약 누군가가 그녀의 의견에 동의하지 않았다면 무모하게 몰아세웠을지도 모릅니다. 그리고 그런 일을 당한 사람이라면 그녀를 좋아하지 않았을지도 모르죠. 어쩌면 그녀가 없어져버렸으면 하고 바랐을지도 모릅니다."

사람들은 숨죽이고 꼼짝도 않고 나만 쳐다보았다.

"그렇지만, 어느 누구도 그녀가 죽었으면 하고 바라지는 않았습니다. 어느 누구도 이렇게 불시에, 비극적인 모습으로 그녀의 인생이 끝났으면 하고 바라지는 않았을 것입니다. 가끔 죄책감 때문에 어떻게든 보상하기 위해 열심히 살아보자 해서, 위대한 업적을 이루기도 하지요. 그러나 사고를 막기 위해서는 엄격한 제어가 필요하겠지요? 여러분은 캐롤라인을 동경했으나 그녀에게 한 번도 말을 건네지 않았을지도 모릅니다. 또 그녀의 학교 운영방침을 따르고 싶었으나 그렇지 못했을 수도 있습니다. 방법을 몰랐을 수도 있고, 자신의 입장만을 열심히 고수했을 수도 있습니다. 이 모든 것이 마음속에 죄책감으로 남습니다. 죄책감은 계속해서 발을 헛디디게 하는 수렁과 비슷합니다. 이제 우리가 해야 할 일은 우리 안의 죄책감을 꼼꼼히 살펴보는 것입니다. 일단 죄책감을 인정하면, 죄책감과 우리가 겪고 있는 다른 정상적인 슬픔의 반응에 대한 모든 것을 받아들일 수 있습니다. 휘둘려 지배당하지 말고 죄책감을 자극하여 오히려 이용할 수 있습니다."

이 모든 것을 말하는 데 단 몇 분밖에 걸리지 않았는데 오랜 시간이 지난 것 같다.

"인정하실 수 있나요?"

선생님들은 모두 고개를 끄덕였다.

"좋습니다. 이제 사이좋게 지냅시다. 편안한 저녁 보내시고 내일 다시 모입시다. 그리고 전부 다시 시작합시다."

회의를 연기했을 때, 어떤 사람은 꼭 그래야 하는지 물었지만 대부분 만족의 미소를 지었다. 다음날 열린 회의에서의 반응은 진짜 믿기 힘들 정도였다. 자기들을 감정적으로 비틀린 과정 혹은 집단 카타르시스로 억지로 이끌고 가서 저 밉살스러운 질문, "기분이 어떠세요?"에 대답하게끔 하려 한다고 생각했던 사람들도 있었을지 모르겠다. 그러나 어떤 일을 강제로 "하도록" 시키지 않은 점에는 다들 안도하는 듯했다. 어쨌든 압도적인 반응은 우리가 "중요한 어떤 일을 함께" 했다는 점이다.

슬픔을 인정할 수 있는 능력은 사람마다 모두 갖고 있다. 그것은 신성한 것도, 나만이 알고 있는 그 어떤 것도 아니다. 나는 그저 명백한 사실을 말했을 뿐이다. 우리 내부에 존재하는 무엇, 바로 인간의 영혼은 상처를 입으면 아파한다는 것을 지적했을 뿐이다. 마치 칼에 베이면 피가 나는 것처럼. 인간은 존중받고 인정받을 때, 또 동질감을 느낄 때 편안함을 느낀다. 사람은 누구나 편안함을 좋아한다. 슬픔의 고통은 죄책감, 후회, 그리움 그리고 슬픔과 함께 우리를 정화시켜준다. 슬픔의 고통은 일순 불편하지만, 그 슬픔의 파도는 삶에 달콤한 맛을 가져오기도 하고, 남겨진 사람들 사이에서 "사라진" 이들에게 존경심을 불러일으킬 수 있는 기억들을 만들어내기도 한다.

제2주의 끝 : 슬픔을 극복하고 일상으로

심신이 지쳤을 때 이 일을 한다는 것은 무척 고되다. 오늘 같은 저녁엔 비행기를 타고 고향집으로 날아가 침대 속으로 기어들어가고 싶은 마음뿐이다. 침대 대신 항공교통관제센터의 이륙신호를 기다리며 라가디아*LaGuardia* 공항의 활주로 위에 있었다. 기다림에 지쳐 누군가에게 "이 고철덩어리 좀 빨리 움직이라"고 고함을 치고 싶었다.

지난 2주 동안 나는 선생님들과 학생, 학부모, 교직원, 신문기자, 가족 그리고 친구들과 함께 이 일을 처리하느라 지치고 피곤했다. 슬픔 때문이다. 치아 엑스레이를 찍기 전에 입는 납으로 만든 앞치마처럼 삶이 고단하고 무겁다. 2주 동안 그런 것을 몸에 걸친 상태로 친구와 헤어지고, 떠나보내고, 이야기를 나눌 수도 없는 상태가 되었다는 사실은, 사실 내게도 큰 압박이다.

혹시라도 새로운 직업을 가진다면 요리사가 되고 싶다고 농담처럼 말하자, 사람들은 "그럴 만도 해요"라고 말해주었다. 그러고 나서 내가 다루는 감정적인 문제들은 요리로 치자면 너무 익히는 것이나 어울리지 않는 허브, 또는 덜 부푼 수플레에 해당한다고 비유해서 이야기했다.

"좋은 생각이군요."

어느새 우리는 서로에게 농담을 할 수 있는 관계가 되어 있었다. 비록 그것이 블랙유머일지라도. 언젠가 학교를 나설 때, 누군가 길 위의 젖은 나뭇잎들 때문에 길이 미끄럽다고 일러주자 다른 누군가가 냉소적으로 이렇게 말했다.

"바로 그거야. 다음 교장선생님의 교통사고!"

다른 두 사람이 휘파람을 불어댔다. 하지만 우리 모두는 웃어넘기고 말았다. 그런 웃음이 어색한 분위기를 무마하는 데 얼마나 도움을 주는지 다시금 생각하게 되었지만, 어쨌든 그것은 함께 상실과 슬픔을 나눈 무리의 사람들 속에서 자연스럽게 우러나는 것이었다. 상실과 슬픔을 나누지 않은 다른 누군가가 이런 농담을 해대는 것은, 여전히 주제넘게 느껴지고 마음을 아프게 한다. 아마 시간이 지난 후에도 마찬가지일 게다.

슬픔의 고통은 충격이 다소 사라지고 그 사실을 받아들이게 될 때 비로소 강렬해진다. 그러한 고통이 이제 우리 모두에게 일어났다. 사소한 것에도 평소보다 화가 났으며 풀이 죽었다. 꽃들은 시들고, 남겨진 거라고는 닦지 않아 덕지덕지 먼지를 뒤집어 쓴 꽃병들뿐, 아이들조차도 지쳐 보였다. 할로윈 축제가 다가왔지만 누구도 어떤 분장을 할지 들떠서 이야기를 나누지 않았다. 겨우 이렇게 물어보기만 할 뿐이다.

"스몰 교장선생님의 영혼이 할로윈 때 오실까요?"

"교장선생님의 차가 전복되었을 때 어땠는지 다시 말해보세요."

"교장선생님이 우릴 볼 수 있을까요?"

작은 소년 하나가 스몰 교장선생님 나무에 또다른 나뭇잎을 붙였다. 그 나뭇잎에는 이렇게 쓰여 있었다.

❧

존경하는 스몰 교장선생님께,

제 어린 동생 마이클이 하늘나라에 있어요. 제 동생에게 글 읽는 법을 가르쳐주세요.

❧

어린이들은 생각한 대로 행동한다. 일과를 마치고 학교를 나설 때, 어린 여학생 서넛이 응원연습을 하고 있다. 내가 보고 있는 것을 알면서도 응원연습을 그만두지 않았다. 오히려 내가 그 여학생들을 향해 미소를 보냈다.

"정말 잘하고 있어요. 우리에겐 진정으로 응원이 좀 필요한 상태예요. 그렇죠?"

고개를 끄덕이며 학생들은 노래에 맞춰 열심히 움직였다. 그 기운에 힘이 솟구친다. 나는 그간 잊고 있었던 중요한 사실을 깨달았다. "슬픔을 극복하고 앞으로 나아가자."

제3주 : 캐롤라인 교장선생님의 딸 앤

점심시간이 되어 식당에 들어서니, 학생들이 밥을 먹으며 떠들어댄다. 곧 운동장에 나가 뛰어놀 것을 고대하면서 말이다. 학생들과 급식도우미들에게 다가가 말을 걸었다. 이것은 전형적인 주요 일과이다. 누군가가 남겨놓은 "일과"를 다른 사람이 계속해서 해나간다는 것이 얼마나 중요한 일인지 깨달았다. 슬픔에 잠겨 있는 사람들은 이따금 자신이 해야 할 일도 하지 못한다. 사람은 떠나고 그 일만이 홀로 뒤에 남겨질 뿐이다.

그날 캐롤라인의 딸 앤*Anne*과 전화를 하다가 그 사실을 깨달았다. 풀이 죽어있는 앤에게 무슨 일이 있느냐고 묻자 집이 엉망이라고 대답했다.

"왜? 청소 때문에?"

"그게 아니라, 사실…… 저도 잘 모르겠어요. 기운이 쭉 빠져서 무슨 일이든 할 엄두가 안 나요. 엄마가 남겨놓으신 그림들로 만든 콜라주, 편지와 카드, 사진들로 넘쳐나는 스크랩북들을 보고 있었거든요. 엄만 이 모든 것들을 액자에 넣으려고 했었나 봐요. 그림들을 모아서 상처받는 사람들에 보내셨거든요. 전 지금 메모조차 하는 것도 힘든데, 엄마처럼 그런 일을 어떻게 할 수 있을지 말예요."

"그렇구나……."

나는 뭔가 위로의 말을 하려 했지만 입가에 맴돌 뿐 나오지 않았다.

"제가 오늘 무엇을 찾았는지 아세요? 외할머니가 돌아가시고 나서 엄마가 쓰신 시예요. 엄마는 시를 썼는데 저는 아무것도…… 정말 모르겠어요……."

앤은 자신에게 뭐가 문제인지 모르겠다는 메시지를 보내왔다.

"앤, 슬픔은 뭔가 하려고 하는 의지와, 집중할 수 있는 힘과 능력을 고갈시켜버린다고 했던 말 기억하니?"

앤은 대답하지 않았다.

"그래, 네가 지금 바로 그런 상태야."

마치 앤이 그렇다고 대답한 양 계속 말을 이었다.

"며칠은 자리에서 일어나 가볍게 샤워를 하고 옷을 입는 것으로 충분하다고 생각해. 일상적인 생활을 계속해나가는 것은 굉장히 힘든 일이야. 네 엄마처럼 되려고 애쓰는 데는 훨씬 더 많은 힘이 들 거고."

"저, 저는 엄마처럼 결코 할 수가 없었어요. 엄마는 정말 대단한 분이셨어요."

앤은 그리움에 사무쳐 말을 이었다.

"얘야, 교장실로 와서 엄마가 앉았던 의자에 한번 앉아보렴."

"하지만 전 지금 옷도 제대로 안 입었어요. 사실 자리에서 일어나지도 않았거든요."

"괜찮아. 지금이 딱 좋아. 침대에서 나와 스웨터를 대충 걸치고 이리로 오렴."

"아직 씻지도 않았어요."

"좋아, 어쨌든 넌 엄마가 쓰시던 책상에 앉아 있게 될 텐데 뭘."

우리 둘은 싱글싱글 웃었다.

어느새 앤은 교장실 꽃무늬 쿠션에 기대 앉아 울면서, 엄마 없이 지내는 시간들이 얼마나 힘들고 괴로운지 털어놓았다.

"엄만 네가 어떻게 지냈으면 하실까? 한번 말해볼래?"

"모르겠어요. 더 이상 아무것도 생각이 안 나요. 모르겠다는 것뿐이에요."

"그럼 앤, 엄마는 네가 엄마처럼 살길 원하실까 아니면 네 모습 그대로 살길 원하실까? 다시 말하자면, 너 자신과 더불어 어머니의 어떤 모습을 간직한 네가 되길 원하시겠니?"

티슈로 훌쩍이던 콧물을 닦던 앤은 그 아름답고 깊은 눈동자를 반짝이며 나를 쳐다보았다.

"아줌마, 그건 너무 속이 빤히 들여다보이는 질문이잖아요."

"맞아, 그래도 대답해야 돼. 넌 이미 그 대답을 알고 있지. 엄마는 네가 자라 온 과정과 지금의 네 모습을 자랑스러워 하셨다. 그리고 네가 가진 재능을 칭찬했지. 교장실에 네가 두 살 때 그린 그림을 걸어놓고 이렇게 얘기했거든. '우리 딸이 그린 거야. 정말 잘 그렸지? 누굴 닮았나 몰라. 난 분명 아닌데.'

나 역시 네가 그린 걸 칭찬했더니 이렇게 말씀하시더라. 엄마는 네가 너 스스로의 힘으로 훌륭한 사람이 될 거라고 말이다. 만약 네가 여기서 모든 힘을 잃어버리고 축 처져 있다면 엄마는 몹시 화내실 거야. 네 엄마도 열여섯에 네 외할머니를 잃으셨단다. 그 끔찍한 무기력 상태를 직접 겪으셨겠지. 무기력 상태는 슬퍼하는 동안 매순간 주변에 있는 사람들에게 나쁜 영향을 미치는 것 같구나. 하지만 엄마는 캐롤라인 바로 자기 자신이 되는 노력을 멈추지 않았지. 내가 옆에서 지켜봤는데 정말 독종이었어."

캐롤라인의 고집에 대한 이야기가 나오자 앤은 웃음을 머금었다.

"너도 혼자 힘으로 너의 진정한 모습을 찾을 수 있을 거야. 당장은 최선을 다할 뿐이야. 시간이 지나면 점점 더 나아질 거고. 그리고 넌 더 많은 일을 해낼 거야. 일을 하는 데 있어 중요한 것은 우선순위를 매기는 것이란다. 모든 일을 한꺼번에 할 수는 없잖아. 일을 많이 할 만한 상태도 아니고. 그러니 할 수 있는 일을 하렴. 아무 일도 하지 않는 것은 정말 위험하거든."

"무슨 뜻이죠?"

"의기소침한 상태는 슬픔을 겪고 있는 대부분의 사람들에게 일어나는 정상적인 반응이야. 그것은 우울한 상태에서 벗어나기 위해 우리가 할 수 있는 일은 아무것도 없다는 잘못된 생각을 불어넣어준단다.

왜 무슨 일이든 해야 할까? 휴식이 필요하다는 구실로 뒤로 물러서는 것은 더 쉽지. 물론 주변 사람들은 존중하는 마음에서 우릴 내버려두지. 그러면 우린 침대 안에 머무르고 조그마한 움직임에도 너무나 많은 힘을 필요로 하기 때문에 어떤 부름에도 응하지 않게 돼. 만나는 사람과 똑같은 이야기를 나누는 것에 신물이 나서 누구와도 이야기를 나누지 않는 것이 더 편하게 된단다. 내 일을 마치지 못할 것 같으니 실망하게 되고. 그러면 도대체 왜 일을 시작했던 걸까 하는 생각도 들고, 도우려고 애쓰는 몇몇 사람들마저 짜증스럽게 여겨지고 말아. 그러면 소식을 끊고는 그 사람들의 감정엔 신경 쓰지 않게 될 거야. 이쯤 되면 무슨 일이든 하자는 내 생각은 기대한 것 이상의 의미를 가지지? 그럴듯하다고 생각되지 않니?"

앤은 고개를 끄덕였다.

"설거지, 친구들과 함께 외출하는 것 등 무엇이든 간에 '해야 할' 필요가 있는 이유는 네가 계속 몰두할 수 있고, 사람들과 소통할 수 있기 때문이야. 그 길이 네가 우울증의 소용돌이 속으로 미끄러져 떨어지지 않는 길이야. 왜냐하면 소용돌이 속에서 헤쳐나오는 일이 사람들과 계속 연락하는 일보다 분명히 더 많은 에너지를 소모하기 때문이지. 그리고 꼭 해야만 하는 일이라고 해서 무리가 될 정도로 억지로 할 필요는 없어. 다만 할 수 있는 일이면 무엇이든 하도록 하고."

제6주 : 가르치는 일은 미래와 만나는 것

오늘은 5학년 학생들의 교실을 방문했다. 미리 담임선생님이 스몰 교장선생님이 돌아가신 후 함께 겪었던 일에 대해 내가 와서 이야기를 나눌 것이라고 얘기해 놓았던 탓인지, 교실 안에 들어서자 정적이 흘렀다. 어제까지 운동장에서 함성을 지르며 뛰어놀던 바로 그 학생들인데……. 앞쪽에 학생용 의자에 앉아 그룹별로 학생들을 불러 이야기를 나눴다. 열한 살, 열두 살의 어린 얼굴들이 나를 올려다보며 간절히 뭔가를 말하고 있었다. 이미 그들은 준비가 되어 있었던 셈이다.

마침 '뉴저지 버겐 레코드 *New Jersey Bergen Record*'의 기자가 취재차 와 있었다. 9월 기사로 "교장의 애도활동"을 주제로 기사를 쓰기 시작했는데, 흥미롭게도 "애도활동을 위해 다시 돌아온 교장"으로 초점이 맞춰지고 있었다. 그가 교실 뒤편에서 우리 활동을 관심있게 지켜보자 학생들도 호기심에 차서 그를 의식했다. 분위기를 편안하게 하기 위해 학생들에게 기자를 소개시켰다.

"자, 여러분, 스몰 교장선생님에 대해서 무엇이든 우리가 하고 싶은 이야기를 해보세요. 교장선생님이 돌아가시고 나서 기분이 어땠지요? 여러분이 무엇을 잃어버렸는지, 또 지난 2주일 동안 어떤 감정을 느꼈는지 말해보세요. 우리는 교장선생님 얼굴을 다시 보고 싶고, 목소리도 다시 듣고 싶다는 그런 그리움을 품게 되었죠?"

여기저기 자신들의 이야기를 하고 싶어 하는 손들이 공중으로 뻗어 올려졌다. 맨 처음에 손을 올린 학생이 말했다.

"저는 교장실에 가서 교장선생님의 테디 베어를 보고 싶어요."

또다른 학생이 말했다.

"저는 교장선생님께서 갖고 계셨던 재미있는 물건들이 그리워요."

"저는 교장선생님께서 우리가 문제를 풀도록 항상 도와주려고 애쓰셨던 모습이 그리워요."

"자, 이런 것들에 대한 목록을 작성하도록 합시다."

아이들이 그 이야기를 칠판에 직접 쓸 수 있게 분필을 한 조각씩 건네주었다. 학생들은 스몰 교장선생님이 학교에서 그들과 함께 나누고자 했던 일, 특별한 순간들, 축하할 일, 기억에 남는 여러 가지 추억들을 차례차례 써나갔다. 정직이나 관심, 연민, 책임감과 같은 인격을 닦는 일에 매우 진지했던 교장선생님의 모습을 아이들이 얼마나 사랑했는지 알 수 있었다. 누군가는 우리들이 교장선생님이 남겨주신 메시지를 계속 이어나갈 수 있을지 궁금해했다.

"물론이지요, 그리고 교장선생님께서 우리가 계속해나갔으면 하고 바랄 일들이 이 외에도 무엇이 있을지, 우리가 목록을 만들어보는 것도 재미있을 것 같아요, 그렇죠?"

그래서 학생들은 다음과 같은 사항들을 덧붙여서 목록을 만들었다.

"교장선생님은 관심을 기울이고 친절하게 대하는 법과 자발적으로 일을 할 수 있는 법을 저희들에게 가르치셨습니다."

계속해서 훌륭한 목록을 완성해가면서 질문을 던졌다.

"여러분은 다른 사람을 친절하게 대할 수 있나요? 따뜻하고 근사한 미소를 모든 사람들을 위해 지을 수 있나요? 교장선생님의 모습을 간직할 수 있어요? 사람들이 문제를 푸는 걸 도와줄 수 있나요? 정직할 수 있어요? 남들을 위해 배려할 수 있나요? 불쌍한 사람이나 주변의 친구들에게 끊임없는 관심을 보여줄 수 있어요?"

학생들과 함께 이 놀라운 활동을 꼼꼼히 해나가면서, 이젠 자신들과 더 이상 함께 있을 수 없지만 바로 이 모든 일들이 교장선생님이 그들에게 주었던 사랑이라는 사실을 절실히 깨닫게 되었다. 이 유산은 이제 학생들의 영원한 재산목록 1호가 된 셈이다.

"여러분, 더 나아가 이 이 목록을 자세히 살펴보면서 여러분은 할 수 없었지만, 교장선생님께선 하셨던 일이 있는지 한번 알아보았으면 합니다."

한 학생이 말했다.

"저는 교장선생님이 될 수 없어요."

"그럼, 여러분이 대학에 들어가서 졸업하고 교육행정을 전공해서 교장선생님이 될 수 있는 자격을 얻었다면 어떨까요? 여러분은 교장선생님이 될 수 있었을까요?"

"음, 될 수 있었을 거라 생각해요."

그 기자가 우리와 "함께" 있는지 보기 위해서 뒤돌아보았지만, 그는 테이블에 앉아 있지 않았다. 교실을 나가는 것도 알아채지 못할 정도로 우리가 그렇게 토론에 열중하고 있었다니. 앗, 그런데 뒤쪽의 한 그룹 속에 끼여 우리와 함께 이 작업에 참가하고 있는 그를 발견하고 따뜻한 미소를 보냈다. 아이들 무리 속에 앉아, 아이들이 주고받는 숨김없는 대화에 귀를 기울이며, 같은 질문과 대답을 해보는 어른의 모습을 보는 것도 정말 유쾌한 일이었다. 그가 이런 일을 했었던 마지막 시간이 언제였을까 궁금해졌다.

잠시 후 열한 살, 열두 살 학생들로 구성된 이 모임에 한 가지 제안을 했다. 1학년 교실로 가서 스몰 교장선생님으로부터 배운 가르침을 1학년 동생들에게 다시 나눠줄 수 있는지. 모든 이에게 관심을 갖고, 정직하며, 다른 사람들과 잘 협력하고 또는 책임감이 있는 어떤 한 사람의 다른 특성들을 묘사할 수 있는지. 하지만 내가 정말 알고 싶었던 것은 아이들 스스로 다른 사람을 가르칠 수 있다고 생각하는지 여부였다. 두 명이 머리를 흔들었다.

"전 할 수 없어요."

그리고 두 명은 어깨를 으쓱했지만 대다수 학생들은 긍정하듯이 머리를 끄덕였다. 마치 '그래요, 아마도 정직하게 생활하는 법이나 책임을 다하는 것이 무엇을 의미하는지 1학년에게 가르칠 수 있을 거예요'라고 말하듯이.

'할 수 없어요'라고 머리를 흔들었던 학생들에게 말했다.

"여기 적힌 항목들 가운데서 너희들이 제일 좋아하는 것이 무엇인지 한번 찾아봐줄래?"

한 명이 스몰 교장선생님은 항상 문제를 해결하는 방법을 찾도록 도와주셨다고 말했다.

"좋아, 이제 1학년 동생들과 함께 운동장에 있다고 치자. 그런데 발야구를 하다가 말다툼이 생겼네. 한쪽에선 상대편이 너무 오래 공을 가지고 놀았다고 하고, 다른 편은 자기네가 먼저 공을 차지했다며 양보 안 하는데, 어떻게 해결하는 게 좋을까?"

이 어린 5학년 여학생은 자신의 전략을 내놓았다. 싸우는 아이들과 함께 앉아서 휴식시간 동안 얼마나 발야구를 할 수 있는지 알아본 다음, 공정하게 시간을 배분해 반반씩 할 수 있도록 하고 한쪽이 발야구를 하는 동안 남은 팀은 응원을 하도록 하겠다고 밝혔다. 아주 훌륭한 해결방안이라고 칭찬하고 여학생의 얼굴을 들여다보면서 말했다.

"네가 정말 그 일을 할 수 있다고 생각하니?"

"예, 그래요."

"그럼, 스몰 교장선생님이 주신 훌륭한 가르침도 1학년 동생들에게 가르칠 수 있겠구나."

그 여학생은 다시 고개를 끄덕였다.

"자, 여러분, 동생들을 가르치는 데도 연습이 필요합니다. 어른들에게도 연습이 필요하죠. 우리가 이 일을 해낸다면, 우리가 그리워하고 사랑하는 스몰 교장선생님의 훌륭한 말씀들이 우리 삶 속에, 마음속에 살아 숨쉴 수 있도록 한다면, 교장선생님이 우리 안에 살아 계시는 거나 마찬가지겠죠?"

학생들은 눈망울을 반짝이며 새로운 힘을 얻은 듯했다.

"얼마나 오랫동안 간직할 수 있을까요? 몇 주 혹은 몇 달?"

"몇 년 동안이라도 가능하죠. 만약 우리가 그러고 싶다면."

"좋아요, 그럼 여러분이 살아 있는 동안 죽을 때까지 가슴에 품을 수 있나요?"

학생들은 그럴 수 있다고 생각했지만 분명 그것은 연습이 필요한 일이다.

"가르침을 떠올리게 될 때마다 여러분은 누구를 기억하게 될까요?".

물론 학생들은 잘 알고 있었다.

"여러분도 알다시피 나는 지난 15년 동안 슬픔에 빠진 사람들, 상처를 받은 학교 친구들과 가족들, 심지어 죽어가고 있는 사람들과 함께 일하며 지냈습니다. 죽어가는 사람들, 병든 사람들, 자신이 죽어가고 있다는 사실을 알고 있는 사람들이 제일 두려워하는 것이 무엇일까요? 누구든 그것이 무엇일까라는 생각은 막연히 가지고 있어요. 병원에서 죽어가고 있는 사람들이 제일 두려워하는 것이 무엇이라고 생각하나요?"

학생들은 이리저리 머리를 짜냈지만 너무 어려운 문제였다. 죽어가는 사람이 무엇을 가장 두려워할까? 그것은 바로 자신의 존재가 잊혀지는 것이었다. 2년 혹은 5년이 지난 후에 그들이 존재했다는 사실을 아무도 기억 못하지 않을까, 어느 누구도 그들의 이름을 꺼내지 않게 될까 두려워하는 것이다. 좋은 시절이나 어려웠던 시절, 다른 사람들의 삶을 행복하게 했던 그들의 행동들, 함께 웃고 울었던 모습을 말하지 않게 될까 두려워한다.

"스몰 교장선생님께서 우리에게 가르쳐주셨던 것을 기억한다면, 그리고 기억한 것을 실천에 옮기고 다른 사람들에게도 전해준다면, 우리가 사는 동안 내내 교장선생님을 기억하는 것입니다. 그러면 여러분의 손자들에게 이야기해줄 만큼 나이가 들었을 때까지 여전히 교장선생님을 여러분 인생의 일부분으로 간직하게 되겠지요?"

학생들은 기쁨으로 동의했다.

나는 챌린저호*Challenger* 폭발로 돌아가신 크리스타 맥컬리프 *Christa McAuliffe* 선생님이 "가르치는 일은 미래와 만나는 것이다"라고 했던 말을 떠올렸다. 우리는 스몰 교장선생님의 가르침을 다가올 미래 속으로 받아들이게 된 것이다.

"그것은 우리가 교장선생님을 그리워하는 일을 멈추게 할 거라는 의미일까요? 아닙니다. 시간이 흐르면 좀더 편안해지는 것은 분명하지만 잊는 건 아닙니다. 절대 잊지 못할 겁니다! 우리가 지금 당장 느끼는 이 상처는 시간이 지나면 완전히 아물게 될 것입니다. 지금으로부터 1년, 5년 혹은 손자들이 생길 때쯤에는 선생님을 기억하는 일이 지금처럼 그렇게 고통스럽지는 않을 거예요. 그렇죠? 이제 기분이 어때요?"

학생들이 입맞추어 말했다.

"좋아요!!"

제10주 : 슬픔을 이겨내는 세 아이 이야기

이번 주엔 아이들 셋이 교장실로 찾아왔다. 1학년 여학생, 4학년 남학생 그리고 5학년 여학생. 이 학생들 중 두 명은 아이들의 부모님이, 나머지 한 명은 선생님이 가보라고 한 모양이다.

∽

잃어버린 것들을 슬퍼하는 5학년 여학생

5학년 수전*Susan*은 공부하기가 귀찮고 아예 관심조차 없어 보였다. 수전의 부모님은 딸이 매사에 무기력하고 무관심한 것 때문에 걱정이 많았다. 1년 전 수전의 아버지와는 지역위원회에서 함께 일한 적이 있어서 전화상담이 수월했다.

이 일은 아이들이 슬픔과 상실을 극복하는 데 도움을 주는 역할을 하는 이른바 '그리프 앤 로스*Grief and Loss* 팀'의 일원은 반드시 주민들과의 친화력이 높은 사람이어야 한다는 믿음을 확고하게 했다. 진정으로 아이들에게 관심을 갖고 아이들과 더불어 성공적으로 일을 할 수 있다는 자신감이 뒷받침되어야 하는 것이다.

수전의 아버지는 자신의 딸이 마음 깊이 상처를 입지는 않았는지 걱정했다. 스몰 교장선생님은 조회 때 학생들 앞에서 여러 번 수전에 대해 이야기한 적이 있었는데, 그런 이유로 수전이 교장선생님을 보고 싶은 마음에 지금 우울한 것이 아닌가 염려하고 있었다. 여러 가지 방법으로 수전의 아버지는 이야기를 나눠보려고 애를 썼지만 도통 속마음을 털어놓지 않았다고 했다. 최근엔 퇴근 시간이 더 늦어져서 수전과 대화를 나눌 시간이 부족한 것도 원인이 아닐까 괴로워했다. 전화기를 내려놓을 때 난 갑자기 어떤 고등학교 축제 때 열린 음악회에서 수전네 가족을 봤던 일을 기억해냈다. 수전의 엄마는 얼마 전 위탁 양육을 맡은 3개월 된 예쁜 아기를 사람들 앞에서 자랑했는데…….

곧 수전의 담임선생님을 만나봤더니, 선생님도 그 전날 수전의 엄마와 면담을 했는데 성적과 다른 모든 학교 생활에 무관심한 것에 대해 걱정스런 이야기를 나눴을 뿐이라고 했다. 내가 직접 수전을 만나보기로 했다. 수전을 만난 자리에서 우린 잠시 스몰 교장선생님과 함께 지냈던 일을 떠올리고, 이제 교장선생님이 다시 돌아오지 않는 것이 얼마나 서운한지 이야기를 나눴다. 그리고 나서 주변의 모든 사람들이 너를 걱정하는데 그 이유를 아는지 묻자, 수전은 어깨를 한 번 으쓱하고는 얼굴을 옆으로 살짝 돌렸다. 교장선생님의 사고나 자신의 성적에 대해서는 그다지 이야기하고 싶어 하지 않는 것 같아 가족과 함께 휴일에 무엇을 할 계획인지 물어보자 순간 수전의 얼굴이 밝아졌다.

"제시*Jessie*를 만나러 갈 거예요."

"제시가 누군데?"

제시는 작년 한 해 동안 돌보아왔던 위탁아의 이름이었다. 수전은 제시에게 첫눈에 반해 있었고 아기가 자라는 과정에 대해 자세히 설명했다. 아기가 어떻게 기어가는지, 제일 처음 말한 단어는 무엇인지 제시에 대한 이야기를 하는 동안 눈을 빤짝거리며 생기발랄해졌다. 만약 내가 눈을 감고 있었더라면, 첫손자에 흠뻑 빠져 자랑스러워하는 할머니 모습을 상상할 수 있었을 것이다. 그런데 수전 가족이 제시를 입양하려고 막 결정을 내리려고 할 때, 제시의 친할머니가 느닷없이 나타나 양육권을 주장하여, 그 결과 수전과 제시가 함께 살 수 없게 되었다고 털어놓았다. 수전의 가족은 실의에 빠져 있었다.

"그렇다면, 자, 너는 지난 두 달 동안 귀여운 동생 제시와 스몰 교장 선생님, 사랑하는 사람을 둘이나 잃었구나, 그렇지?"

수전은 고개를 끄덕였다.

"그리고 네 숙제를 도와주시곤 하셨던 어버지께서도 네가 잠자리에 들 시간이 돼서야 집에 돌아오시고."

수전이 점쟁이인 양 나를 쳐다보기에 조그만 소리로 말했다.

"아버지께서 귀띔해주셨단다."

"아아······."

수전은 아버지와 벌써 이야기를 나누었다는 사실에 목소리가 낮아졌다.

"그런데, 음악회에서 네 엄마의 품에 안겨 있던 낯선 아기를 보았던 기억이 나는구나!"

이 말은 수전의 얼굴에 작은 미소를 떠올리게 했지만 제시가 함께 있지 못하는 현실을 깨닫자 다시금 사라졌다.

"어머니께선 그 아기가 온 이후 수전과 함께 많은 시간을 보내시지는 못했을 거야, 그렇지?"

수전은 조금 전에 건네받은 티슈를 돌돌 뭉쳐 작은 공을 만들고는 눈가에 갖다댔다.

"이런 일들은 견디기 정말 힘들어, 그렇지?"

고개를 끄덕이며 티슈공을 꽉 쥐었다.

"누구든 그런 일을 겪었다면 지금의 너처럼 그렇게 힘들 거야. 네가 힘들어 하는 건 너무나 당연해. 나라도 그랬을 거고. 그래, 넌 한꺼번에 괴로운 일을 많이 겪었지. 그래서 더 감당하기 어려운 거야."

아무 반응도 없었다.

"그래서, 네가 해야 할 일, 예를 들면 말이다, 숙제 같은 걸 하기 싫었을 것 같아, 그러니?"

수전은 괜히 떠보려고 하는 말인지 슬쩍 올려다보고는 그렇지 않다는 확신을 하고 고개를 끄덕였다.

"그래, 이번 주엔 나도 조금 그랬어. 무엇을 하고 있는지도 모르겠고 계속 집중할 만한 기운도 없고, 일은 벌려놨는데 마무리되는 것은 없는 것 같고 말야, 휴."

수전이 내 말을 진심어린 눈길로 듣고 있다는 것을 느끼자, 나는 수전을 보지 않고 먼 벽을 응시하며 말을 이었다. 내가 하는 말이 이해되길 바라면서, 또 슬플 때 의지해 왔던 것들이 모두 엉망이 되었을 때, 누구나 감정이 뒤죽박죽되는 혼란스러움을 겪는다는 사실을 수전이 알아주길 바라면서.

"맞아요, 전 선생님께서 하시는 말씀을 하나도 기억할 수가 없었어요."

들릴락 말락 매우 작은 소리로 수전이 중얼거렸다.

"음, 네가 이 사실을 선생님께 말씀드렸는지 궁금하구나. 만약 그랬다면 선생님께선 너를 도와주셨을 텐데."

"맞아요, 선생님께선 아마 그러셨을 거예요. 좋은 분이시거든요."

"그래, 우리에겐 문제를 해결할 수 있는 방법이 여러 가지 있을 거야. 그런데 지금까진 뭐가 문젠지 정확히 몰라서 어려웠던 것 같다. 이제 우리 어떻게 할까?"

"글쎄, 잘 모르겠어요."

"그럼 잘 생각해봐, 나도 그럴 테니. 그리고 내일 다시 보자."

"네, 좋아요, 그럼 지금 미술 수업에 가도 될까요?"

수전은 조금 마음이 가벼워진 듯 보였다.

"물론."

웃으면서 수전이 들고 있는 돌돌 말린 티슈공을 덩크슛할 수 있게 휴지통을 내밀어주었다. 수전은 처음 교장실에 들어왔을 때보다는 다소 밝아졌다. 수전은 뭔가를 깨닫는 데 조금 먼 길을 돌아온 셈이다. 대부분의 사람들은 지름길이라는 것은 없으며, 어떤 문제라도 푸는 데에 보통 하루 이상은 걸린다는 사실을 잘 안다. 아마도 수전은 그날 수업을 마치고 집으로 돌아갈 때 자신의 내부로부터 새로운 사람이 태어난 사실을 알게 되었을 것이다.

할아버지의 죽음을 함께 하는 4학년 남학생

토니Tony의 담임선생님은 토니가 숙제뿐 아니라 친구들에게도, 학교에서의 어떤 활동에도 관심을 보이지 않아 염려했다. 이번 일은 가정과 학교 양쪽에서 소식을 주고받기 위해 가정과 학교의 관계가 얼마나 중요한지 깨닫게 했다. 학생들이 메고 왔다갔다하는 책가방 안의 통신문이 선생님과 부모님들 사이에 신속하게 소식을 전달해줬는데 그 편지가 꽤 넓은 땅뙈기를 가득 덮을 정도였으니까. 하지만 양쪽의 아이디어가 바닥이 났을 때, 그들은 토니를 내게 맡기기로 했다. 이제 내가 이 학교에 온 지 3개월이 지나자 사람들은 믿을 만한 방편으로 교장실 문을 두드리기 시작했다. 여기서 열쇠는 바로 신뢰이다. 나는 토니가 교장실로 올 시간을 정했다.

"토니, 예전에 교장실에 와 본 적 있니?"

"예."

"네가 보기에 혹시 변한 건 없어?"

토니는 교장실 안을 죽 훑어보고 나더니 고개를 끄덕였다. 나는 우선 스몰 교장선생님이 돌아가신 후 변화된 상황과, 지역위원회가 새로운 교장선생님을 찾기 위해 노력하고 있다는 사실을 알기 쉽게 설명해줬다. 스몰 교장선생님과 난 절친한 친구였으며, 나 역시 훌륭한 교장선생님을 찾기 위해 최선을 다할 것이라고 덧붙였다.

"토니야, 하지만 또다른 스몰 교장선생님은 어디에도 안 계실 거야, 그렇지?"

그러자 토니는 자신의 무릎을 내려다보며 그렇다고 했다.

"우린 대신 일할 사람을 찾아낼 수는 있어, 심지어 집에서도 가족처럼 대신 살 수 있는……."

나는 내가 던진 말이 잠시 허공에 머물게 내버려두었다.

"하지만 아무도 우리의 삶 속에 자리잡고 있는 또다른 사람의 자리를 절대로 차지할 수는 없단다. 내가 지금 이 교장실에서 스몰 선생님을 대신해서 일하고 있기는 하지만, 앞으로 10년 동안 여기에 앉아 있어도 말야, 나는 절대 스몰 교장선생님이 될 수 없어, 그렇지?"

"그리고 누구도 제 할아버지의 자리를 빼앗을 수는 없어요. 절대로요!"

갑자기 토니는 눈물이 흐르지 않도록 눈을 꼭 감은 채 외쳤다.

"절대로 그럴 일은 없어! 그래, 그럼 그 이야기를 내게 좀 들려줄 수 있겠니?"

나 역시 큰 소리로 맞장구쳐주며, 토니의 마음을 헤아리기 위한 정성어린 마음으로 할아버지 이야기를 들려달라고 부탁했다.

"할아버지께서는 추수감사절 바로 전에 돌아가셨어요."

"저런, 정말 안됐구나. 그때 무척 힘들었겠구나."

토니는 고개를 끄덕였다.

"할머니는 살아 계시니?"

또 한 번의 끄덕임.

"네가 곁에 있어 할머니는 기쁘시겠다, 그렇지?"

"……할머니는 뉴욕에 사세요. 그래서 우리는 자주 할머니를 뵈러 가지 못해요. 그리고 할머니는 스키를 타실 줄 모른다구요."

"스키라고?"

할머니들 중 대체 몇 명이나 스키를 탈 줄 알까 의아스러웠지만 한 마디 한마디가 중요하기 때문에 다시 질문을 했다.

"할아버지랑은 스키를 탔었니?"

"그럼요. 할아버지는 레이크플래시드(Lake Placid, 미국 뉴욕주 애디론댁산맥에 있는 마을, 역대 동계 올림픽경기대회가 두 번 개최되었다: 역주)에서 유명하신 분이셨어요. 할아버진 거기서 열린 동계올림픽에서 시간 기록원이셨거든요, 출발 신호용 총도 쏘셨다구요. 거기 오는 사람들은 다 우리 할아버지를 알아요. 크리스마스 때마다 거기 갔는데, 우리에게 무료 리프트권도 주셨어요. 그래서 매일 스키를 탔는데, 지금은……."

"올 크리스마스에는 스키를 못 타겠구나."

토니의 말을 잠깐 끊었다.

"글쎄요, 그곳에서는 못 타겠지요. 할아버지께서 저희를 태워주신 거예요. 할아버지께선 아주 중요한 분이셨어요. 그리고 그곳에서 일을 하셨기 때문에 리프트도 공짜로 탈 수 있었어요."

"그럼, 올림픽 대회의 스키 선수들이 경주를 했던 바로 그 코스에서 스키를 탔니?"

"예, 정말 신났어요. 험한 코스로는 못 타고 쉬운 데로만 골라서 탔지만 말예요."

"와, 믿어지지 않는걸. 네 친구들 중 누가 거기서 스키를 타봤을까? 혹시 아니?"

"한 명도 없어요. 하지만 이젠 저도 거기서 스키를 탈 수 없어요."

"하지만 타봤잖니? 그것도 몇 번이나, 그렇지? 그건 네가 절대로 잊을 수 없을걸? 안 그러니?"

토니는 거의 1분 동안이나 아무 말이 없었다.

"그리고 너는 평생 그 일을 기억할 거야. 네가 어디서든 스키를 탈 때마다 항상 레이크플래시드에서 할아버지와 함께 스키를 탔던 일을 생각하겠지. 결혼해서도 아이들과 TV 앞에 앉아 레이크플래시드의 풍경을 보면서 이렇게 말하는 네 모습이 눈에 선하구나. '얘들아, 아빠가 어렸을 때 할아버지랑 저기서 스키를 타곤 했단다.' 그러면 네 아이들이 뭐라 할까?"

"아마 제 말을 믿지 않을 거예요."

"그러면, 너는 할아버지와, 할아버지가 거기서 하셨던 중요한 일들에 관한 이야기를 해주면 되겠네."

"할아버지는 정말 유명한 분이셨어요. 우리가 가는 곳이면 누구나 우리 할아버지에게 '안녕하세요' 하고 인사를 건넸거든요."

"그런 할아버지가 계셨다니 넌 행운아야."

그리고 기분을 잠시 가라앉히고 나서 또다시 물었다.

"기억이나 추억이 뭔지 아니?"

"예."

"뭐라고 생각하는데?"

"일어났던 뭔가에 대해 생각하는 거예요."

"할아버지랑 스키를 타는 일 같은 것?"

"예."

"얼마나 오랫동안 그 일을 기억할 수 있겠니? 몇 년 정도?"

"잘 모르겠어요. 제 생각엔 제가 기억하고 싶은 만큼 오래오래 기억할 거예요."

"그렇단다. 네가 다시는 그곳에서 스키를 타지 못할지라도 넌 네 나머지 삶을 살아가는 동안 그 일을 기억할 수 있어. 그리고 할아버지는 네게 그런 추억을 선물하셨던 거고, 그렇지? 그것 말고 할아버지가 네게 또 무엇을 주셨는지 아니? 바로 유전자야. 유전자가 뭔지 아니?"

"예, 유전자는 키가 클지 혹은 작을지, 아니면 푸른 눈을 가질지 혹은 갈색 눈을 가질지 결정하는 일을 해요."

"그리고 다른 많은 일도 하지. 유전자는 부모님과 할아버지 할머니, 또 그 위의 할아버지 할머니로부터 물려받는 것이란다. 그래서 지금 네 몸 속에는 할아버지의 어떤 부분이 간직되어 있는 거야. 그리고 그 부분은 항상 너와 함께 있게 되는 거지. 그러니 아마도 넌 할아버지만큼이나 훌륭한 사람이 될 거다."

토니는 흘려듣는 듯 보였지만 이 말에 대해 계속 생각하고 있다는 것을 알 수 있었다. 그래서 내 의도를 확신시키려고 계속 노력했다.

"스몰 교장선생님께서 인디애나까지 나를 만나러 오셨다는 사실을 알고 있니?"

"아뇨."

"음, 교장선생님이 그러셨단다. 이전에 한 번도 가본 적도 없으셨고, 무엇이 기다리고 있을지도 모르셨지. 그런데 모든 것을 하고 싶어 하셨어. 트랙터와 커다란 콤바인 운전석에 앉아 있는 교장선생님의 사진을 가지고 있단다. 배짱도 있었고 농장에서의 생활에 대한 모든 것을 무척이나 배우고 싶어 하셨지."

옛 기억이 떠오르자 웃음이 나왔다.

"교장선생님이 어땠을지 눈에 선하지 않니? 지금은 트랙터를 볼 때마다 내 친구 캐롤라인 스몰 생각을 한단다. 눈을 감으면 그녀가 거기 있는 걸 볼 수 있어."

토니 역시 나와 비슷하게 상상하며 기억하기를 바랐다.

"이젠 교장선생님이 나를 살아서는 더 이상 보러 올 수 없단 사실을 깨달을 때마다, 그 사실이 몸서리쳐지게 두려워. 하지만 내 친구를 잊기보다는 오히려 좋은 기억을 떠올리며 생각해낸단다. 잊는다는 것, 잊혀진다는 건 정말 두려운 일이니까."

토니는 아무 말도 하지 않았다.

"마찬가지로 너도 네 할아버지를 잊는다는 사실이 두려울 거야."

"절대로 잊지 않을 거예요."

토니는 굳게 결심했다.

"맞아, 절대 그러지 않을 거야."

토니와 나는 절대로 잊지 않겠다고 서로에게 약속이라도 하듯 눈을 마주쳤다.

"하지만 너는 제대로 기억하는 연습을 해야만 해. 그 방법들을 알고 있니?"

"아뇨."

"이런, 넌 분명히 알고 있어. 그렇게 했거든. 넌 할아버지를 기억하고 있었어. 어떻게 했는지 한번 더듬어보자. 혼자 생각하고 만 것은 아니잖아."

"아뇨, 선생님께 말한 적 있어요."

"그래, 그것이 연습하는 한 가지 방법이야. 넌 할아버지에 대해 글을 쓸 수 있어. 다음엔 작문 숙제 주제로 할아버지에 대해 쓰는 것은 어떨까? 아니면, 미술 시간에 레이크플래시드나 스키 타는 사람 그림도 그릴 수 있겠지. 이것도 또 다른 연습 방법이 될 거야. 행복한 기억을 하고 있으면, 상실감이 가져오는 슬픔을 감당하기가 좀더 쉬워진단다. 알겠지?"

"예."

토니가 이제 웃었다.

"난 말야, 어떤 것에 대해 다른 사람에게 얘기하면서 기억 연습을 하는 게 제일 쉬워. 네가 찾아와서 잠시라도 할아버지랑 스몰 교장선생님에 대해 이야기를 할 수 있어서 참 기쁘단다. 나도 기분이 좋아졌구나."

"그래요, 저도 그래요."

❧

교장선생님이 몹시 그리운 1학년 여학생

아만다Amanda의 어머니가 짧은 편지를 보내오셨다. 스몰 교장선생님이 돌아가신 후 거의 매일 아침마다 울고 있어서 걱정이 크다는 내용이었는데, 내가 어떤 도움을 줄 수 있을지 궁금해 하셨다. 우선 전화로 아만다와 함께 학교로 한번 오시라고 말했다. 그리고 아만다가 왜 그런지, 다른 이유는 없는지 실마리가 될 만한 것을 얻어내려고 애썼다. 할아버지, 할머니가 살아 계신지, 애완동물을 잃어버리지는 않 았는지, 최근에 이사를 했는지 꼬치꼬치 캐물었지만 원인을 찾을 수 없었다. 진짜 우는 이유가 뭔지 아만다에게 정색하고 물어보았는지까 지도. 아침마다 학교에 가고 싶지 않다고 하니까 매일 이야기를 나눌 수밖에 없는데, 배가 아프다는 둥 매번 다른 이유를 갖다대기는 해도, 결국 스몰 교장선생님이 학교에 안 계시기 때문이라는 사실로 요약된 다는 것이었다. 교장선생님의 죽음과 관련해서 아만다에게 어떻게 이 야기해주었는지도 물었는데, 아만다의 부모님께서는 지혜롭게 그 일 을 해내셨다. 위기관리팀이 아만다의 나이에 맞는 권장도서를 읽도록 해주었다. 나로서도 별다른 생각이 나지 않아 우선 만나기로 했다. 아 만다와 어머니가 손을 잡고 교장실로 들어오는 모습은, 소중하고 신 성한 성지(聖地)에 첫발을 내딛는 순례자 같았다.

내가 처음 왔을 때에도 교장실에는 귀여운 테디 베어가 스무 개 남 짓 있었지, 그래, 이야기하는 동안 아만다가 제일 좋아하는 테디 베어 를 안고 있게 하자.

아만다가 고른 두 개의 테디 베어 중 하나는 노란 비옷을 입고 있었 는데, 귀에 달린 꼬리표에 고든Gordon이라고 적혀 있다. 이 인형을 제일 좋아하는 이유를 물었더니, 1년 전 아만다가 유치원에 다니는 어 린 소녀였을 때, 학교 가는 것이 두려워 등교 첫날 오전 내내 울었던 기억을 들려주었다. 누구든 혼자서 처음 학교에 가면 그런 기분이 든 다고 위로하자 아만다가 마음을 놓고 말을 잇는다.

"그래요, 정말 무서웠어요."

"뭐가 제일 무서웠어?"

"음, 엄마 차에서 내려 학교로 들어가는 게 그랬어요."

아만다는 눈을 크게 뜨며 말했다.

"왜 그랬어?"

아만다가 이야기를 멈출까봐 조바심이 났지만 자연스럽게 물었다.

"같이 교문을 들어가는 애들 중에는 저보다 엄청 키 큰 애들이 많았어요. 큰소리로 떠들면서 서로 먼저 들어가려고 뛰어가면서 말이죠."

아만다는 그때 그 느낌을 정확히 전달하려고 노력했다.

"그래, 맞아, 아침 등교시간은 정말 시끄럽고 복잡해. 네 말이 맞아. 그런데 그게 무서웠어? 큰 소리로 떠드는 키 큰 애들이?"

"예, 걔네들은 자기 맘대로 이리 갔다 저리 갔다 하면서 어지럽게 걷고 뛰고 했거든요. 전 그게 너무 무서웠죠. 근데 스몰 교장선생님께서 도와주셨어요."

"좋아, 그 얘기 좀 듣고 싶구나. 난 스몰 교장선생님 얘기 듣는 게 너무 좋아. 스몰 교장선생님은 훌륭한 분이셨어, 그렇지?"

"그럼요."

노란 비옷을 입은 테디 베어를 껴안으며 한숨을 내쉬는 아만다를 보면서 이젠 고든이 교장실을 떠나 아만다를 따라가겠구나 하는 생각이 들었다. 이야기를 듣기 위해 팔꿈치를 무릎 위에 놓고 깍지 낀 손 위에 턱을 놓은 채 몸을 앞으로 굽혔다.

"그러니까, 비가 왔어요. 비옷을 입고 있었기 때문에 기억해요. 그날도 엄마 차에서 내리기가 무서웠어요. 그런데 스몰 교장선생님께서 오리 모양 우산을 쓰고 밖에 서 계셨어요. 교장선생님께서 차문을 열면 아이들이 내렸죠. 제가 타고 있는 차문을 열 때, 전 울고 있었어요. 그러자 교장실로 가자고 하셔서 엄마와 같이 따라 들어갔어요. 무엇이 그렇게 무서운지 지금처럼 물으셨어요. 그래서 전 말했죠."

"뭐라고 말했는데?"

뒷이야기가 궁금해 더는 참을 수 없다는 듯이 물었다.

"음, 저는 제 친구들이 걱정되었어요. 길을 잃고 거리를 헤맬지도 몰라서 무섭다고 말했어요."

아만다의 입장에 서서 작은 소녀가 돼 학교로 가는 길을 떠올려보았다. 얼마나 넓게 느껴질지, 어떤 사고가 일어날지도 모를 넓은 길. 하지만 학교 공포증이 대개 실제보다는 두려움에 더 많은 근거를 두고 있다는 사실을 떠올렸다.

"그래서 스몰 교장선생님이 뭐라고 말씀하셨니?"

"제게 사라Sara를 선물하실 거라고 말씀하셨어요."

"지금 안고 있는 그 테디 베어?"

"아뇨, 사라는 테디 베어가 아녜요. 사라는 여자아이에요! 바로 유치원 지킴이에요."

아만다는 키득키득 웃었어요. 나도 같이 웃었다.

"물론, 나도 알지. 학교를 지키는 특수요원들이지?"

"맞아요, 교장선생님은 저만의 지킴이를 주셨어요. 그게 바로 사라예요."

"그 다음은 내가 맞혀볼게. 학교에 올 때마다 사라가 네 차의 문을 열고 교실로 데려가는 거구나?"

"하지만 이젠 아니에요. 지금 저는 다 컸고, 초등학생이거든요."

아만다는 자랑스럽게 말했다.

"물론 그렇지, 그것이 지난 해 네가 두려움을 이겨낸 방법이구나!"

"그래요, 그리고 스몰 교장선생님께선 학교에 오는 일이 다시 무서워지면 말씀하라고 하셨어요. 하지만 이젠 말할 수 없잖아요……."

큰 눈물방울이 뺨을 타고 흘러내렸다. 이 눈물은 내가 보았던 슬픔의 가장 정직하고 순수한 표현이다. 그 눈물은 어떤 것에도 매어 있지 않고 어떤 것도 의식하지 않는 순수함의 결정체(結晶體), 자신을 도와 자신감을 주고 이제는 영원히 떠나버린, 인자하고 훌륭한 교장선생님의 죽음을 슬퍼하는 겨우 여덟 살짜리 어린이의 슬픔인 것이다.

"아만다, 스몰 교장선생님이 정말로 옳다는 것은 너도 알 거야."

손을 뻗어 아만다의 손을 잡자, 고개를 들어 처다본다.

"교장선생님께선 네가 무서울 때, 네가 믿는 누군가에게 말하면 그 사람이 너를 도울 거라고 말씀하셨을 거야. 무서운 건 무섭다고 이야기하면 좀 덜 무서워지지. 좀 전에 우리가 무서운 것에 대해 말할 땐 어쩐지 말한 만큼 덜 무서워졌지? 나한테 얘기하고 나니 좀 나아졌잖아, 그렇지? 만약 얘기 안 하고 꿍하고 있으면 난 너무 궁금하고 넌 아직도 무서움에 빠져 있을지도 몰라. 대화를 나누는 것은 문제를 풀 수 있는 길을 찾게 도와준단다."

아만다의 손을 가볍게 두드렸다.

"스몰 교장선생님이 테디 베어들을 얼마나 사랑하셨는지 알고 있지? 노란 비옷 테디 베어를 보면 어쩐지 스몰 교장선생님의 오리 우산이 떠오르는 것 같네. 오리 우산도 노란색이었니?"

"네, 맞아요."

아만다는 정말 그런지 테디 베어를 눈앞으로 쑥 올렸다.

"그렇다면, 좋은 생각이 있는데. 스몰 교장선생님께서 네게 가르치신 모든 것을 다시 생각해내기 위해 이 비옷 입은 테디 베어를 집으로 데려가는 건 어떨까?"

"정말 그래도 돼요?"

아만다는 기뻐서 엄마를 쳐다보았다.

"이 인형을 네 머리맡에 두면, 슬프거나 무서울 때 말을 걸 수 있겠다. 어때, 좋은 생각이지? 그럴 때마다 스몰 교장선생님하고 얘기한다고 생각하면 되잖아."

아만다는 테디 베어를 꼭 끌어안고, 가슴에 십자를 긋고는 그러겠다고 약속했다. 걱정거리가 있을 때 말을 건네거나 손으로 어루만져 마음을 달래는 물건을 만든다는 건 어리석다는 생각을 하곤 했는데, 이제 더 이상 그렇게 생각하지 않기로 했다. 아만다가 돌아간 뒤 책상 뒤에서, 가운데에 오리 얼굴이 그려져 있고, 오렌짓빛 부리가 가장자리에서 펄럭이는 캐롤라인의 노란 우산을 꺼내보았다. 그 노란 우산을 펼치자 무서움에 떠는 작은 유치원생을 막아주는 모습을, 그리고 캐롤라인이라는 구조대원 교장선생님의 모습을 볼 수 있었다.

동료들과 교직원, 학생들이 겪은 캐롤라인의 이야기와 그 슬픔은 '그리프 앤 로스 팀'이 조정하고 위로하고 용기를 북돋우는 여러 방법 가운데 한 예를 우리에게 보여준다. 애도활동을 위해서뿐만 아니라 새로운 집행부의 과도기를 준비하기 위해서 한 달에 한 번 캐롤라인이 일했던 학교로 계속 출근했다. 이 글을 쓰면서 1년 전에 한 팀이라도 이런 일을 할 수 있도록 훈련을 시켰더라면 하는 생각이 간절했다. 이 책에 담긴 내용을 시도해보려는 모든 교육자분들께 용기를 북돋우고자 한다. 각 학교공동체가 예기치 않은 슬픔을 겪게 될 때, 아마 여러분은 준비되어 있다는 사실에 감사하게 될 것이다.

발달단계상 연령별 죽음에 대해 보일 수 있는 반응들

	생각	느낌	행동

만 3~5세	• 죽음은 일시적이고 돌이킬 수 있다
	• 죽음의 결말이 확실하지 않다
	• 죽음을 여행, 잠과 혼동한다
	• 죽은 사람은 어떤 행동을 할까 생각한다
		• 슬프다
		• 불안하다
		• 움츠러든다
		• 변화로 인하여 혼란스
		  럽다
		• 화가 난다
		• 무섭다
		• 불안정하다(놀이 속에
		  서 감정들이 무의식적
		  으로 행동화된다)
			• 운다
			• 싸운다
			• 죽은 것들에 대해 관심을 갖는다
			• 죽음이 일어나지 않은 것처럼 행동한다

만 6~9세	• 죽음의 결말에 대해 생각한다
	• 죽음의 생물학적인 과정에 대해 생각한다
	• 죽음이 손상과 관련되어 있다고 느낀다
	• 죽을 때는 혼이 데려간다고 생각한다
	• 부모 중 한 사람이 죽는다면 누가 자신을
	  돌볼지 생각한다
	• 자신들의 행동이나 말이 죽음을 불러일으
	  켰다고 생각한다
		• 슬프다
		• 불안하다
		• 움츠러든다
		• 변화로 인하여 혼란스
		  럽다
		• 화가 난다
		• 무섭다
		• 불안정하다(놀이 속에
		  서 감정들이 무의식적
		  으로 행동화된다)
			• 공격적으로 행동한다
			• 움츠러든 모습을 보인다
			• 악몽을 꾼다
			• 죽음이 일어나지 않은 것처럼 행동한다
			• 집중력이 떨어진다
			• 성적이 떨어진다

만 9~12세	• 죽음의 결말에 대해 생각하고 그것을 이
	  해한다
	• 죽음에 대해 이야기하는 것이 힘들다
	• 그 죽음이 다시 일어날 수 있다고 생각하
	  며 불안해 한다
	• 죽음에 대해 익살맞게 생각한다
	• 부모가 죽는다면 어떤 일이 일어날까 생
	  각한다
	• 자신들의 행동이 죽음을 불러일으켰다고
	  생각한다
		• 상처받기 쉽다
		• 무섭다
		• 외롭다
		• 혼란스럽다
		• 슬프다
		• 자포자기
		• 죄책감
		• 두려움
		• 걱정스럽다
		• 고립감
			• 공격적으로 행동한다
			• 움츠러든 모습을 보인다
			• 죽음의 육체적인 측면에 대해 이야기한다
			• 죽음이 일어나지 않은 것처럼 행동하며
			  감정을 드러내지 않는다
			• 집중력이 떨어진다
			• 성적이 떨어진다
			• 악몽을 꾼다

만 12세 이상 / 청소년

- 죽음의 결말에 대해 생각하고 그것을 이해한다
- 자신의 감정을 드러내면 약해질 것이라 생각한다
- 자신의 감정을 조절할 필요가 있다
- 죽음에 대해 익살맞게 생각한다
- 죽음 전과 후의 삶에 대해서 집중한다
- 자신들의 행동이 죽음을 불러일으켰다고 생각한다

- 상처받기 쉽다
- 불안하다
- 무섭다
- 외롭다
- 슬프다
- 자포자기
- 죄책감
- 두려움
- 걱정스럽다
- 고립감

- 충동적으로 행동한다
- 논쟁하고 소리치고 싸운다
- 자기 자신을 위험한 상황에 처하도록 그냥 내버려둔다
- 상황이 달랐으면 어땠을까 가정해본다
- 집중력이 떨어진다
- 성적이 떨어진다
- 악몽을 꾼다
- 그 일이 전혀 일어나지 않은 듯 행동한다

루이즈 앨드리치, 『갑작스런 죽음: 학교의 위기』에서 작가의 허락을 받은 후 인용.

제2부 슬픔을 기억하는 이야기들

슬픔에 대한 새로운 접근

슬픔은 시간을 초월하여 일어난다. 심지어 평생 동안 슬픔에서 헤어 나오지 못하는 경우도 있다. 슬픔은 항상 일어나지는 않지만 간헐적으로, 때때로 예기치 않게 찾아오기도 한다. 누군가의 특별한 일정을 고려하는 법도 없다. 슬픔은 감정적이고 심리적이고 영적이고 지적인, 그리고 물질적인 구성요소를 지닌 강력한, 때로는 저항할 수 없는 반응의 결합을 전형적으로 내포하고 있다. 그 경험은 연령, 재력, 건강 그리고 다른 개인적인 환경의 변수에 따라 차이가 있어서 사람마다 다 다르다. 하지만 대다수의 학생들이 말하는 슬픔의 요소에는 유사점이 있다. 예를 들면 고통이나 후회, 부정, 분노, 그리움, 두려움, 자포자기, 혼돈, 서운함, 죄책감, 슬픔, 공허감, 아픔 그리고 당혹감이 그런 것들이다.

정신의학자인 엘리자베스 퀴블러로스 박사*Elisabeth Kubler-Ross*

는 『죽음의 순간On Death and Dying』에서 슬픔의 여러 단계를 소개하면서, 죽음을 앞둔 환자들의 반응에서 유사한 단계를 추출해냈다. 이 단계들이 지금까지 일어났던 슬픔의 진행 과정에 폭넓게 그리고 뚜렷하게 적용된다는 나의 추론이 그녀의 취지에 부합하는지는 확신할 수 없지만.

그녀의 독창적인 연구와 뒤를 이은 많은 다른 연구들은 셀프헬프self-help 문학작품 속에서 슬픔을 극복하기 위한 처방전으로서 대중적인 인기를 누려 왔다. 이 유명한 슬픔의 단계는 참고할 만한 중요한 사항이기도 하지만 한편 슬픔에 잠긴 사람들에게 이따금 지나치리만큼 엄격하게 적용되기도 했다. 가능한 빨리 마지막 단계인 "수용"에 이르도록 강요하면서. 이 비현실적인 기대는 그 당시 슬픔에 잠긴 사람들에게 있어서 무슨 일이 일어나는지를 이해하기 위한 틀이기보다는 오히려 부담이 되었다. 슬픔에 잠긴 사람들을 위한 어떤 단계 혹은 조치, 초보적인 계획에도 철학이 있어야 하며, 어떠한 상실일지라도 평생 지속된다는 사실에 대한 이해가 필요하다.

지난 25년 동안 학교 안팎에서 슬퍼하는 사람들로부터 들어 왔던 말은, "어떻게 슬픔과 더불어 잘 살 수 있는가"였다. 임상 혹은 의료적인 접근은 때때로 "다른" 이들 혹은 환자들, 의뢰인들에 맞는 처방전일 뿐, 우리 모두의 문제에 역점을 두어 다룰 만한 접근은 되지 못했다. 이러한 해법은 슬퍼하는 사람들을 위로하고 도움을 주기엔 역부족이다. 덧붙이자면, 죽음으로 인한 상실에 편협하게 초점이 맞추어져 있어서, 때로는 눈에 보이지 않는 더 큰 상실감까지 포용하지 못하기도 한다. 슬픔은 매우 개인적인 차원에서 다루어져야 하며, 그 사실을 존중하지 않는다면 이후 바람직한 치유는 이루어지기 힘들다.

다음에 이어질 이야기들은 실제 여러 학교에서 슬퍼하는 학생들, 학부모들과 함께 개인적으로 겪은 경험담이다. 이 학교들 중 몇몇은 우리가 함께 시작했던 그 일을 지속하기 위해 선생님의 모임들이나 팀을 훈련시키는 것에 아직도 관심을 기울이고 있다. 이 이야기들 속에 등장하는 학생들은 초등학교 1학년부터 고등학생에 이르기까지 다양하다. 마음에 상처를 입은 사람들을 이해하고 위로해주고자 하는 단 하나의 목적으로 이 이야기들을 전한다. 진정으로 죽은 사람들의 삶을 명예롭게 하고자 하는 것이 소망 중의 하나이다. 슬픔에 잠긴 부모와 가족들은 몹시 힘들었지만 마음을 열고 이야기를 전해주었다.

나탈리Natalie : 교통사고로 죽은 고등학교 저학년

나탈리도, 언니 애슐리Ashley도, 부모님 리치Rich와 테레사Teresa도 모두 나와 직접 아는 사이는 아니었다. 하지만 친구 켄Ken의 아들이 애슐리와 친한 친구여서, 나탈리가 교통사고로 죽자 켄이 내게 도와달라는 전화를 걸어왔다. 나는 물론이라고 대답하고 사건이 어떻게 되었는지 자세히 물어보았다. 켄은, 부모님의 가장 큰 걱정이 아이들, 나탈리의 친구들, 팀 동료들 그리고 같은 반 학생들이라고 말했다. 그리고 내가 그들을 돕기 위해 시간을 낼 수 있는지 알고 싶어 했다.

"물론이야, 내가 할 수 있는 일은 모두 해야지."

그러자 켄이 이야기를 들려주었다.

나탈리의 아버지 리치 씨는 지역 고등학교 합창단 지휘자였다. 금요일 밤에 봄맞이 팝스 콘서트가 대규모로 열릴 예정이었다. 그 전날 밤 리치 씨가 총연습을 지휘하는 동안, 나탈리는 아빠에게 다음날 방과 후 친구들과 함께 탈 보트를 꺼내 가도 되는지 묻는 쪽지를 남겼다. 그것을 보고 리치 씨는 이렇게 답장을 썼다.

"나탈리, 물론 꺼내주마. 하지만 아빠가 집에 온 다음이다. 그때까지 꼭 기다려야 해. 네가 혼자 하면 다칠지도 모르니까."

리치 씨가 오후 4시 30분 경 집에 도착했을 때, 나탈리는 어디에도 없었다. 그래서 보트를 꺼내놓고 옷을 갈아입은 다음 음악회에 갈 준비를 하는데, 갑자기 나탈리가 사고를 당했을지도 모른다는 불길한 느낌이 스쳤다. 엄마도 나탈리가 집에 돌아오지 않자 불안해 하면서도 외출 차비를 했다.

5월 말 녹음이 푸르른 아름다운 날이었다. 리치 씨는 딸이 평소처럼 학교에서 육상연습을 좀더 오래 하고 있을 거라고 초조한 마음을 달랬다. 하지만 그 누구도 나탈리가 잠수복을 가지러 부모님의 별장으로 앤드리어*Andrea*와 함께 차를 몰고 갔다는 사실을 알지 못했다. 나탈리는 별장에 가기 전에 친구에게 잠수복을 빌리려고 부탁을 해봤지만 거절당하고 말았다. 나중에 그 친구는 자신이 거절했던 사실을 괴로워하며 떠올리기조차 싫어했다.

코시우스코*Kosciusko* 카운티에는 중서부 대부분의 카운티들보다 제곱마일 당 호수의 숫자가 더 많다. 크든 작든 이 신선한 호수들은 멋진 휴식의 공간이 되었고 많은 이들이 캠핑을 하러 찾아왔다. 호수와 호수는 열십자 모양의 교차로로 연결되어 있었으며, 그 가운데 어떤 교차로에는 양방향 정거장이, 또 어떤 교차로에는 네 방향 정거장이 있었다. 나탈리와 앤드리어는 교차로를 지날 때마다 잠시 멈춰섰다 조심스럽게 지나갔다. 하지만 그 다음에 무슨 일이 일어났는지는 여전히 확실치 않다. 지는 석양 때문에 교차로를 향해 돌진해 오던 트럭이 나탈리를 못 본 것일까? 나탈리는 자기가 양방향 교차로에 서 있다는 사실을 알긴 알았을까? 트럭을 보고 멈추어야 한다는 생각은 했을까? 트럭 운전자는 그들을 보았을까? 이런 질문들이 다시 또 되풀이되었지만, 이제는 이런 질문들은 전혀 중요치 않다. 사고가 일어난 것이다. 어느 누구도 일부러 사고를 내진 않는다. 중요한 질문은 "그런 다음에는?"일 뿐. 끔찍한 대답은 나탈리가 죽었다는 사실이다. 그리고 앤드리어는 살아남았다.

테레사는 리치 씨를 학교에 내려주고, 음악회가 시작되기 전에 가까운 상점에 들를 계획이었다. 하지만 나탈리가 걱정되어, 불안한 마음에 학교로 달려가 집에 전화를 걸었다. 아, 그런데 통화중이다. 테레사는 다시 한번 전화를 걸었지만 역시 마찬가지, 여전히 통화중이었다. 그녀는 남편에게도 계속 전화를 해보라고 말했지만 부부의 머릿속에는 딸들 중 누군가가 전화로 즐겁게 수다를 떠는 모습만 보일 뿐이다.

리치 씨는 다시 한번 음악회에 필요한 장비를 면밀히 살피느라 바빴다. 그때 기술 감독이 사무실로 들어왔다.

"지휘자님, 경찰관들이 밖에서 기다리고 있는데요."

학교 관계자들은 이런 방문을 두려워한다. 우리가 가르치는 학생이 문제를 일으켰다는 의미이기 때문이다. 하지만 학교 음악회가 열리면 응당 주차 소동이 일어나기 때문에, 주차장 문제려니 하고 생각했다. 리치 씨가 나갔더니 한 경찰관이 다시 테레사를 찾았다. 의아해 하는데 다시 딸아이에 대해 묻는다. 순간 어떤 말도 하고 싶지도 듣고 싶지도 않았건만, 피할 수 없는 말이 성큼 다가왔다.

"레이크 티퍼케노Lake Tippecanoe 근처를 지나는 길에서 교통사고로 죽었습니다."

둔기로 맞은 것 같은 충격이 전해져 왔다. 학교와 집 사이에서 요란한 소리를 내며 달리던 구급차의 번쩍이는 파란 경광등이 얼핏 기억이 나는데, 그렇게 바삐 서둘던 응급구조사들이 바로 나탈리 때문이었다니. 경찰관을 뒤로하고, 초조한 마음에 다시 집에 전화를 걸고, 애써 마음을 진정시키며 교장선생님과 악단 감독, 그리고 교감선생님에게 기어들어가는 목소리로 전화를 걸었다.

"지금 좀 와주세요."

지휘는 부지휘자 캐시Kathy에게 맡겼다. 소란 속에 테레사의 모습이 보였다. 경찰관이 주차장에서 그녀에게 다가가 리치 씨 부인이냐고 묻자, 그녀는 성가시다는 듯 말했다.

"이곳에 주차할 수 없다는 거죠?"

하지만 경찰관은 부드러우나 단호하게 대답했다.

"아닙니다. 저희와 함께 가시죠."

그리고 그녀는 알게 되었다. 무거운 정적이 학교를 내리누른다. 나탈리가 도착하기 전에 왜 먼저 나왔을까 하는 후회, 엄마로서 들었던 불안과 걱정들의 이유를 이제야 깨닫게 되다니. 곧 남편이 다가와 말을 건넸다.

"나탈리가 교통사고로 죽었대……."

코시우스코의 경찰관과 함께 집으로 오면서 테레사는 나탈리가 죽었다는 말을 들었을 때의 그 기분을 머리에 커다란 계란을 이고 있는 것에 비유했다. 딸아이의 사고를 듣는 순간 계란이 깨지고, 서서히 자신의 몸 전체로 줄줄 흘러내린다. 차를 타고 오는 동안에도 이 모든 사실이 꿈인지 생시인지 구분할 수 없었다.

엄마 아빠가 오기 전 애슐리는 아무것도 모른 채 혼자 집을 지키고 있었다. 초인종이 울리고 검시관이 거실로 들어서 동생이 죽었다는 사실을 전해주었다, 사전 설명도 없이 딱 한 번. 놀란 애슐리는 엄마의 가장 친한 친구인 간호사 레나Rena 아줌마에게 전화를 걸었다. 레나가 당장 달려왔다. 리치 씨가 집에 도착했을 때 제일 먼저 눈에 띈 것은 검시관의 차 때문에 생긴 커다란 기름얼룩이었다. 자국을 지워버리고 싶어 온갖 방법으로 닦고 또 닦았지만 그 후로도 오랫동안 그 얼룩은 그곳에 남아 있었고, 눈에 띌 때마다 증오했다. 아무런 상관이 없는 듯 보이지만, 그것은 리치 씨 부부가 집에 없는 동안 나쁜 소식을 가져온 뻔뻔스런 전령처럼 여겨졌으니까.

나는 주말마다 이따금씩 전화를 하고 언제 방문하는 것이 좋을지 물어보고 장례회관을 찾았다. 아직까지 나탈리네 가족과는 모르는 사이었다. 젊은 목사 폴Paul에게 인사를 했다. 그는 내게 나탈리네 가족을 소개시켜주겠다고 했지만 나중으로 미뤘다. 장례식장에 모인 10대들을 전부 훑어보았지만 아는 얼굴이 거의 없다. 잘 알지도 못하면서 선뜻 이런 자리에서 사고에 대해 이야기를 나누려니 어색하다. 식장을 나오기 전에, 어쨌든 장례회관에 계속 머물러 있을 테니, 도움이 필요하다면 나탈리네 가족에게 전해달라고 폴에게 부탁했다.

교회는 사람들로 발 디딜 틈이 없었다. 스피커에서는 계속된 안내방송이 흘러나왔다. 교회 휴게실과 주일학교 교실을 오가는 10대 소년소녀들도 여느 10대들과 비슷해 보인다. 장례식 후에 리치 씨 부부를 만났다. 테레사는 내 손을 잡고 부탁을 했다.

"저, 선생님께서 이야기를 나누어주셨으면 하는 사람이 있는데요……."

나탈리의 남자친구 앤디*Andy*를 만난 것이다. 그 역시 다른 사람들과 마찬가지로 상실의 아픔과 충격 상태에 빠져 있었다. 앤디에게 전화번호를 건네주었는데 놀랍게도 곧바로 전화가 왔다. 테레사도 연락을 해와 우리는 쉽게 친구가 되었다.

테레사와는 거의 매주 만났다. 그 당시에는 아직 출판되지 않은 원고인 『슬퍼하며 춤추며*Mourning and Dancing*(젊은 나이에 남편을 잃은 저자의 슬픔과 치유에 대한 고백록으로 『학교여, 춤추고 슬퍼하라』 전에 나온 저서: 역주)』로 시작해서, 내가 권한 모든 책을 테레사는 열심히 읽고 토론 목록을 정리해 가져왔다. 그녀는 똑똑하고 헌신적인 학생이었지만 도무지 이해할 수 없는 부분도 있었다. 논리적으로 이해하려 했지만 아무것도 찾지 못할 때도 있었다. 자신의 철학을 다시 꼼꼼히 검토하고 논리적으로 정당하다는 사실을 찾아냈어도 여전히 자신의 내부에 남아 있는 깊은 화를 풀어내지 못했다. 그녀에겐 참을 수 있는 한계 이상의 고통이 찾아왔던 것이다. 그래도 매주 나를 찾아왔는데, 그것은 나에게 어떤 똑부러지는 대답을 들으려고 했기 때문은 아니었다. 우리 둘 다 해답은 없다는 사실을 익히 알고 있었다. 하지만 거기엔 내가 있고 테레사가 있었다. 난 그녀를 보면 마음이 아팠다. 그녀의 심연으로부터 솟구치는 소리에 귀를 기울였다. 우리가 슬픔이라고 부르는 이 어둡고 모든 것을 에워싸고 있는 곳을 뚫고 그녀와 함께 걸어갔다. 우리는 친구가 되었다.

테레사는 나탈리가 죽기 전에는 와본 적이 없는 우리 가족만의 위안처를 방문했다. 아름다운 꽃들과 다년생 식물들이 자라고 있는 정원이었는데, 테레사는 원예에 조예가 깊어서 여기에 어떤 식물이 자라는지 잘 알고 있었다. 어느 날은 자기 집 정원에서 꺾꽂이 하나를 가져와 새로 키우기도 했다. 우리는 정원일을 하면서 창조적이고 건설적인 일들을 개척해나갔다.

리치 씨 부부는 나탈리가 죽고 나서 몇 달이 지나기까지, 자신들이 살아남아 있다는 사실을 확인받고 싶었다고 고백했다. 그들은 이런 일을 겪은 적이 있는 사람들로부터 이 아픔, 이 깊은 상처가 언젠가는 사라질 것이며, 세상에서 슬퍼하다 죽는 일은 없을 것이라고 위로받고 싶어 했다. 어쨌든 남은 다른 자식들을 위해 새로운 희망을 갖고 살아가야 했으니까. 그런데 내가 할 수 있는 모든 시도와 노력은 물론이거니와 리치 씨 가족에게는 나는 줄 수 없었던 다른 특별한 위로를 받을 기회가 필요했다. 뭐라 해도 난 아이를 잃은 경험이 없었으니 말이다.

하루는 4~5년 먼저 아들을 잃은 어떤 부인이 테레사를 찾아왔는데, 자신은 지난 몇 년 동안 아들 이름조차 부르지도 못했다고 하면서 거실에 앉아 흐느꼈다. 그녀가 떠나자 리치 씨 부부는 전보다 기분이 더 좋지 않았다. 하지만 리치 씨는 하느님이 모든 고통을 가져가셨으니 앞으로는 모든 일이 다 괜찮을 거라고 자족하고 적극적으로 애도 모임을 시작했다.

리치 씨 부부는 신념이 대단한 사람들이다. 그들이 마지막으로 내린 결론은, 믿는 자는 이 세상의 슬픔을 집아두지 않는다는 것이다. 하느님에 대한 믿음이 이 세상의 어떤 위로보다 살아갈 수 있는 힘의 원천이 되었다.

나탈리가 죽은 지 몇 달 후, 고등학교 미식축구 코치의 아들이 또 교통사고로 죽었다. 대학생이었던 이 아들은 큰 시합이 있었던 금요일 밤 아버지를 놀래주려고 자전거를 타고 집으로 오고 있었다고 한다.

이번에는 테레사로부터 전화가 왔다.

"교장선생님, 학교로 가서 이 아이들을 좀 도와주셨으면 합니다."

두말할 것도 없이 학교로 달려갔다. 교장선생님과 지도감독을 만나 오전 내내 학교에 있을 테니 누구든 이야기를 하고 싶으면 와도 좋다고 학생들에게 알려달라고 부탁했다. 짝을 짓거나 작은 그룹으로 모여서 와도 된다고 덧붙여서. 어른들보다 아이들이 서로서로 속깊은 이야기를 나누니까. 곧 아이들이 찾아오기 시작하여 하루 종일 학교에서 상담을 했다. 그 다음날에도 마찬가지였다. 테레사와 함께 학교를 나설 때, 리치 씨와 나탈리의 남자친구 앤디가 기다리고 있었다. 상처 입은 한 사람 한 사람이 다른 사람들에게 축복이 된 사실에 난 놀랐다.

그 다음날, 부모님들과 아이들을 위한 저녁 모임에서 슬픔에 대해, 또 그것을 다루는 방법에 대해 이야기를 나눌 수 있었다. 강당보다는 교실이 그리 넓지도 않고 편안한 분위기라 안성맞춤이었다. 어쨌든 이런 이야기는 서로 무릎을 맞대고 가까이 앉아 나누는 게 효과적이다. 사람들은 슬픔에 대해 알고 싶고 또 슬픔에 빠진 사람들을 돕고 싶어 하지만, 이런 일을 계속해 온 나에게도 이것은 항상 어려운 문제이다. 지원 모임에도 나가고 또 강연도 들으려 하다가도 망설이며 주저하는 것은 너무나 당연한 일이다. 나는 그날 저녁 모임을 위해 유인물 두 장과 읽을 책 목록을 준비했다.

이날 모인 사람들은 내가 슬픔에 관해 쓴 책이 이제 나올 때도 되지 않았냐고 출간을 권유했다. 그 책은 우리는 혼자가 아니며 서로서로 도울 수 있는 방법이 모두 담겨 있는 생생한 이야기일 것이기 때문이다. 모여 있는 모든 사람들에게 그 이야기를 들려주고 싶었다. 그날 밤에는 꿈에도 생각지 못한 일이었지만, 이젠 그 이야기들이 나의 두 번째 책이 되었다.

유인물 더미를 옆에 끼고 교실로 들어서자, 아들을 잃은 미식축구 코치 유진Eugene 씨 부부가 맨 앞줄에 앉아 있었다. 그들을 보자 무릎에 힘이 쭉 빠지는 듯했다. 리치 씨 부부도 와 있었다. 다른 부모님들과 아이들 역시 보였다. 간신히 마른침을 삼키고 물을 한 잔 마신 다음 천천히 이야기를 시작했다.

"오늘밤 여러분과 함께 이 자리에 있게 되어 참으로 유감입니다만, 여러분과 함께가 아니라면 다른 어떤 곳에서도 있지 못할 것입니다. 여러분의 아픔을 느끼며 저 역시 매우 마음이 아픕니다. 그러나 이 모든 충격은 점차 사라질 것입니다. 여러분은 결코 원하지 않는 현실, 우리 모두 두려워하는 현실과 맞대고 있습니다. 제는 스물네 살 때, 고등학생 때부터 사랑했고 결국 제 남편이 된 사람, 영원히 제 아이의 아버지인 사람을 잃었습니다. 죽고 싶었습니다. 그 고통은 너무나도 컸습니다. 미래 또한 황폐했습니다. 그 공허감은 참을 수가 없었습니다. 그리고 한동안 아무것도 이 상황을 바꾸어놓지 못했습니다. 그간 25년의 세월이 흐르고 저는 여기 서 있습니다. 저는 특별히 제가 겪은 고통과 여러분이 겪은 상실의 아픔을 공유하기 위해 여기 왔습니다. 저는 여러분의 고통을 아는 체하지는 않을 것입니다. 아이를 잃은 적은 없지만 마음 속 깊이 사랑했던 한 사람을 잃었습니다. 두 상실감은 똑같지 않고 두 삶도 똑같지 않습니다. 하지만 우리는 다르기보다는 많은 점이 더 비슷하다고 생각합니다. 칼에 베었을 때 똑같이 피를 흘리는 것처럼, 상실로 고통을 받을 때 우리는 비슷하게 아픕니다. 그것을 감당하고, 그것에 대해 이야기하고, 그것을 뚫고 나가는 길을 찾는 방법은 다릅니다. 이것은 우리가 자란 환경, 교육받은 내용, 우리가 몸담고 사는 문화와 더 관계가 있다고 생각합니다. 하지만 고통은 고통이니까, 그것이 바로 우리의 공통점인 것입니다. 우리 삶 속에 존재하는 상실의 고통 말이지요.

오늘밤 지난 25년의 세월이 흐르는 동안 제가 배웠던 모든 것을 여러분과 나누고 싶습니다. 어떤 일은 잘했지만 어떤 일은 형편없었습니다. 그래도 이 모든 것을 나누는 일에 개의치 않겠습니다. 어떤 정보든, 어떤 생각이든 조금이라도 도움이 될 것이기 때문입니다."

그날 모임을 마치고 밤늦게 출발하려 할 때, 유진 씨 부부가 다음 주말 저녁식사에 나를 초대하고 싶다고 테레사를 통해 말했다. 테레사에게 유진 씨 부부가 하고 있는 이 모든 일들이 참으로 자랑스럽다고 화답했다. 그들은 남편이 죽었을 때의 나보다 더 용기가 있었다.

그 후 몇 달 동안 나탈리의 남자친구 앤디와 몇 번 만났는데, 그는 지금까지도 나탈리네 식구들과 계속 연락하고 지낸다. 테레사는 웬일인지 사고 당시 나탈리와 같이 차에 타고 있었던 앤드리어를 만나지 않았다. 그들은 이웃에 살면서도 서로 연락하지 않는다. 슬픔은 사람들이 예상치 못한 낯선 일들을 하게 하는 것 같다. 그리고 대부분의 낯선 일들은 사람의 힘으로는 제어할 수가 없는 모양이다. 이웃들과 계속 관계를 맺고 책임질 수 있는 사람들은 바로 우리 자신이다. 우리가 기꺼이 그렇게 하고 싶다면, 우리들 자신이 겪은 상실의 아픔을 되새기면서 슬퍼하고 있는 이들에게 작은 위로와 도움을 나눌 수 있다.

마이클*Michael* : 종양으로 죽은 중학생

학생들은 부모님 곁에 붙어 서서 함께 들어왔다. 이따금 부모들이 아이들의 어깨에 손을 걸치기도 했다. 대부분 이런 일은 처음이고, 혹 전에 죽은 사람을 본 적이 있다고 하더라도, 할아버지나 할머니였을 테지 같은 반 친구는 아니었다. 얼마 전까지 같이 지내던 내 친구가 죽었다니, 학생들의 두 눈동자에는 호기심과 두려움이 반반이다. 애써 침착하려고 했지만 10대들이 친구의 죽음 앞에 마음의 평정을 찾기는 쉽지 않았다.

친구가 누워 있는 관을 발견하자 두려움에 움찔 뒤로 물러서기도 하고, 관을 보는 것만으로도 자신에게 불행이 찾아오지 않을까 염려되는지 옆에 있는 부모님을 슬쩍 쳐다보기도 했다. 주위를 둘러보고 무슨 말을 해야 할지, 무슨 일을 해야 할지 묻는 듯 보였다. 자신에게 다그치듯 질문을 던졌지만 답을 찾기 어려웠을 것이다. 조문객 속에 파묻혀 친구의 죽음 앞에 어떤 말을 던져야 할지 고심하는 나의 모습. 지난주에 함께 뛰었던 미식축구 경기에서 같이 땀을 흘렸던 친구의 살아 움직였던 몸, 서로 힘들 때 격려하며 즐겁게 환호성을 지르던 그 목소리를 이젠 들을 수 없다니…….

살아 있을 때에는 누가 죽을 수 있다는 사실은 상상조차 할 수 없다. 그게 바로 며칠 전의 일이었다. 미식축구팀의 누구도 살아 있다는 것, 존재한다는 것에 대해 아무런 의문을 제기하지 않았다. 아마도 마이클을 제외하고는 말이다. 마이클은 자기 아버지에 대해 종종 말하곤 했다. 그날 밤 마이클을 추모하기 위한 장례회관에 모인 사람들은 모두 마이클의 아버지를 떠올렸을 것이다. 불이 붙은 채 브레이크가

파열돼 말을 듣지 않는 트럭이 마이클의 아버지 래리*Larry*의 차로 돌진하여 사지(死地)로 밀어붙이고 말았던 그 사건을. 그 사고로 마이클과 그의 형제들은 아버지를 잃었고 엄마는 남편을 빼앗겼다. 그로부터 5년이 지난 오늘까지 가족들은 입에 담기도 싫은 슬픔과 충격으로부터 어떻게 헤어나왔는지 알 수 없는 노릇이다. 일주일 전까지 짧은 운동복에 선글라스를 쓰고 핫도그를 먹으며 양키*Yankee*팀을 힘차게 응원했었는데, 지금은 마이클마저 조용히 관에 누워 있다. 즐겨 쓰던 선글라스와 모자를 곁에 둔 채로. 마이클을 괴롭혔던 것은 간에 퍼졌던 종양 덩어리였다. 몸 구석구석으로 파고들어가 있어서, 뒤늦게 심한 독감 증세로 응급실로 실려갔지만 할 수 있었던 일은 아무것도 없었다. 그리고 한 시간도 채 안 돼 죽은 것이다. 친구들은 서둘러 이메일로 소식을 전했고, 어린 학생의 갑작스런 죽음에 지역사회에서도 애도를 표했다.

사정이야 다 다르겠지만 한 어린 학생이 죽으면, 전국의 학교와 지역사회에서는 그 죽음에 서둘러 대처하면서, 다소나마 위안을 주려고 노력한다. 마이클의 마을도 똑같았다.

마치 그 죽음의 마수가 뻗어나와 자신들의 아이들을 움켜잡을지도 모른다는 듯, 마이클의 죽음이 일련의 비극적인 사건들의 시작이 될 수도 있다는 분별없는 두려움으로 부모들은 아이들을 과보호한다. 사람들은 마이클의 어머니가 보여준 정신력에 놀랐다. 그녀는 고통을 극복하기 위한 방법을 연습이라도 한 것처럼 일상과 다름없는 생활을 하기 위해 노력했다. 장례식장에서 밤샘하기 하루이틀 전, 그녀는 남은 자식들과 마이클의 친구들을 위해 어떻게 하는 게 좋을지 물었다. 그래서 우리는 며칠 안으로 확실하게 가르칠 수 있는 몇 가지 아이디어에 대해 토론했다. 토론의 중심은, 아직 가슴 절절하지만 마이클은 죽었다는 사실을 현실로 알려주고, 아이들 스스로 마이클을 기억하기 위해 직접 손으로 할 수 있는 어떤 일을 만들기로 했다. 즉 아이들이 직접 참여할 수 있는 아이디어를 짜내야 했다. "마이클"과 "친구는 영원하다(Friends Forever)"와 같은 글귀를 써넣은 티셔츠를 만든다면 어떨까 하는 제안을 했다. 그러면 친구들은 영원히 마이클을 기억하고 서츠에 자신의 이름을 써넣음으로써 마이클을 기념하고 함께 다닐 수 있는 효과도 얻을 수 있으니까. 또 하트 모양과 축구공 모양의 편지지 안에 친구들은 마이클에게 보내는 글을 써넣었다. 안녕이라고 말할 수 있고, 살아 있는 동안 말하지 못한 채 남겨진 아쉬움들을 풀 수 있는 좋은 기회였다. 편지를 쓰는 일은 서로를 치료하는 데 도움이 된다. 아무리 작은 일이라도 무슨 일이든지 하는 것이, 할 수 있는 일이 아무것도 없는 절망적인 상태보다는 낫다. 마이클의 친구들과 형제들도 장례식에 참여하고 있었다. 안내인으로 봉사하거나 읽을거리들을 제공하는 등 "무언가 할 수 있는 일"을 스스로 찾으면서.

이런 모든 과정이 담긴 사진들은 장례식장을 방문하는 일반인들에게 좋은 반응을 얻었다.

이곳을 방문한 학생들은 사진들을 손가락으로 가리키며 각자 자신이 알고 있는 마이클에 대한 모든 것을 서로 주고받았다.

"얘들아, 이것 좀 봐. 이건 하일랜즈*Highlands*와의 시합 때였잖아. 그래, 우리는 저 빗속에서 추위에 덜덜 떨었지. 상대편보다 우리가 추위를 덜 타는 듯이 행동하면 아마 겁을 먹게 될 것이라고 마이클이 말했던 것 기억나지?"

옆에서 지켜보는 내게도 갑자기 눈물이 솟구친다. 학생들이 기억을 더듬을 때 울도록 격려하면서—그것은 실제 큰 도움이 되었다—면역체계와 뇌의 엔돌핀 분비에 대해 알고 있는 지식을 말해주었다. 학생들은 더 많은 정보를 듣기 원했다.

"여러분, 하지만 난 마이클을 몰라요. 사람들이 마이클이 훌륭하다고들 하는데, 내게 그 이야기를 좀 해줄 수 있나요?"

이 말은 학생들의 추억을 넘쳐흐르도록 자극하기에 충분했다. 이야기보따리를 풀어놓기에 여념이 없었던 한 소년은 마이클이 자신에게 하키 하는 법을 가르쳐주었다고 말했다. 아직도 하키를 하느냐고 묻자 고개를 끄덕였다.

"이야기를 듣고 보니 네가 하키를 할 때마다 마이클이 항상 너와 함께 있으리란 생각이 드는구나."

관 속에 누워 있는 친구를 뒤돌아보며 소년은 고개를 끄덕였다.

"어느 누구도 너와 마이클을 떼어놓지 못할 거야, 그렇지?"

그럴 거라며 아이는 눈물을 흘렸다. 우린 말없이 잠시 그 자리에 서 있었다. 어깨를 토닥거려주자 그 아이는 "괜찮아요"라며 친구들이 있는 곳으로 걸어갔다.

마이클의 삼촌 존John은 선생님이었다. 예전에 학교에서 함께 일한 적이 있었기 때문에 그날 밤 존과 많은 이야기를 나눴다. 존은 내 아들과 동갑이었는데, 그에게 형 래리, 마이클의 아버지의 죽음은 감당하기 어려운 아픔이었다. 그것을 견디면서 존은 나이보다 더 성숙해졌다.

존은 자신의 가족은 불운하며, 천벌을 받고 있다고 여겼다. 형수인 마이클의 어머니는 내가 와 있다는 소식을 듣고, 시동생인 존과 자신의 아이들을 도와주길 바랐다. 지켜보고 기다리며 내가 할 수 있는 일을 조심스럽게 찾아내려 했다. 이런 일의 대부분은 상대방의 입장에서 기다리고 지켜보며, 또 상대방을 존중하고 프라이버시를 보장해주며, 조심스럽게 위로를 건네야 한다는 사실을 잊어서는 안 된다. 하지만 대부분의 사람들에게는 입을 꼭 다물고 있는 것보다는 의미가 없는 말이라도 무엇이든 옆에서 지껄여주는 것이 도움이 되었다는 것 역시도 기억해야 한다. 함께 있어주는 것이 가장 중요하지만, 의사소통의 가장 기본적인 방법은 역시 언어이다. 어떤 반응을 이끌어내는 데 도움이 될 만한 단어와 문장들을 마음속으로 되뇌어보았다. 10대들과 함께 하는 일은 그리 쉽지 않은 법이니까. 관 앞에 서 있는 한 무리의 남학생들에게 다가갔다.

"도저히 현실로 여겨지지 않지?"

그들 중 두 명이 뒤를 돌아다보았다.

"너희는 같은 반 친구니, 아니면 팀 동료니?"

"우리는 4학년 때 같은 반이었어요."

한 소년은 아무런 말도 하지 않고, 다시 돌아서서 죽은 친구를 빤히 쳐다보았다. 그애는 한마디도 하지 않았고, 알은 체하지도 않았다. 하지만 다른 친구들과 나누는 대화에 귀기울이고 있었다. 굳이 그 아이를 구슬려보려 하지 않았다. 아이들에게, 친구의 죽음 앞에 충격을 받았을 테고 그 죽음을 받아들이고 싶지 않겠지만, 이 두려운 진실을 받아들이는 데는 약간의 시간이 필요하리라는 것도 알게 될 것이라는 이야기를 해주었다. 그리고 나만 살아 있다는 죄책감을 느끼는 것도 정상이라고 덧붙여줬다.

"마이클이 지금 너희에게 무슨 말을 할 것 같니? 충고 한마디를 던진다면 말이지?"

"계속해! 절대로 포기하지 마! 그렇게 말할 거예요."

그때까지 조용했던 그 소년이 중얼거렸다. 때때로 아이들은 죽은 친구와 함께 있기 위하여, 혹은 삶의 어려움을 느끼고 그것으로부터 해방되기 위하여, 그들 역시 죽고 싶어 한다는 사실을 결코 잊어서는 안 된다.

이 슬픔에 빠진 친구들에게 마이클에게 남기고 싶은 마지막 한 마디를 말해보라고 했더니, 한 이웃 남학생은 마이클과 함께 야구를 하고 훈련을 하며 보냈던 시간이 고맙다는 말을 하고 싶다고 했고, 또 다른 남학생은 좋은 친구가 되어준 것에 감사한다고 했다. 지금이라도 늦지 않았으니 편지를 쓸 수도 있고 말할 수 있다고 했더니, 잠시 후 이 어린 학생 중 하나가 관 앞에서 마이클에게 말을 걸고 있었다. 이런 유형의 상호작용이 낳는 긍정적인 효과를 정확히 평가할 수는 없지만, 사는 동안 자신을 괴롭힐 후회를 덜어주는 것은 확실하다.

뒤이어 몇몇 여학생들에게 다가가 뉴저지*New Jersey* 학교에서 마이클의 삼촌과 함께 일했던 선생님이라고 소개하자 한 사람씩 다가와 악수를 나눴다. 그때 치열교정기를 끼고 예쁜 미소를 짓는 한 여학생이 반갑게 나를 맞았다.

"저는 사라*Sarah*예요."

순간 나는 그 소녀가 마이클의 여자친구임을 알았다. 내가 묻자 그 소녀는 고개를 끄덕이며 눈물을 감추기 위해 머리를 떨궜다. 사라를 껴안고, 너는 마이클에게 정말 좋은 여자친구였으며, 마이클을 몹시 보고 싶어 하는 마음을 이해할 수 있다고 위로해주었다.

"제일 두려운 게 뭐니?"

망설임 없이 사라는 대답했다.

"일요일 아침이에요."

"왜?"

사라와 마이클은 일요일 아침마다, 가족들이 일어나기 전에 일찍 일어나 인터넷으로 채팅을 했다. 누가 먼저 일어나건 먼저 일어난 사람이 대화방에 들어가 상대방을 위해 메시지를 남기곤 했다.

하지만 이제는 마이클로부터 어떤 메시지도 오지 않을 텐데……. 사라는 일요일이 너무 두려웠다. 이야기 속에서는 사무치는 그리움이 풍겨나왔다. 첫 키스를 나누었을지도 모를 사람의 죽음을 받아들이는 것이 얼마나 힘겨울지는 겪어본 사람만이 알 것이다. 일요일 아침마다 나 역시 사라를 떠올리게 될 테지만……. 나는 사라에게 일요일 아침마다 시험 삼아 글을 써보는 것이 어떠냐고 제안했다. 컴퓨터를 무작정 피하기보다는 자신의 느낌을, 특히 마이클에 대해 컴퓨터를 이용해 글을 쓰는 것이 좋지 않을까.

한 친구가 사라에게 다가와 우리의 대화를 끊어버렸다. 곧 사라는 옷이나 화장품 그 밖에 10대 여학생들이 나눌 법한 전형적인 대화 속으로 떠났다. 10대들이 현실이 주는 공포를 느끼면서도 또 자신이 내일은 무엇을 입을까 고민하는 것은 지극히 정상적이며 건전한 균형 상태에 있는 것이다. 지난 수년간 사라와 마이클이 꿈속에서처럼 주고받았던 소식들이 단 한 번이라도 마이클로부터 다시 올 수 있다면 얼마나 좋을까 생각하며, 여학생들로부터 떠나왔다.

∽

웨스Wes : 암투병중인 고등학교 저학년

웨스는 암으로 죽어가고 있다. 이젠 더 이상 어떤 치료도 필요 없다.

웨스는 학교에 다니지 않고 집에서 죽 지냈다. 가족들은 언제 죽음이 다가올지 모를 위태로운 심정으로 일상생활을 해나가려고 몸부림치고 있었다. 웨스의 어머니는 웨스가 어느 누구하고도 "그것에 대해 이야기하지" 않는다는 사실을 걱정했다. 내가 휴가를 마치고 돌아오자 웨스의 어머니가 갑자기 전화를 걸어왔다. 웨스가 어느 누구하고도 말하지 않는다며 집으로 와달라는 것이다. 10대들은 어른들이 접근할 수 없는 자신만의 세계로 움츠러들 수 있는 힘이 잠재해 있다는 사실을 우선 알려주었다. 가족이나 친구들과도 일절 말을 하지 않으려 한다면 내게도 뾰족한 수가 없다는 사실을.

하지만 가능성이 전혀 없다 해도 어쨌든 난 가야 했다. 우리가 항상 할 수 있는 일은 어디든 방문하는 것이기 때문이다. 비록 내가 도울 수 있는 일이 없다고 생각할지라도, 서로 얼굴을 보고 눈길을 주고받는 것만으로도 만나기 전과는 많은 차이를 만들어낼 수 있으니까.

토요일 아침, 웨스네 집 식탁에는 베이글과 과일, 커피가 놓여 있다. 아이 때문에 상심에 잠긴 웨스의 어머니에게 학교 소식도 전해주고 스포츠 경기와 최근의 빅뉴스들, 날씨에 대해 이야기했다. 웨스에게 말을 시켜보려고 여러 시도를 해봤지만, 아무런 소용이 없었다. 11시 45분이 되자 웨스는, 컴퓨터로 어떤 일을 마쳐야 한다며 일어섰다. 내가 와준 것에 대한 고마움도 잊지 않았다. 아마 다른 방문객들에게도 으레 이런 인사치레를 했을 것이라는 데 생각이 미쳤다.

"음, 선생님과 오래 이야기해서 고마웠어요."

그뿐이었다. 웨스의 형제들은 안도하는 듯 보였고, 저마다 일어서서 기지개를 폈다. 그 "잡담"은 완전히 실패로 끝났다.

웨스의 엄마와 식탁을 치우면서 미안하다고 말하고 있을 때, 아이들 중 하나가 편지를 들고 들어왔다. 마침 키우던 개도 같이 뛰어들어와 침실에 있는 웨스를 향해 달려갔다. 웨스의 엄마는 다른 아이들을 부르며 개를 뒤쫓았다.

"선생님이 계시는 동안 퍼프*Puff*는 차고에 두라고 했잖아. 얼른 퍼프를 데려와. 이 냄새 좀 봐, 지독해라."

살짝 침실을 들여다보니 퍼프는 웨스의 무릎에 앞발을 올려놓은 채였다.

"엄마는 누가 오면 퍼프를 집에 못 들어오게 해요."

"왜?"

나는 호기심어린 눈초리로 물었다.

"퍼프의 종기 때문에요."

웨스는 대답하는 동안 퍼프의 귀를 긁고 코를 쓰다듬어 주었다.

"냄새가 심하거든요. 그런데 퍼프를 치료할 방법이 없대요. 너무 슬프죠. 거기 엄마 계세요?"

아까 식탁에서 나눴던 잡담보다 지금 이 대화가 중요했다. 이야기 중에 우리는 자연스럽게 퍼프의 병과 웨스의 암을 함께 비교했는데, 웨스는 퍼프의 병에 대해 자세히 설명해주었다.

웨스는 퍼프의 병력과 수의사가 종기 치료를 돕기 위해 조제해주었던 약을 보여주었다. 여전히 대회 중에도 웨스는 종기가 난 피프의 몸을 계속 쓰다듬었다. 웨스는 동병상련의 아픔을 느끼며 자신의 분신인 양 이 나이든 개를 사랑하고 있었다. 퍼프가 어떻게 이 치료과정을 참고 이겨나가는지, 고통스런 약물치료에 대해 서로 이야기를 나누었다. 웨스는 약물치료가 퍼프에게 도움이 되지만 한편 퍼프를 일종의 혼수상태로도 만들었을 거라고 추측했다. 퍼프가 다람쥐를 쫓는 꿈을 꾸지만 더 이상 그 일을 이룰 수는 없을 것이라고 말했다.

"우린 아마도 퍼프를 '죽여야' 할 거예요. 하지만 아무도 그 일을 할 수 없어요. 퍼프는 14년 전에 여기로 이사온 후로 죽 우리 가족이었어요. 함께 많은 일을 겪어 왔어요. 맞죠, 엄마?"

"저, 방금 받은 건데요, 한번 보세요, 선생님."

마침 웨스의 어머니가 편지 한 장을 가지고 방으로 걸어 들어왔다.

"샐리 선생님 따님에게서 온 크리스마스카드야. 너도 그분 기억하고 있겠지, 웨스?"

어머니는 카드를 아들에게 건네주었다.

"그분의 아들인 헨리*Henry*는 태어날 때부터 합병증이 있어서 뇌성마비를 앓고 있단다."

앙증맞은 생일옷을 입고 포근한 카펫 위에 서 있는 사진 속의 귀여운 헨리가 보였다. 웨스는 엄마의 어깨에 머리를 기댔다.

"사진만 보면 다른 아기만큼이나 건강해 보여요. 하지만 눈으로 보이는 것은 사람들을 속일 수 있어요, 그렇죠?"

"맞아, 헨리의 MRI 사진을 본 적이 있는데, 앞으로 어떻게 살아갈지 걱정이란다."

내가 말했다. 우리 세 사람은 결국 모두 울음을 터트리고 말았다.

"불쌍한 아이예요. 앞으로 헨리는 정말 힘들 거야."

"맞아, 그래도 우리는 헨리를 정말 사랑해. 헨리는 우리에게 무척이나 특별한 존재란다."

"헨리는 그런 가족이 있으니 운이 좋네요, 그렇죠?"

웨스는 컴퓨터에 다시 앉으면서 말을 던졌다.

"글쎄, 우리도 운이 좋은 사람들이라고 생각하는데……."

웨스는 바로 자신에게도 웃음으로 똑같은 메시지를 보내고 있는 엄마를 흐뭇하게 올려다보았다. 떠나기 전에 웨스 엄마는 오늘 와줘서 고맙다는 인사를 했다. 나 역시 준 것 이상의 것을 얻었노라고 답했다. 그날 나는 세밀한 부분에까지도 귀기울이는 법을 배웠다. 사람들의 수사법은 보통 직접적이지만, 때로는 그렇지 않을 때도 있기 때문이다. 때로는 자신이 키우는 개나 축구팀, 혹은 근심어린 과학시험을 통해서 나타나기도 한다. 하지만 그 어떤 경우든 편안한 분위기에서 자신이 소중하게 여겨질 때야만 비로소 마음의 문을 열고 속마음을 나누게 된다. 헨리의 사진이 담긴 그 크리스마스카드를 아직도 간직하며 이 귀중한 교훈을 되새기고 있다.

～

캐시*Kathy* : 권총 자살한 엄마

새벽 6시 15분, 전화벨이 시끄럽게 울렸다. 학기 중일 때, 그것은 무엇인가 학교에서 잘못된 일이 일어났다는 것을 의미했다. 아마도 보일러가 고장났거나 어디에 물이 새거나 누군가에게 도움이 필요하다는 메시지일 것이다. 그러나 이날 아침엔 정말 무엇인가 단단히 잘못된 일이 일어났다. 학생의 어머니가 죽은 것이다. 머릿속에 그 이름을 떠올리는 순간 그녀의 아이들이 초등학생이라는 사실을 깨달았다. 곧 살아 있는 때의 그녀에 대한 인상적인 모습이 떠올랐다. 사흘 전 방과후, 에어로빅·킥복싱 클럽에서 열정적인 수업을 하고 있던 모습이 마지막이라니……. 작은 체구에 귀엽고, 활동적이며, 일에 몰두해 있었던 그녀가 이제 이 세상 사람이 아니라니 믿을 수 없었다. 게다가 권총 자살이라니. 하지만 다급한 마음을 가라앉히고 재빨리 학교로 뛰어갔다.

학교의 책임자로서 이 비극적인 사건을 원만하게 해결하기 위해 교직원회의에서 어떤 이야기를 나눠야 할지 고민했다. 훌륭하고, 심금을 울리는 내용의 짧은 글이 필요한데……. 자동차를 몰고 가면서 학교에 도착하면 어떤 일을 처리해야 할지 차례차례 정리해보았다. 얼마나 많은 교장선생님이나 학급의 선생님들이 이런 일을 어떻게 대처해나가야 하는가를 알고 있을지 궁금했다. 분명 많지 않을 것이다. 나역시 여러 해 동안 애도활동을 해 오지 않았더라면 알지 못했을 것이니까. 대학 커리큘럼에도 학교 안에서의 죽음을 다루는 과정은 없었고, 학교 행정을 연구한 사례들 중에도 없었다.

학교에 도착했을 때 주차장에는 차 두 대만 덩그러니 서 있었다. 서둘러 사무실로 들어가 컴퓨터를 켰다. 경찰서장이 도착했을 때 난 맹렬하게 이메일을 쓰고 있었다. 멈춰 선 그에게 아무말도 하지 말라는 듯 손을 흔들며 말했다.

"죄송하지만 잠깐만 기다려주세요, 서장님. 제가 급한 메모를 쓰는 중이라서요. 들어보실래요? '이 순간 우리가 아는 전부는 우리 학교에 다니는 두 학생의 어머니가 지난밤 집에서 사고로 죽었다는 사실뿐입니다. 누군가 보다 자세한 사항을 묻거나 들은 내용을 말할지라도, 우리는 그 밖의 다른 사항은 확실하지 않다고 말할 필요가 있습니다'라는 내용이에요. 제가 쓴 이 내용이 어제 일어난 사건의 전부예요, 그렇죠?"

서장은 묵묵히 고개를 끄덕였다.

"이렇게라도 말해야 이 순간 이것이 우리가 아는 모든 것이라고 믿을 수 있잖아요. 저는 진실을 말하고 있는 게 될 거구요."

"물론입니다만……."

그는 엷은 미소를 지으려 했지만 직업상 슬픈 소식들을 전해야만 하는 고통스러움이 얼굴에 가득했다. 서장과 함께 커피를 마시면서 자세한 이야기를 듣고 있자니 남겨진 어린아이들 때문에 마음이 쓰렸다. 자신이 스스로 가슴을 쏘다니, 남편인 켄Ken 씨도 죽을 듯 몹시 괴로워한다는 얘기를 듣자 눈앞에 깜깜했다. 아이 엄마가 자살할 때 그는 직장에서 일하는 중이었고, 아이들은 할아버지 집에서 잤으니, 아직 엄마가 죽었다는 사실도 모른다…….

어느덧 등교시간이 되었다. 우리 학교에 같이 다니는 아이들의 사촌누나의 어머니, 즉 아이들의 이모와 통화하게 되었다.

"초면이지만 제가 직접 방문해서 조카들에게 이 소식을 알려주었으면 하는데, 그래도 괜찮은지 아이들 아버지께 여쭤봐주시겠어요? 쉬운 일은 아니지만 제가 성의를 다해서 해보고 싶군요."

"교장선생님, 식구들이 지금 너무 망연자실해 있어서 엄두가 안 나요. 제부도 동생이 죽었다는 얘기를 아이들에게 어떻게 해야 할지 걱정뿐이랍니다. 그래서 대신 얘기해줄 사람을 찾고 싶어서 지역상담소에까지 전화를 걸었다는군요, 휴."

켄 씨는 아이들을 보호하고 조금이라도 고통을 덜어주고 싶어 했다. 나 역시 남편이 이 세상을 떠났을 때, 아이들을 위한 마음이 켄 씨와 똑같았으니까.

"그럼 잘됐네요. 제부에게 전화를 해서 제가 직접 이야기해도 되는지 한번 여쭤봐주세요. 아니, 아닙니다. 제가 직접 해보겠어요."

이모가 대답하기도 전에 켄 씨에게 전화하기로 마음을 먹었다. 켄 씨는 전화를 받자마자 다짜고짜 물었다.

"교장선생님은 대체 왜 이런 일을 하려고 하시는 겁니까?"

"켄 씨, 어느 누구도 이처럼 고통스런 상황에 개입하고 싶어 하지 않을 거예요. 저는 오랫동안 슬픔과 상실의 아픔에 처한 사람들을 위해 일해 왔어요. 그래서 아이들과 그 가족을 위해 정성껏 그 마음을 위로하는 데 기꺼이 함께 하고 싶어요. 특히 전 아이들과 아픔을 함께 나누고자 합니다. 저는 아이들의 무한한 가능성을 믿고 따릅니다."

켄 씨는 나의 말에 설득되어 집으로 곧 와달라고 했다. 서둘러 밖으로 나가 차를 탔다. 백미러를 보면서 새벽에 화장도 몸치장도 하지 않은 채 정신없이 달려나온 모습에, 단정하게 보이기 위해 머리칼을 이리저리 매만져보았지만 곧 그만두었다. 오늘 켄 씨 가족 중 누구도 차림새 따윈 신경 쓸 여력이 없을 테니까. 시간을 앞다투어 그곳으로 가는 것이 지금은 가장 중요한 일이다. 그저 아픔에 처한 사람들을 위로하고 돕고자 하는 열망만을 알아준다면 좋을 텐데.

집에 도착하자 킴벌리*Kimberly*가 소리쳤다.

"안녕하세요? 아빠! 교장선생님이 오셨어요! 어, 그런데 왜 그러세요?"

세월이 지날수록 아이들은 우리가 자라던 때보다도 더 많은 것을 알게 된다. 아빠가 다른 날과 달리 왜 이렇게 일찍 퇴근하셨는지, 왜 또 그렇게 안절부절못하는지도 의아해 했다.

할머니도 울고 계시고, 이모와 사촌도 와 있다. 교장선생님까지 가정방문을 하시다니, 공기 중에 은연히 흐르는 긴장감을 느끼며 뭔가 사고가 있는 게 아닌가 직감한다. 그리고 엄마는 지난 몇 주 기운이 없고 기분도 좋지 않았으니……. 나는 킴벌리의 어깨에 팔을 두르며 말을 꺼냈다.

"킴벌리야, 교장선생님이 네게 하고 싶은 말이 있는데, 오빠는 어디 있니?"

오빠를 부르러 킴벌리는 쏜살같이 일어섰다. 그 사이 나는 킴벌리 할머니를 안아주었다.

"이렇게 와주셔서 감사드려요."

할머니는 흐느껴 울면서 작은 소리로 말했다.

"아니에요, 제가 와서 이렇게 위로를 드릴 수 있다니 다행입니다. 아이들이 걱정인데, 저, 혹시 달걀이 있는지요?"

할머니가 냉장고로 간 사이 아이들이 거실로 돌아와 마룻바닥 위에 같이 앉았다. 아버지와 할머니, 할아버지, 이모, 이모부도 함께 소파에 둘러앉자 나는 손바닥 위에 달걀을 얹었다.

"여러분에게 이야기 하나를 들려주고 싶은데, 들으시면서 절 좀 도와주세요. 지금, 이것이 달걀이라는 사실은 말할 필요도 없겠지요? 하지만 지금부터 달걀에 대해 여러분이 아시는 것을 뭐든지 제게 말해 주셔야만 합니다."

예전에 이와 같은 이야기를 내 딸 타마라와 나눴던 기억에, 가슴 한 켠이 뭉클해지고 한순간이나마 남편을 잃은 괴로움이 다시 살아났다. 이런 순간 공통된 고통의 경험은, 모르는 사람들 사이일지라도 친밀감을 만들어낸다는 것을 깨달았다. 사람들이 누구나 선뜻 나서지 않고 망설이는 곳으로 걸어 들어갈 수 있는 용기는 상호 느꼈던 신뢰 때문이다. 그리고 그 신뢰 덕분에 나는 타인의 상처받은 마음을 위로할 수 있는 것이다. 그날 이러한 감정이입의 과정은 나로 하여금 킴벌리 가족과 하나가 되어 더불어 느끼고, 더불어 아파하고, 더불어 울게 만들었다.

하지만 동정은 이와 다르다. 동정이란, 슬픔에 관해 자신이 알고 있는 바를 누군가에게 단지 가르치기 위해서라면 가능하다. 그렇다 하더라고 그것은 많은 힘을 발휘할 수 없다. 누구나 할 수 있는 것처럼 음식을 가져오거나 꽃을 보내는 행위? 그러나 그들이 필요로 하는 것은 육체적인 고통을 덜어주는 것 그 이상의 무엇이다.

아이들과 이야기를 나누면서 우리는 달걀껍질이 필요한 이유는 달걀 속에 있는 부드럽고 영양가 풍부한 영양소들을 보호하기 위해서라고 결론을 내렸다.

"그래, 우리도 이 달걀과 비슷해. 우리에게도 껍질이 있어, 어떤 게 있을까?"

"음, 머리카락, 피부, 뼈 같은 거요."

아이들은 우리 몸에서 껍질에 해당할 만한 부분을 조목조목 이야기했다.

"맞아, 우리 몸에 있는 껍질은 우리의 가장 연약하지만 가장 좋은 부분을 보호해주지. 어떤 사람들은 껍질이 가장 훌륭하다고 생각하지만, 가장 위대한 것은 바로 우리 마음속에 살아 있다는 사실을 잘 알고 있지?"

"네에."

"그럼, 우리에게 있는 껍질도 병이 날 텐데, 어떻게 하면 병이 생길까?"

내가 묻자 아이들이 자신들이 알고 있는 모든 질병 이름을 주저 없이 내뱉었다.

"그럼 우리가 죽게 되면 이 껍질들은 더 이상 필요하지 않겠다, 그렇지?"

"그래요, 필요하지 않아요. 아마 껍질이 아닌 다른 훌륭한 부분은 하늘나라로 갈 거라고 믿어요."

아이들의 이야기를 듣자 나는 갑자기 안도의 한숨을 쉬며 이렇게 말했다.

"얘들아, 내가 오늘 너희들에게 와서 이 이야기를 들려주는 이유는 말야, 지난밤에 너희 엄마가 돌아가셨기 때문이야."

내 말이 끝나기도 전에 아이들은 휙 아버지를 돌아보았다. 켄 씨의 얼굴에선 눈물이 흐르고 있었다. 어떻게 된 일이냐고 아이들은 고함을 치며 물었지만 켄 씨는 묵묵부답이다. 켄 씨에게 소파에서 내려와 아이들과 함께 마룻바닥에 앉도록 부탁하자, 내려와 아이들을 꼭 껴안았다. 그리고 전보다 더 부드러운 목소리로 아이들에게 설명하기 시작했다. 엄마는 뇌에 문제가 있는 병을 앓고 있었는데, 그 병 때문에 정확히 생각하고 판단할 수 있는 힘이 없어져버렸다고, 그래서 그 병이 엄마를 위험하고 위태롭게 만들었다고…….

하지만 내가 이 마룻바닥 위에서 아이들에게 전해준 가장 중요한 말은, 엄마는 아이들을 사랑하며 결코 떠나고 싶어 하지 않았다는 사실이었다.

"엄마는 너희들을 정말 사랑하셨어. 자신의 병 때문에 너희에게 상처를 주고 싶어 하시 않으셨단다. 엄마의 상처, 엄마의 고통, 엄마의 병이 엄마 스스로 자기 자신에게 상처를 입힌 거야."

그러자 킴벌리가 물었다.

"엄마는 어떻게 돌아가셨어요?"

"스스로에게 총을 쏘았단다."

아버지의 말을 듣자 두 아이는 흐느껴 울며 말했다.

"아니에요, 거짓말예요! 우리 엄마가 그럴 리 없어요!"

내가 오기 전에 켄 씨는 아이 엄마가 어떻게 죽었는지 아이들이 알지 못하게 할 수 있는 어떤 방법이 있는지 물었다.

"아뇨, 정말로 없어요. 있었으면 하고 바라지만, 정말로 없습니다. 이 소식은 전파를 타고 알려질 겁니다. 그리고 누군가 다른 사람들이 알게 되겠지요. 불행하게도, 사람들은 이런 얘기를 알게 되면 서로 이야기를 하게 되죠. 만약 다른 사람으로부터 특히 학교 친구들로부터 그 얘기를 듣게 된다면 어떻겠습니까? 그렇게 되면 아이들은 더 비참해질 거예요. 그땐 정말 힘들어질 겁니다. 당장은 힘들더라도 오늘 켄 씨가 아이들에게 솔직히 말한다면, 그 다음 순간엔 좀더 말하기 쉬워질 겁니다. 제가 약속할게요. 아이들은 우리가 생각하는 것보다 더 많은 사실들을 알고 있다는 것을 잊어서는 안 됩니다. 아이들은 평소 엄마가 힘들어 했던 것, 엄마가 아팠던 사실을 전부 알고 있어요. 최대한 아이들이 받아들일 수 있고 책임의식을 느끼지 않을 수 있는 방법으로 해봅시다. 실제로 무슨 일이 일어났는지 추측이나 의심을 하게 된다면 아이들은 그것을 자신의 책임으로 받아들이게 됩니다. 제가 켄 씨를 도울 테니 함께 풀어봐요."

그래서 엄마가 어떻게 죽었냐고 킴벌리가 물었을 즈음에, 켄 씨는 딸에게 진실을 말할 용기가 생겼다. 처음엔 말하기 어려웠지만, 아이들이 알아듣기 쉽게 필요한 부분만 간추려 전했다. 어쨌든 그건 사고였다는 데 동의했다. 아이들은 아빠에게 궁금한 내용을 퍼부어댔고, 그들은 바닥에 앉아 목소리가 안 나올 때까지 이야기하고 또 이야기하며 울었다.

"뭐라도 한잔 마시는 것이 어떨까요?"

제안하자 거실에 모인 모든 사람들이 일어섰고, 이제 정상적인 일을 할 수 있음에 감사해 했다. 할머니는 커피를 꺼냈다. 모두 갑작스런 사고 때문에 겪은 막연한 불안감을 안고 식탁에 둘러앉았다. 아이들은 놀랍게도 밖으로 놀러 뛰어나갔다. 아이들에게 뭔가 또 해줄 말이 남아 있을지도 모른다는 생각에 기다리며 앉아 있는데, 채 10분도 지나지 않아 아이들이 다시 돌아왔다. 이런저런 얘기를 나누다, 1학년과 3학년 학급에서도 비슷한 토론을 하기 위해 달걀과 이런저런 준비를 시키려고 학교로 돌아왔다.

이 학급엔 엄마가 돌아가신 아이가 한 명 있다. 이러한 경험을 어떻게 받아들이고 이겨내야 할지 고민하며 아이들과 학급토론을 시작했다. 가족 중에 누군가 돌아가신 분이 있는지 묻자, 예상대로 몇몇이 할아버지나 할머니를 말했지만 어느 누구도 엄마라고 대답하지는 않았다. 살아 있는 모든 생물이 어떻게 죽는지, 꽃과 나무, 그리고 애완동물의 죽음에 대해 세세하게 의견을 주고받았다.

"사람이 죽을 때 무슨 일이 일어날까요?"

몇몇 아이들은 하늘나라와 신에 대해, 어떤 학생은 사람을 땅에 묻고 벌레가 코 밖으로 기어나오는 장면을 묘사했다. 이런 저런 자질구레한 설명들을 막기 위해 관이나 무덤에 대해서는 알아들을 정도로만 간략하게 설명하고 마쳤다. 그리고 나와 똑같은 설명을 할 수 있었을, 3학년 학급의 한 아이를 떠올리며 달걀을 꺼내 들었다.

어린 이 아이들을 위해, 사람이 죽으면 더 이상 볼 수도, 들을 수도, 느낄 수도 없다고 강조했다. 이것은 어린아이들이 이해하기 쉬운 일은 아니다. 이것을 잘 이해하지 못하면 아이들은 몇 년 동안이나 죽은 사람들이 옆에 머물 거라는 악몽과 두려움을 가진다고 알려져 있다.

살아 있다는 것은 과연 무엇일까 고민하며 친구를 도와줄 수 있는 방법을 짜냈다.

"여러분, 일반적으로 사람이 죽는다는 것과 내 옆의 아는 사람이 죽었다는 것은 큰 차이가 있을까요? 친구의 어머니가 돌아가셨는데 이렇게 우리가 이야기를 나누는 게 친구에게 도움이 될까요? 아니면 다른 위로의 말을 해주는 것이 친구에게 좋을까요?"

"친구의 기분을 낮게 해줄 친절하고 도움이 될 만한 말을 찾는 것이 가장 좋을 것 같아요."

아이들의 의견에 따라 우리는 브레인스토밍(brainstorming, 회의에서 모두가 차례로 아이디어를 제출하여 그 중에서 최선책을 결정하는 방법: 역주)을 하여 좋은 단어와 문장들을 지어냈다. 어린아이들은 그림을 그렸고, 고학년생들은 친구에게 줄 애도의 편지를 썼다. 이런 작은 작업들은 이따금 한 가족에게 대를 이어 간직하게 할, 값으로는 따질 수 없는 귀중한 물건이 된다. 하지만 그 내용이 조금이라도 상대방의 기분을 헤아리지 못하거나 상처를 입힐 수도 있기 때문에 건네주기 전에 미리 검사하는 것이 좋다. 예를 들어 한 1학년 학생이 관 속에 누워있는 어떤 여자의 그림을 그리고 그 밑에 세 번이나 "주금(죽음의 잘못된 표기, 어린 학생이라 맞춤법대로 쓰지 못했다: 역주)" 이라는 단어를 써넣었는데 이런 그림은 기준에 미치지 못한다. 방과 후 이 선물들을 가족들에게 가져가 장례식장과 관, 장례식에 대해서 아이들과 이야기를 나눴다. 오후 6시경 귀가, 긴 하루였다. 애도활동은 생각보다 많은 시간을 필요로 한다. 하지만, 그 시간은 언제나 나에게 충만함을 안겨준다.

장례식장에서 일곱 살짜리 버키*Bucky*는 자신있게 사람들 앞에서 어떤 이야기를 하고 있었다.

"엄마가 주무시는 것처럼 보이지만, 사실은 거기에 계시지 않는다는 걸 잘 알아요, 여기 있는 건 단지 엄마의 껍질예요. 달걀껍질과 비슷한 종류 말이죠. 엄마의 가장 훌륭하고 소중한 부분은 이미 하늘나라로 멀리 떠나가셨다고요."

슬픔을 치유하는 일은 장례식이 끝나고 다른 모든 사람들이 정상적인 삶으로 돌아간 후에도 진행된다. 켄 씨는 자신의 가족에게 전문 상담가의 도움이 필요하다는 것을 알 만큼 통찰력과 경험을 가지고 있었다. 가끔 학교로 찾아와 일상을 뒤돌아보며 가족들의 진전 상태를 알려주었다. 5월 '어머니날' 전인 금요일에는 아이들이 엄마를 위해 싼 값에 꽃을 살 수 있도록 학교에서 꽃을 팔았다. 켄 씨는 그날 일을 하지 않고 학교로 왔다. 그는 아이들에게 엄마를 위해서 꽃을 파는 일을 하자고 말했다. 학교 로비에서 전대를 차고 아이들에게 꽃을 팔았는데, 나는 지금까지 그 모습을 잊을 수 없다. 방과 후 아이들도 일손을 도우러 왔다. 킴벌리는 유치원 선생님을 위해 갈색 종이 가방에 꽃한 송이를 살짝 넣으면서 말했다.

"이것이 어머니날을 축하하는 우리들만의 방법이에요."

아이들은 이런 작은 활동을 통해서 엄마에 대한 기억을 새롭게 하며 마음의 치유를 시작하고 있었다. 매년 돌아올 어머니날을 기다리며…… 평생 동안 함께 지니고 살아 가야 할 상실도 있는 법이니까.

⌇

맨디Mandy : 자동차 사고로 죽은 고등학교 상급생
이번 전화는 맨디가 갓 졸업했던 고등학교의 한 선생님으로부터 온 것이다. 여름방학이 시작되었기 때문에 학교에는 선생님도 학생들도 나와 있지 않았다. 하지만 이 선생님은 아이들에게 무언가 더 필요한 게 있을 거라고 생각하여 내게 전화를 걸어온 것이다. 선생님과 나는 몇 가지 이야기를 나누고 그 학교 교장선생님께 우리의 아이디어를 제안했다. 그러자 교장선생님은 모임을 위한 학교 식당 사용을 흔쾌히 허락하셨다.

죽음이나 비극적인 사건이 일어났을 때 사람들이 얼마나 빨리 그 소식을 나누는지 번번이 놀라게 된다. 이번 일은 교외에 위치한 이 마을에서도 그렇다는 것을 다시금 증명했다. 그 다음날 지역신문사에서 걸려온 전화 한 통을 받았다.

"선생님께서 맨디를 애도하는 친구들의 모임을 주관한다고 들었는데, 그 활동의 몇 가지 주요한 내용에 대해 알고 싶습니다."

"원하신다면 기자 한 분을 보내주십시오. 그분께 참가자들과 함께 저녁 활동의 한 부분이라도 참여해달라는 진지한 소망을 꼭 전해주시면 감사하겠고요. 참고로 사진기자분은 사양하겠습니다."

이즈음 많은 선생님들과 이야기를 나누면서 알게 된 사실인데, 추모식이 진행될 때 여기저기서 터지는 플래시와 카메라 때문에 슬픔과 고통에 처한 학생들이 무척 당황해 한다는 것이었다.

맨디의 죽음은 사람들을 깜짝 놀라게 한 비극적인 사건이었다. 시카고와 가까운 이런 중서부 도시에는 기차 건널목이 흔하다. 차단기가 내려지게 되면 어떤 차도 건너서는 안 된다. 하지만 실제로 어떤 차는 건너기도 하는데, 이번엔 그녀가 그랬다. 기차 두 대가 양쪽에서 철로 위를 달리고 있었다. 건널목에서 기다렸다면, 그녀는 첫 번째 기차가 지나가는 것을 발견했을 것이다. 하지만 맨디는 미용실 예약시간에 늦어 허둥지둥하고 있었다.

즐거운 주말을 기대하며 친구들이 이미 시내로 달리고 있었기 때문에 맨디는 마음이 급했다. 차단기 근처에서 그녀 앞으로 차 두 대가 질주하고 결국 건널목을 건너고 있었다. 맨디도 그 차들을 뒤따라 차단기를 넘어 철로 위를 달리기 시작했다. 오른편엔 커다란 건물이 우뚝 서 있어서, 불행하게도 그녀를 향해 덮쳐오는 반대편 기차를 보지 못했다. 맨디도 기관사도 그녀가 기찻길로 차를 몰고 들어올 때까지 서로를 발견하지 못한 것이다. 모든 사고가 그런 것처럼…….

간이식당 중간에 통로를 내고 양쪽으로 서너 줄의 좌석을 마련했다. 관리인에게 의자 두 더미를 더 뒤쪽으로 치울 수 있는지 묻고 있는데, 몇몇 선생님이 오셔서 뒤편에 의자를 더 놓자고 제안했다. 난 조금만 기다렸다 의자 배치를 하자고 했다. 이 고등학교의 학생들이 예전에 만났던 다른 10대들과 비슷하다면, 그들은 들어와서 우선 뒷줄에 앉을 것이다. 그보다 늦게 도착하는 학생들은 앞쪽으로 앉아야 한다. 그래서 좌석이 다 찰 때까지 기다리고 싶었다. 좌석이 다 차고 난 뒤에야 의자를 더 갖다 놓으라고 관리인에게 신호를 보냈다. 사실 좌석 배치가 아무것도 아닌 것 같지만 이런 모임에서는 서로 가깝게 모이는 것이 무엇보다 중요하다. 만약 앞줄이 비어 있다면, "누군가 없어졌군"과 같은 원치 않는 메시지를 암묵적으로 느끼게 될지도 모른다.

슬픔에 대한 한 다발의 자료를 준비해서 테이블에 놓았다. 그 밖의 다른 장비는 단지 머리 위의 투사기뿐이다.

들어오는 모습을 지켜보니 10대들이 서로 아는 얼굴들을 찾아 작은 그룹을 짓고 있었다. 잠시 어깨동무를 하고 난 뒤 각자 손을 주머니

깊숙이 찔러 넣거나 가슴 앞에 팔짱을 끼고 있다. 마치 곧 부서지려는 마음을 간신히 다잡기라도 하고 있는 것처럼. 그들은 그해 일찌감치 다른 반 친구의 또 다른 죽음을 목격하고 한동안 고통받았다—친구 아미티Amity가 뇌종양으로 죽었던 사실 때문에.

아무도 앉지 않는다. 선생님, 부모님, 가족의 친지들까지 많은 어른들이 참석한 것을 보고 적이 놀랐다. 몸집이 자그마한 여성이 다가와서 내게 부드럽게 말을 건넸다. 그녀의 남편은 몇 발짝 뒤에서 서성이고 있었는데, "맨디의 엄마예요"라는 말을 듣고 그녀의 두 손을 덥석 잡았다. 순간 맨디 엄마를 안아주고 싶은 충동을 가까스로 참았다. 이런 순간 위로하는 역할은 위태로운 외줄 위를 걷는 것과 같다. 삶의 가장 친밀하고 개인적인 여러 사건들 중 하나에 관해서 서로에게 이야기하고 있지만 아직 우리는 모르는 사람들이니까.

애도활동을 하는 사람들 가운데는 생면부지의 사람들도 섞여 있다. 모두 친한 친구들도 아니고 애도활동을 경험해 온 성직자나 전문 상담가들도 아니다. 우리는 단지 슬픔을 가르치는 선생님들, 또 슬픔을 극복할 수 있는 아이디어와 위로에 대한 지침을 나누는 교육자들일 뿐이다. 서로에 대한 친밀한 관계가 필요하지만, 꼭 말해줘야 할 가르침이 있기 때문에 약간의 거리도 중요하다. 감정은 때로 주변에서 벌어지고 있는 일로부터 우리의 주의를 다른 곳으로 돌리게 하게도 한다. 강렬하게 일어나는 복받치는 감정은 중요한 핵심을 벗어나 완전히 빗나가게 할 수도 있다. 감정과 이성, 가슴과 머리 사이의 저 불확실한 외줄을 걸어나가는 것은 오직 균형을 잡기 위한 피나는 노력이 있을 때만 가능하다. 이제 막 슬픔을 당한 누군가와 접촉하는 것은, 빗속에 있는 텐트의 지붕을 만져서 그 물이 바로 머리 위로 떨어져 내리는 것을 지켜보는 것과 같다.

"이 자리에 참석해주신 맨디 부모님께 감사드립니다. 오늘 이 자리는 여기 참석한 맨디 친구들에게도 많은 의미를 줄 것입니다."

그러고 나서 모든 사람들에게 자리를 찾아 앉기를 권유했다.

"맨디의 죽음에 대해, 친구를 잃게 된 것에 대해 무척이나 유감스럽게 생각합니다. 저는 지금 여러분이 겪고 있는 슬픔에 대해 함께 이야기를 나누고 싶습니다. 슬픔은 상실 후에 겪게 되는 아주 자연스런 반응입니다. 모든 사람들은 슬퍼합니다. 슬퍼하는 모습은 사회와 가족의 관습, 자기가 생각하는 정도에 따라 다릅니다. 하지만 오늘밤은 맘껏 슬퍼할 수 있도록 여러분을 자유롭게 두십시오. 죽음이 시도때도 없이 일어나는 이런 세상에서는 슬픔을 다루는 것에 대해 좀더 많은 것을 깨달을 수 있도록 여러분 스스로를 자유롭게 풀어줄 수도 있어야 합니다."

그리고 지난날 내 슬펐던 과거를 짤막하게 들려주었다. 너무 길어지지 않도록 시계를 보면서. 자신의 경험을 전달하는 것은 매우 중요하다. 왜냐하면 다른 사람과 나 모두에게 진실을 가져다주기 때문이다. 그들의 삶과 주위환경에 더 밀접하게 관련되어 있는 이야기 몇 부분을 신경 써서 간추려보았다. 세상을 떠났을 때 남편이 얼마나 젊고 건장하고 멋졌는지, 그래서 그 육신이 죽었다는 사실을 믿기 어려웠던 경험에 대해 솔직히 고백했다.

맨디의 친한 친구들이 그 자리에 와 있었다. 맨디와 친구들은 자신들의 외모에 관심을 쏟으며 많은 시간을 보냈을 것이다. 옷과 몸매, 사람의 시선을 끄는 머리와 손톱은 10대 소녀들의 대화와 활동의 많은 부분을 차지한다. 맨디가 죽었을 때에도, 그녀는 미용실 예약시간 때문에 서두르고 있었다. 맨디의 남자친구도 그 자리에 참석했다는 것을 나중에 들어서 알게 되었지만, 남학생들은 여학생들의 명석한 이성이나 인간성에만 끌리지 않는다는 것은 확실하다. 모든 가르침은 가능하면 언제나 학생들의 생활이나 주위 환경과 관련되어야 한다. 그렇기 때문에 조그마한 자료라도 보관하는 것이 필요하다. 언제 어디서 그 기록이 쓰이게 될지 모르기 때문에.

'엘리자베스 퀴블러로스'라고 쓰고 이 이름을 들어본 적이 있는지 물었다. 그녀는 아픈 사람들을 돌보며 가족들과 함께 일했던 유명한 정신의학자였는데, 그러한 활동을 주제로 쓴 첫 번째 책이 『죽음의 순간』이다.

그 책에서 퀴블러로스 박사는, 죽어가는 환자들이 제각기 어떤 반응을 보이는지 유형별 유사성에 대한 관찰기록을 남겼다. 환자들은 두드러지게 비슷한 반응을 나타냈다는 사실이 솔직히 보고됐다. 이와 더불어, 퀴블러로스 박사가 사람들이 상실과 죽음에 대해 어떻게 반

엘리자베스 퀴블러로스 박사의 5단계

1. 부정 Denial _ 자신일 리가 없다고, 뭔가 잘못되었을 것이라고 부정한다.

2. 분노 Anger _ 왜 하필이면 자신인지 누구에게든 분노를 드러낸다.

3. 거래 Bargaining _ 예를 들어 이번 고비만 넘기면 무엇무엇을 하겠다는 식으로 기정사실화된 죽음을 조금이라도 지연시키기 위한 흥정을 한다.

4. 우울 Depression _ 육체적으로 쇠약해지면서 깊은 우울 상태를 보인다.

5. 수용 Acceptance _ 죽음을 사실로서 받아들인다.

응하는지—"슬픔의 단계"로 불렸던—를 이야기하면서 새로운 토론을 시작했다. 다시 "분노"라는 단어를 써넣었다. 바로 눈 위까지 야구모자를 낮게 잡아당겨 쓴 채 의자 속에 무너지듯 앉아 있던 몇몇 남학생들이 올려다보았다. 상실에 대한 이 자연스런 반응에 대해 간단히 설명하고, 퀴블러로스 박사가 주장했던 다른 단계들—부정, 거래, 우울과 수용에 관한 내용을 함께 공유했다. 나 자신을 예로 들어, 슬픔의 소용돌이 한가운데에서도 웃는 행위도 괜찮다는 것을 증명하기 위해 은근히 유머까지 끼워넣었다.

"우린 다시 일상생활로 돌아갈 것입니다. 하지만 지금은 맨디에 대해서 이야기해봅시다."

방 전체가 다시 숙연해졌다.

"저는 맨디에 대해 잘 알지 못합니다. 하지만 그녀에 대해 제가 들은 말은 전부 그녀가 매우 특별하다고 믿게 합니다. 여러분이 그녀에 대해 제게 이야기를 해주세요. 제일 좋은 방법은 여러분이 한마디 말이나 짧은 문장으로 그녀를 묘사하는 것입니다. 자, 시작해볼까요?"

이 활동을 할 때마다 느끼는 것이지만 매우 다양한 이유로 처음에는 보통 침묵이 흐르게 마련이다. 아무도 맨 처음 나서고 싶어 하지 않는다. 바보처럼 보이고 싶지 않기 때문이다. 어떤 사람들은 말을 하려고 애쓰다가 울게 될 깃을 두려워하기도 한다. 나는 평상시의 쾌활한 태도로 몇 마디 덧붙였다.

"이 활동은 오늘 프로그램 중에서 여러분이 참여하는 부분입니다. 이렇게 할까요? 제가 질문을 하고 여러분은 대답을 하는 방식으로, 아시겠죠? 자, 그럼 다시 합니다. 여러분은 맨디를 어떻게 묘사하겠습니까?"

이렇게 질문을 하자 사람들은 긴장을 풀고 심지어 약간 웃기까지 했다. 그때 작은 목소리가 들렸다.

"참을성이 없어요!"

이 대답의 출처를 찾았더니, 바로 맨디의 엄마, 캐롤*Carol*이었다.

그녀의 용기에 미소 지으며 대답해주었다.

"몇 분 전에 우리가 함께 이야기했던 분노가 치미는 단계와 매우 밀접하게 연결됩니다. 그렇죠?"

긍정의 의미로 맨디 엄마가 머리를 끄덕였다. 이것은 중요한 첫 번째 반응이었지만, 항상 그런 것은 아니다. 하지만 첫 번째 반응이 무엇이든지 확실하게 힘을 북돋워주어야 다른 사람들이 보다 자유롭게 참여할 수 있다. 다른쪽을 보고 말했다.

"맨디를 떠올리면 무슨 생각이 나나요?"

"의기양양이요."

"브루네트(brunette, 살갗, 눈, 머리카락이 거무스름한 사람 : 역주)요."

"아름다운 미소가 좋았죠."

여러 사람들의 말이 목록을 채워나갔다. 시간이 흐르자 좀더 마음 깊이 간직되었던 느낌들이 쏟아져나왔다.

"맨디는 생각이 깊었어요."

"섹시했지요."

"굉장히 열정적이었어요."

이번엔 그들이 가장 그리워하는 것을 목록으로 만들자고 제안했다. 평소에 맨디가 누군가를 어떻게 돕고 있었는지, 그녀가 꽃을 얼마나 사랑하는지, 다른 사람들과 힘을 모아 함께 일을 했는지에 대해 이야기를 나눴다. 한 남학생이 아직 말하지 못한 것, 이루지 못한 행동들에 대해서는 어떻게 생각해야 하는지 물었다. 이 남학생이 맨디에게 "특별한" 친구일지도 모른다고 추측했다. 기회를 잃어버렸다는 후회, 그리고 이제는 할 수 없다는 사실에 당황해 하는 모습만으로도 충분히 알 수 있었다.

"맨디에게 보내는 편지를 쓰거나, 아니면 맨디에 대한 글을 써보는 게 어떨까요? 그리고 다 쓴 뒤에 편지를 보내는 것도 도움이 될 거예요. 맨디의 가족 앞으로, 그리고 맨디 이름까지 써넣어서 말이죠."

토론이 계속되는 동안, 사람들이 토해내는 말들을 한쪽 벽면에 비치도록 써넣었다. OHP 위에 쓰인 글자를 스크린을 통해 보면 본래 크기보다 더 크게 나타난다. 청중들 앞에 위치한 흰 벽 위에 아름다운 친구이자 급우에 대한 묘사가 나타났다. 맨디가 죽은 후, 남겨진 자신들의 삶을 살아내는 방법을 의논하기 위해 이곳에 왔었다는 생각은 꿈에서도 꾸지 말고, 단지 함께 점심식사를 하러 이 방에 들어설 때마다 이 아름다운 경험이 그들을 다시 결합시켰으면 하는 나의 소망을 담아서……

맨디에 대한 목록이 꽉 채워지자 우리는 '슬픔의 단계'로 다시 관심을 돌렸다. 슬픔은, 땅에 심은 뒤 차례로 순서를 밟아나가는 씨앗의 성장단계와는 다르다고 설명했다.

"슬픔은 우리가 생각하는 것과는 거리가 멉니다. 어느 날 여러분은 화가 날지도 모르고, 그것에 대해 이야기하고 싶어 하지 않을지도 모르고, 마치 불평꾼처럼 행동할지도 몰라요. 그 다음날 혹은 5분쯤 지나서는 넘쳐나는 그리움을 느끼고 함께 했던 모든 일들에 대해서 참을 수 없을 정도로 이야기하고 싶어 할 수도 있지요. 그리고 나선 무슨 일이 일어났었는지 그것조차 잊고 싶어 잠을 청할지도 모릅니다. 문득 희망을 품고, 정말 나쁜 꿈이었다고 스스로를 납득시키려 애쓸지도 모르구요. 하지만 어느 날 화를 냈다가, 그 다음날에는 다른 감정들을 경험했다고 해서 분노의 단계가 끝나지는 않습니다. 모든 사람들이 필수적으로 따라가야 하는 감정의 순서와 단계라는 것은 없습니다. 하지만 이 모든 반응들은 슬픔을 느끼는 사람이라면 누구나 공통됩니다. 슬픔의 감정에 대한 목록을 만들고 그것들을 인정합시다. 그러면 슬픔이 우리를 지배하게 되지는 않을 겁니다."

맨디의 죽음 이후 사람들이 겪었던 모든 감정들이 목록으로 만들어졌다. 그런 다음 그녀가 죽었기 때문에 앞으로 결코 일어나지 않을 것이라고 생각하는 일들에 대해 크든 작든 말해달라고 하자 한 여학생이 대뜸 이렇게 말했다.

"맨디는 제 발톱에 매니큐어를 칠해주었던 유일한 친구였어요."

슬픔을 만들어내고, 이제 막 목록으로 만들어진 강렬한 감정들을 솟구치게 만드는 것은 바로 이런 사소하고 일상적인 일들이다. 평소에 함께 해 왔던 과정에서 어느 한쪽이 사라져 그 과정을 함께 하지 못할 때, 순간적으로 새삼 슬픔이 솟구친다. 이 일을 헤쳐나갈 때는 서로 다른 시간표를 가지고 있으므로 서로에게 이해심을 가질 필요가 있다고 조언했다.

"여러분은 무엇을 할 수 있는지요? 애도활동에서는 무슨 일이든 하는 것이 중요합니다. 하지만 무엇을 할지 찾는 것은 그렇게 쉬운 일이 아니죠."

그래서 우리는 몇 가지 아이디어를 브레인스토밍 했다. 몇몇 친구들은 맨디가 가장 좋아했던 데이지꽃과 나무 한 그루를 학교 앞뜰에 심자고 했다. 장학금과 기념상, 데이지꽃 마크를 새기면 어떨까 하는 일들을 의논했다.

가장 훌륭한 아이디어는 흥미롭게도 이웃에 사는 농장주인에게서 나왔다. 학교 맞은편의 농장에는 헛간이 있었는데 수년 동안 학생들이 오가며 벽에 낙서를 해댔다. 붙잡히면 혼이 나고 깨끗이 지울 비용을 물어내거나 직접 헛간에 페인트칠을 해야만 했다. 이 일이 되풀이되자 농장주인은 차라리 그곳을 "게시판"으로 학생들에게 기부하기로 했다. 그래서 학생들은 체육대회나 중요한 학교 행사에 필요한 모토들을 그 위에 쓸 수 있었다. 이제 그곳이 자연스럽게 추모 장소가되었다. 재능이 많건 적건 학생들은 모두 하나씩 역할을 떠맡았다. 그곳은 먼저 세상을 떠난 아미티를 추억하는 장소도 되었다. 결국 두 천사 주변에는 친구들의 따스한 사랑과 우정이 가득했다. 이것은 학생들이 경험하게 될 가장 적극적이고 치료에 도움이 되는 "할 일" 가운데 일부가 될 것이다.

한 시간 반쯤 흐르자 분위기가 무르익을 대로 무르익었다. 모임을 마치기 위해 정리를 하면서 지역신문사의 기자가 어디에 앉아 있는지 궁금했다. 금방 찾을 수는 없었지만, 그녀가 이 모임에 참가했던 것에 진심으로 감사를 드린다. 얼마 후 그녀는 아이들과 몇몇 부모와 함께 이야기를 나누었고, 그 결과를 기사로 남겼다. 그 글은 이 책의 제4부 A편에 나와 있다.

❧

탐Tom : 사고로 죽은 초등학교 1학년생

탐의 엄마 메리 엘렌Mary Ellen은 바람 부는 날씨를 싫어했다. 동부

연안에서 자랐는데, 중서부지방의 봄철 날씨에 따라다니는 예치지 않은 광풍에는 여전히 익숙해지지 않았다.

일요일, 그녀는 전화를 받으면서 창문 너머로 세찬 바람에 뿌리 뽑히지 않기 위해 고군분투하는 마당의 나무들을 쳐다보았다. 이웃에 사는 학부형이 리틀리그*Little League* 시합장소에 대신 운전해서 가줄 수 있겠느냐고 부탁을 해왔다. 메리는 내키진 않았지만 그렇게 하겠다고 했다. 시합이 진행되고 있는 멀버리파크*Mulberry Park*까지 밴을 몰고 바람 부는 시골길을 외출할 생각을 하니 끔찍하다는 생각이 앞선다. 남편 마이크*Mike*가 대신 가주면 참 좋을 텐데, 남편은 둘째 아들 댄*Dan*을 데리고 여름 농구캠프 등록 때문에 퍼듀대학*Purdue University*에 가고 있으니 어쨌든 시합장소에는 따로 도착해야 했다. 가는 길에 두 명의 팀원을 더 태워야 해서 두 아들과 서둘러 차에 올랐다. 시합이 진행되는 동안 막내아들 탐은 공원에서 이리저리 뛰놀 수 있으니 그나마 다행이다. 탐은 기운이 넘치는 활발한 아이다. 교회에서도 얌전히 앉아 있지 않아 억지로 무릎 위에 앉히는 것도 쉬운 일은 아니다. 뒷좌석에 앉아 있는 큰아이 매트*Matt*는 친구들과 잡담하느라 차가 바람에 흔들리는지 어쩌는지도 모르는 것 같았다.

"이런 바람 속에서도 과연 시합이 열릴 수 있을까?"

메리는 뒷좌석에 앉은 아이들에게 어깨너머로 말했지만, 아이들은 바람 따윈 도통 관심이 없다. 공원에 도착해서 남편의 차를 찾았다. 선수들은 풀밭에서 몸을 풀고 있었고, 탐은 친구를 찾아 근처 놀이터로 뛰어갔다. 메리는 불안한 마음으로 차 옆에 서서 남편과 댄을 기다렸다. 이윽고 남편 차가 주차장으로 들어왔다. 안도의 한숨을 내쉬고 외야석 쪽 관람석으로 가 응원하러 온 다른 부모들과 잡담을 나눴다.

"날씨가 이런데 시합을 할 수 있을까요?"

"글쎄 말이죠, 중간에 시합이 중단된다면 몇 이닝이나 뛸 수 있으려나?"

관람석의 사람들은 머리 위에 오가는 구름들을 걱정스레 쳐다봤다. 세차게 불어대는 바람 때문에 내야에 먼지 소용돌이가 일어나고, 3회째에는 투수 모자가 저 멀리까지 날아가버렸다.

'지금이라도 시합을 안 하면 좋을 텐데.'

메리는 어서 경기가 중단되기를 바랐지만 시합은 계속됐다. 그때 심한 비바람이 몰아쳤다. 사람들은 대피방송에 따라 겉옷을 움켜쥐고 개미떼처럼 흩어져 자가용으로 혹은 비상대피소로 뛰어갔다. 바람의 포효하는 소리 때문에 바로 옆 사람이 말하는 소리도 들리지 않는다. 하지만 마이크는 부인의 입모양만 보고도 무슨 말인지 알아챘다.

"여보, 우리 탐을 데리러 가야 해요. 저쪽 놀이터에 있었다구요."

메리는 조금 전까지 아이들이 뛰놀던 대피소 너머 회전 놀이기구가 있는 쪽을 가리켰다. 두 부부는 목이 터져라 탐의 이름을 부르며 수많은 인파를 헤치고 뛰어갔다. 날카로운 폭풍우가 아이들의 아우성소리를 삼켜버렸고, 회오리바람 때문에 모래가 사정없이 눈을 찔렀다. 그래서 놀이기구 위로 쓰러진 무거운 나무에 깔린 두 소년을 아무도 발견하지 못했다.

마이크는 의사이고 메리도 경험 많은 간호사여서, 어떤 응급상황에서도 감정을 억제하는 훈련을 받았다. 아무리 훌륭한 의료 훈련 책임자일지라고 이들이 보여줬던 응급상황에 대처하는 지혜는 따라오지 못했을 것이다. 시간이 한참 흘러 소중한 아들을 발견했을 때, 자기 자식이라고 탐만을 먼저 구해내려 하지 않았다. 침착하게 두 부부는 응급상황을 해결해나가고 있었다. 특별한 의논이 없이도 마이크는 탐에게로, 메리는 친구 제이콥Jacob에게로 뛰어갔다. 옷을 찢어대는 바람과 싸우며, 무슨 힘으로 어떻게 그 커다란 나뭇가지들을 치웠는지는 여전히 불가사의하다. 친구인 제이콥은 따로 내동댕이쳐져 있었다. 메리는 제이콥의 머리를 한쪽으로 돌려 CPR(심폐기능소생술)을 시작하기 위해 입 속에서 이물질을 꺼냈다. 제이콥이 구토를 했기 때문에 기도를 다시 깨끗이 하고 EMT(구급의료기사)가 도착할 때까지 아이를 살릴 수 있는, 그녀가 알고 있던 응급호흡법을 계속 실시했다. 제발 자신마저도 구토하지 않기를 기도할 뿐이었다. 영원처럼 느껴지는 시간이 흘렀다. 이윽고 거대하고 강한 팔이 그녀를 땅에서 들어내 제이콥으로부터 떼어낸 다음 대피소 쪽으로 옮기기 시작했다. 그녀는 마이크와 탐에게 다가가려고 몸부림쳤다.

"안 돼, 대피소로 안 갈 거야, 나는 우리 탐 옆에 있어야 해!"

하지만 구급대원들이 탐을 들것 위에 싣고 있었고, 이제 메리가 해야 할 일은 아무것도 없었다. 뛰어다닐 필요도 없었다. 탐을 찾기 위해 기어다닐 필요도 없었다. 아들을 구하기 위해 해야 할 일이 없다니, 아들을 보호하기 위해 한 번만이라도 더 안아볼 기회도 없다니, 부모로서 그리고 간호사로서 할 수 있는 일이 아무것도 없다는 사실보다 더 비탄스러운 것은 없을 것이다.

누군가가 다가와 그녀에게 담요를 둘러주고 바들바들 떠는 몸을 붙잡아주었다. 충격의 차디찬 여파가 이제 시작된 것이다. 주위에서 "모든 일이 잘 될 거예요"라며 안심시키려고 애쓰는 목소리가 들렸지만 그녀는 알고 있었다. 어떤 말도 와 닿지 않았다. 제이콥이 게워낸 토사물 냄새가 며칠 혹은 몇 주, 심지어 여러 해가 지나도 깜깜한 꿈속에서는 남아 있을 것 같았다.

마이크 역시 알고 있었다. 탐을 짓누르고 있는 나뭇가지들을 다 치웠을 때에 맥박은 뛰고 있었지만 더 이상 숨을 쉬고 있지 않았다. 마이크는 구급대원을 도와 심폐기능소생술을 하면서 아들의 두개골이 손상을 입은 것을 알 수 있었다. 구할 수 없었던 이 어린 환자, 자신의 아들과 함께 마이크는 앰뷸런스를 타고 병원으로 달렸다. 아버지로서의 사랑과 회한, 두려움에서 오는 더 큰 고통 때문에 견디기 어려웠지만, 이를 악물고 이겨냈다.

"탐을 위한 최선의 길은 내가 의사의 입장이 되는 것이다. 아버지는 두 번째야."

스스로 되새기며 구급침대를 옮기자 저명한 신경외과 의사 두 명이 응급실에서 그를 기다리고 있었다. 모두들 탐을 구하고 싶은 마음은 간절했지만 정밀검사를 마친 후 수술이 불가능함을 알았다. 함께 학회에도 참석하고 골프도 치며 서로 돕는 친구였던 의사들이었건만 지금 그들은 응급실 옆 회의실에 함께 서서 아무것도 할 수 없다는 사실을 인정하고 있었다.

누군가 메리와 두 아들 매트와 댄을 병원으로 태워다주었다. 시내를 가로질러 달려가면서 그녀는 가까스로 할 수 있는 일을 기억해냈다. 바로 매트와 댄에게 기도하라고 부탁하는 일이었다. 폭풍우는 지나갔다. 공허한 바람이 폐부 깊숙이 들어와 허무함을 재촉한다.

"아침 일찍 느꼈던 대로 내 직관대로 했어야 했어. 내 마음이 사전 경고를 했었는데, 이번 시합에는 가지 말라고. 바람이 너무 부는 게 곧 폭풍우가 불어닥칠 징조라고 왜 말하지 못했을까? 내가 그렇게 만든 거야, 내가……."

메리는 잠시 자신을 책망하는, 전형적으로 파괴적인 부모의 모습을 보였지만 곧 이겨내기 위해 애썼다. 만약 바람이 불 때마다 항상 가족들을 집에 가두어두었다면 봄철에는 절대 밖으로 나가지 못했겠지, 하지만 그처럼 어리석은 짓이 있을까. 충격에 빠진 부모에게 이런저런 생각이 드는 건 당연하다. 부모의 본능 외엔 다른 목소리들은 거의 들리지 않을 테니.

마지막 시간을 위하여 가족 모두 침대 위에 누워 있는 탐의 차가운 몸 주위에 둘러섰다. 작은 손에는 여전히 먼지가 남아 있었다. 아아, 놀고 난 후의 모습 그대로였다.

무슨 말을 할 수 있을까? 어떤 충고를 할 수 있을까? 사람은 누구나 언젠가는 죽는 거라고 누가 감히 얘기해줄 수 있을까? 자식의 죽음 앞에서 담담히 마음을 정리해야 할 필요가 있다고 누가 감히 말할 수 있겠는가? 어쨌든 무슨 의미가 있겠는가? 자식의 죽음을 잊으라고? 그저 아무런 기억도 하지 말라고? 눈을 감고 그 모든 것을 보지 말라고? 토사물의 냄새를 맡지 말라고? 고통을 느끼지도 말라고? 그것이 가능하다는 생각을 할 만큼 미련한 사람은 없을 것이다. 심지어 상처를 안은 채 몇 년이 흐른 뒤라도, 사람들은 왜 슬픔을 극복할 수 있을 것이라고 암시하는 걸까? "그것을 극복하는 것"이 비현실적임에도, 사람들은 마땅히 기대할 수 있는 것처럼 왜 그것에 대해 이야기하는 걸까? "지금으로서는 이겨낼 수 없을 것 같지요?"는 슬픔에 빠진 사람들의 면전에 던져지는 가장 흔하디흔한 말이지만 정말 무서운 질문이다. 그 말은 무엇을 의미할까? 깊은숨을 내쉬며 한숨 짓고는 그렇게 끔찍하지 않았노라고 말할 수 있는 그날이 진짜 오기는 올 수 있는 걸까?

탐이 하늘나라로 간 지 9년이 흘렀다. 마이크와 메리 부부는 여전히 야구시합에 간다. 매트는 지난 해 인디애나대학*Indiana University*을 졸업했고, 댄은 같은 대학 2학년에 다닌다. 두 아들 모두 대단한 운동선수들이고, 훌륭하게 성장했다. 탐도 살아 있었더라면 그랬을 것이다. 야구시합에 가서 탐의 학급 친구들을 지켜보고 탐이 살아 있었더라면 어떤 포지션에서 야구를 했을지, 어떤 귀여운 여학생이 여자친구가 되었을지 궁금해 하는 것이 아직도 어려울까? 그렇다. 여전히 어렵다. 하지만 움츠러드는 것, 연락을 끊고 지내는 것은 더 불행한 일이다. 그건 죽음의 또다른 형태다. 낯선 사람들이 그저 물어볼 때도 "저희는 3형제예요"라고 그들은 항상 힘주어 말한다. 기억은 그들을 한 가족으로서 계속 "모이게" 한다.

고향에 탐을 기리는 리틀리그 전용구장이 지역사회의 재정적인 지원을 받아 세워졌다. 사람들은 저마다 시간과 힘, 전문 기술을 기부했다. 그 야구장에 불이 밝혀지는 것은 마이크와 메리에게 큰 의미를 주었다. 밤에도 아이들은 경기를 할 수 있게 되었으니, 이제 경기는 언제든 계속될 것이다! 탐의 추모일이 다가오는 봄이면 그곳은 언제나 생기로 가득하다. 형 매트는 경기장 입구에 기념비를 디자인했다. 그곳은 형이나 누나들이 경기장 안에서 야구를 하는 동안 어린아이들이 뛰놀며 기어오르는 바위다. 한 면은 비탈이고, 다른 한 면은 계단인데, 그 꼭대기 부분은 두 명의 아이가 자신들이 마치 언덕의 제왕이라도 된 것처럼 편안히 서 있거나, 그 위에 앉아서 시합을 지켜볼 수 있도록 평평하게 만들어졌다. 땅에서 가까운 아래쪽에는 탐을 기리는 기념 명판이 있다. 기념물 위에서 뛰노는 아이들은 탐 스키헨*Tom Skehen*이 누군지 잘 알지 못하지만, 야구경기를 보기 위해 그곳에 오는 부모들은 모두 알고 있다.

이 이야기는 이곳 야구장을 찾는 사람들에게 되풀이되어 전해진다. 그것은 살아 움직이는 기념비가 되었다. 아마도 탐은 그곳에서 야구하는 것을 무척 좋아했을 것이다.

메리는 탐의 방을 마침내 일종의 작업실로 바꾸었다. 덕분에 탐의 방에 들어가도 무슨 일이든 열심히 할 수 있게 되었다. 이미 가버린 아이의 방보다 더 공허한 것이 부모에게 있을까? 탐이 그린 그림이나 스케치, 기타 물건들은 주변에 계속 놓아두었다. 아무리 사소하더라도 무엇이든 일을 하는 것은 도움이 된다. 탐을 이상화하지 않고 그저 탐 그대로의 모습에 대해 이야기한다. 이는 탐을 자신들의 기억 속에 "실재하는" 상태로 간직하게 하는 것이기도 하니까.

시동생인 제리 다운햄Jerry Downham이 집을 새로 짓고 크리스마스 파티를 열었다. 나는 그곳에서 탐을 기념하여 지은 야구경기장에 대해 들었다. 제리와 나는 남편 밥을 기억하며 구석에서 하염없이 울었다. 밥은 탐보다 대략 20년은 더 오래 살았지만, 우리의 삶 속에 똑같은 커다란 구멍을 남겼다. 비슷한 일을 겪었기 때문에 서로 위로가 될 수 있었다. 서로 함께 그것을 나눌 만큼 용기가 있다면 말이다. 메리와 마이크는 지금까지 우리와 좋은 친구로 지내 오고 있다. 마음을 열고 이야기를 나누어주어 감사하게 생각했는데 그들은 책에 탐 이야기를 실어주어 오히려 고맙다고 했다. 이런 우정은 귀중하다. 그것은 마치 슬퍼하면서 춤을 추는 것과 같다.

❧

이안Ian : 수영장에서 익사의 위험에 빠졌던 남학생

어느 여름 날 아침, 데이브 라이트Dave Wright 이사(理事)가 전화를 걸어왔을 때 그 목소리만 듣고는 감기에 걸린 줄 알았다. 이렇게 말하기 전까지는.

"사고가 있었습니다."

그는 아메리카 인디언 족장 테쿰세Tecumseh(18세기 쇼니족 족장으로 백인들에 저항해 싸우다 전사했다: 역자)의 이름을 딴, 이 특별한 YMCA 캠프 이사회에 속해 있었는데, 새로 문을 연 수영장이 아무런 사고 없이 운영되기를 기원했다. 하지만 데이브가 "우리는 그 아이가 살아 있기를 간절히 바랍니다. 샐리 선생님, 정말 이런 일을 겪을 때마다 10년은 늙는 것 같아요"라고 말했을 때 사건이 얼마나 심각했는지 절절히 느껴졌다.

야영하는 학생들을 위해 저녁식사가 끝난 후 수영장에서 "상어와 피라미" 놀이가 벌어졌다. 열세 살짜리 학생들은 환호성을 지르며 재미있는 게임에 빠져들었다. 수많은 피라미들과 상어 한 명으로 나뉘어, 상어가 피라미들을 교묘히 피해 달아나 수영장 반대편에 도착해야 하는 게임이었다. 이안이 상어가 되었다. 이안은 수영을 굉장히 잘했는데, 물밑으로 수영장 한 편에서 다른 편으로 쉽게 헤엄쳐 갈 수 있었다. 이안은 정말 완벽한 상어였다. 벌써 세 번이나 수영장 물밑을 가로질러 피라미들을 피해 게임에서 이겼으니까. 구경하던 다른 소년들은 이안이 한 번도 잡히지 않자 승리의 환호를 보냈다. 이번에도 잠시 수면으로 떠올랐다 물 속으로 뛰어들었다. 역시 이안의 승리인 것처럼 보였는데, 그런데 이안이 다시 떠오르지 않았다. 아이들과 구조원들은 이렇게 중얼거릴 뿐이었다.

"어디에 숨어 있는 거야? 저 아래서 왜 이렇게 오래 있어?"

잠시 후 한 구조대원이 급히 뛰어들었다. 몇 초도 안 돼 이안을 물

밖으로 끌고 나왔는데 이안은 이미 파랗게 질려 있었다.

"응급상황이야, 911을 불러!! 그리고 누구 이리로 좀 와줘!"

구조대원이 소리치자 다행스럽게도 근처에서 응급의료 훈련을 받고 있던 두 직원이 신속히 조치를 취해주었다. 앰뷸런스가 도착할 때까지 심폐소생술을 시행했지만, 살 수 있는지 어떤지는 알 수 없었다.

캠프에 도착하자 데이브는 이안의 캠프 지도원을 먼저 만나겠냐고 했다. 그러겠다고는 했지만 마음이 착찹했다. 사람들은 모두 울고 있었다. 절망이 손안에 물컹 만져지는 상태였으니.

사람들은 보통 후회와 책임감을 이렇게 표현한다.

"내가 ……만 했더라면."

"난 ……했어야 했어."

"왜 우린 ……하지 않았을까?"

이안의 사건처럼 학교나 캠프장에서 사고가 일어나면, 현장책임자들은 부모들이 자신들을 믿고 맡겼을 것이란 생각 때문에 실의와 책임감에 빠지고, 자신을 탓하고 죄의식에 휩싸인다. 그래서 그들을 위로하기가 참 어렵다. 그동안 목격해 온 사고들에 대해서 어떻게 일어났는지, 심지어 가장 가까운 곳에서 감독이 엄격하게 이루어지는 상황인데도 불구하고 사람들은 왜 항상 사고에서 안전하지 못한지에 대해서도 말해주었다. 모인 사람들에게 "사고"에 대한 정의를 상기시키고, 객관적 시각을 유지하도록 이런저런 방식으로 바꾸어 말해보기도 한다. 사실 그들은 이안의 생명을 구했다. 하지만 그렇게 생각하지 못한다. 부주의해서 이런 사고가 발생한 거라며 스스로를 책망했다. 충격과 정신적인 상처, 죄책감, 후회 등 이 모든 것들은 슬픔을 겪을 때 일어나는 정상적인 반응이다. 서로를 도울 수 있는 방법, 대화를 나누는 방법, 아이들이 이 사고를 이겨나갈 수 있도록 도움을 줄 수 있는 방법에 대해 서로 이야기를 나눴다. 서로를 돌보며 아이들을 도우려는 그들의 의지는 정말 대단했다.

앗, 전화가 울렸다. 병원에서 걸려온 것이다. 전해온 내용은 끔찍했다. 목숨이 왔다갔다하는 아슬아슬한 혼수상태였던 것이다. 데이브는 캠프의 지도원인 이안의 누나를 다른 직원들과 함께 병원으로 보내고, 곧 직접 모든 수단과 방법을 동원해야 한다고 판단하고는 병원으로 출발했다.

나는 함께 수영장에서 놀던 소년들과 캠프 지도원들을 맡았다. 조금 전 말했던 내용을 다른 방식으로 반복해서 설명해주었다. 보통 정신적인 충격상태에 놓이면, 들어도 잘 들리지 않고 평상시처럼 주의를 기울여 사고하기가 무척 어렵기 때문이다.

사람들은 아무 말도 하지 않았다. 야구모자 아래 얼굴을 숨기고 자신의 신발만 꼼지락거리며 내려다보거나, 의자나 소파에 의기소침하게 앉아 있을 뿐이었다. 나는 그들에게 쓰기 활동을 권유했다.

"자, 여러분, 우리 모두 지금 편지를 써보는 게 어떨까 하는데."

이렇게 제안하자, 누구에게 편지를 써야 하는지 잠시 망설였다. 만약 이안이 죽는다면, 이안의 부모에게 드릴 편지는 소중한 선물이 될 것이다. 하지만 이안이 살아나 기운을 차리고 그 편지들을 읽을 수 있고 용기를 얻게 된다면? 순간적으로 결정을 내렸다, 후자의 방법으로.

이안 앞으로 쓰여진 편지들은 믿음과 희망의 말들이었다. 캠프반이 식당을 이용할 시간이 되었을 즈음 이 활동을 무사히 마쳤다.

"여러분, 이렇게 열심히 참여해줘서 고마워요. 밖으로 나가고 싶은 사람들은 나가도 좋아요."

반 정도의 소년들이 나가고 남아 있는 소년들과 함께 예전에 경험했던 다른 상실의 아픔에 대해 이야기를 나눴다. 소년들이 가지 않고 남아 있는 것은 이 활동에 더 많은 시간을 할애하고 싶고, 아마도 무언가 하고 싶은 말이 있기 때문이라고 생각하고 대화를 자극해보았다. "누군가가 익사한 적이 있나요?" "여러분 가족 가운데 돌아가신 분 있어요?"와 같은 촉진제들을. 소년들은 "지금 기분이 어떠니?"라는 질문으로부터 벗어나고 싶어 했다. 화, 좌절, 후회의 감정을 밖으로 표출하면서 조금 기분이 나아지는 것처럼 보였다.

곧 점심시간이 되었다. 식당으로 걸어가는 소년들의 마음이 다소 가벼워진 듯 보인다.

"점심식사 후에 더 깊은 이야기를 나누고 싶은 사람이 있으면 바로 이 자리로 오세요. 누구든지 함께 얘기할 수 있습니다."

아무도 오지 않을 거라고 생각하며 돌아갈 준비를 했다. 전날 따놓은 딸기를 떠올리면서 상하기 전에 얼른 집에 가서 잼을 만들어야겠다며 오늘의 대화는 이것으로 충분하다는 생각을 하고 있는데, 폴 *Paul*과 조시*Josh*, 두 명의 소년이 다시 돌아왔다.

"애들아, 우리 걸으면서 얘기할까?"

"좋아요."

숲과 캠프장 주변을 걸으며 소년들은 캠프와 스포츠 등에 대해 잡담을 나눴다. 뜨거운 창고 안에서 상할지도 모를 딸기 생각이 마음속으로 살금살금 들어왔다. 호수에 이르렀을 때, 나는 마음을 가다듬고 주의를 집중시켰다. 소년들은 물 속으로 돌멩이를 던졌다. 나도 합세하여 수면 위로 물수제비를 뜨면서 몇 개 힘차게 던졌다. 할 얘기가 이젠 거의 바닥난 것 같았고 산책도 끝난 것 같은데. 하지만, 캠퍼스

중앙광장으로 다시 머리를 돌렸을 때 폴이 자리에 앉았다. 조시는 숙제라도 하는 것처럼 물수제비 뜨기를 계속하고 있었다. 폴은 돌멩이에 멋대로 낙서를 하고 있었다. 그렇게 앉아만 있었다. 내가 다시 돌멩이 몇 개를 물에 던지려는데, 밑도 끝도 없이 폴이 내뱉듯 말했다.

"제가 이안을 죽였어요, 선생님도 아시다시피."

너무 놀라 내 귀를 의심했다.

"뭐라고?"

"제가 이안을 죽였다고요."

마치 자신의 고백을 확신이라도 하는 양 머리를 끄덕였다. 폴에게 이의를 제기하거나 아니면 폴이 움찔하여 마음문을 닫게 만들 어떤 판단도 내려서는 안 된다는 사실을 염두에 두었다.

"폴, 전부 다 말해보렴."

얼굴을 쳐다보면 겁을 먹을까봐 계속 호수의 물만 바라보며 설득했다. 폴은 수영장에서 무슨 일이 일어났는지 설명했다. 폴은 이안과 엇비슷할 정도로 체력이 강했고, 물밑에서도 쉽게 수영을 할 수 있었다. 공격하는 피라미들을 피하려고 이안이 애쓰는 동안 폴은 이안을 잡으려고 기다리고 있었다. 이안이 결승선 가까이 왔을 때, 폴이 물 속으로 뛰어들어 이안의 팔을 잡고 물 위로 끌고 나갔다. 폴의 두려움은 이안의 목어저리를 "낚았다"고 스스로 생각하는 것이었다. 이 죄책감 때문에 공상이 확실한 사실로 변해버린 것이다. 하지만 이안은 괜찮았다. 그리고 나서도 사고가 일어나기 전까지 몇 판이나 더 놀았으니까. 하지만 구조대원이 이안을 물 밖으로 데리고 나왔을 때, 이안은 이미 파랗게 질려 있었고, 폴은 정신을 차릴 수 없었다. 그리고 책임을 져야 한다는 두려움에 지금까지 떨고 있었던 것이다.

여기까지 듣는 데 꽤 많은 시간이 흘렀다. 마음을 가다듬고 단순한 호기심으로 묻는 것처럼 들리도록 애썼다. 이해가 부족한 체하며 간단한 질문을 계속 던졌다. 하지만 이 과정에서 실제로 폴이 스스로 자신의 소리를 듣기를 바랐다. 만약 폴이 이안에게 상처를 입힐 정도로 세게 목언저리를 낚았다면, 이안이 어떻게 20분이 지나서까지 또 게임을 할 수 있었겠느냐는 사실을, 조금이라도 스스로 이해하기를 원했다. 그래서 게임의 처음부터 끝까지 어떻게 진행되었는지 계속 반복해서 상세하게 되짚었다.

"그럼 이안이 게임을 할 수 있었을까?"

되풀이해서 질문했다.

"아뇨, 그럴 거라고 생각하지 않아요."

마침내 폴은 이렇게까지 말할 수 있게 되었다.

"그럼, 네 책임이니?"

"아뇨, 하지만 그 사고는 누군가의 잘못임에는 틀림없어요. 그런데 그게 정말 제가 잘못한 것이라고는 생각하고 싶지 않아요. 이안은 제 친구예요. 그리고 전 개가 죽을까봐 정말 무서워요."

폴이 흐느꼈다.

"폴, 그건 누구나 다 갖는 두려움이야, 너만 느끼는 게 아니란다."

폴을 안심시키고 이야기를 마무리했다. 그러고도 우린 잠시 그곳에 계속 앉아 있었다.

"이안에게 다시 편지를 쓰고 싶니?"

마침내 내가 먼저 입을 열자 폴이 고개를 돌려 쳐다보며, 이야기를 나눈 뒤 처음으로 "예"라고 대답했다. 캠프장으로 이어진 길을 따라 내려가면서, 모든 대화를 듣고 있던 조시가 폴에게 가벼운 주먹을 날렸다. 우리는 데이브의 집에 잠깐 들러 그곳에서 편지를 다시 썼다.

그날 저녁 8시경 잼 항아리에 푹 빠져 기진맥진해 있을 때, 문득 절대로 잊어서는 안 되는 일이 일어났다는 사실을 깨달았다. 아이들은 사고가 일어날 때 혹은 상실을 겪을 때 자기 자신이 책임져야 한다는 느낌을 가지게 된다. 다가오는 것을 보지 못했다고, 혹은 막을 방법을 알지 못했다고, 혹은 전혀 관련이 없는데도 그 사고를 일으키게 했을 수도 있다는 행동 때문에 스스로를 책망한다. 점심시간에 그냥 집으로 와버렸다면, 평생 동안 폴은 그 끔찍한 짐을 지고 살았을지도 모른다. 그 짐을 안은 채 살게 된다면 성장 과정에서 어떤 영향을 미치게 될지 아무도 모르는 일이다. 아이들에겐 자신들의 두려움과 화, 상처를 나눌 수 있는 안전한 공간을 확보해주는 것이 무엇보다 중요하다.

이 이야기에서 가장 마음이 따뜻해지고 행복해지는 부분은 역시 이안이 살아났다는 것이다. 비록 회복되려면 1년 혹은 더 많은 세월이 필요할지라도. 그 사고는 결국 행복한 결말을 맺게 되었다. 결과가 어떻게 될지 알지 못하는, 그와 같은 사고의 한가운데에서 슬픔은 다른 상실만큼이나 헤어나기 힘들다. 따라서 이 슬픔은 어떻게든 치유되어야 한다. 이안의 부모는 아들의 생명을 구할 수 있도록 빨리 손을 쓴 캠프측과 모든 친구들에게 감사했다. 그 다음 해 이안은 캠프로 돌아왔다.

∿

에밀리Emily : 신경아세포종(神經芽細胞腫, neuroblastoma)과 전쟁 중인 1학년생

캐롤라인 스몰이 우리집에 왔을 때—그녀가 죽기 바로 몇 주 전 일이다―그녀는 내가 이 책을 쓰는 것을 돕겠다고 했다. 그때 녹음한 테이프에서 흘러나오는 캐롤라인의 목소리를 들으니 그녀가 옳았다는 것을 알았다. 정말 캐롤라인은 내가 이 책을 쓸 수 있도록 도와주었다. 캐롤라인이 이 테이프에 녹음해두었던 이 아름다운 이야기는 에밀리 라이스 *Emily Rice*라는 한 아이의 삶에 대한 기록이다. 이 어린아이는 캐롤라인 스몰과 많이 닮은, 의지가 강하고 당찬 소녀이다.

에밀리는 학교에서 1학년 담임인 캐시 �퀸 *Kathy Quinn* 선생님과 친하게 지냈다. 캐시 선생님은 에밀리의 1학년 교육을 꽤 중요하게 생각하여, 수업을 비디오테이프에 녹화하고 정기적으로 숙제를 냈다. 또 숙제를 확인하기 위해 직접 병원으로 찾아오기도 하고 병실에서 가르쳐주기도 했다. 에밀리에게 재미있는 이야기도 들려주고 책도 읽어주면서 조용히 지내는 시간도 가졌다. 에밀리가 뉴욕시 슬로안케터링 암센터 *Sloan-Kettering*에 가 있는 동안에는, 캐시 선생님은 뉴저지주 월드윅에서 출발하여 맨해튼에 도착하는 기차를 타거나 운전을 하여 교통이 복잡한 뉴욕까지 와주셨다.

에밀리도 최선을 다해 즐겁게 숙제를 했다. 몸은 병원에 누워 있지만 학교의 학생이라는 사실이 기뻤다. 최근에 그린 그림 몇 장에는 학교에서 친구들과 함께 지내는 모습이 담겨 있다. 에밀리의 그림에는 언제나 행복과 희망이 차 있다. 최근 몇 주 동안, 에밀리는 자신을 천사로 그렸다. 캐시 선생님은 에밀리에 대해 이렇게 표현했다.

"에밀리는요, 태어나서 제가 만난 최고의 선생님입니다. 그 아이가 제 인생과 태도를 바꾸었어요. 에밀리를 가르칠 수 있어서 정말 행복했어요."

캐롤라인 스몰은 에밀리가 죽은 지 2년 후 트라파겐 *Traphagen* 초등학교의 교장선생님이 되었다. 캐롤라인은 에밀리의 엄마 신디 라이스*Cyndie Rice*와 희망이라는 의미의 이름을 가진 갓난아기 "호프*Hope*"를 만났을 때 마음이 통하는 것을 느꼈다. 캐롤라인은 에밀리의 삶과 죽음에 대한 이야기를 듣고 에밀리를 위한 기념물을 세우려고 했다. 에밀리 라이스 기념도서관*Emily Rice Memorial Library*은 에밀리와 캐롤라인 모두에게 바치는 기념물이다. 도서관 문 옆의 명판에는 가족과 친구들을 예쁘게 그린 에밀리의 그림들도 함께 걸려 있다. 이렇게 짧고 아름다운 에밀리의 삶에 대한 증언은, 에밀리의 어머니가 기록해둔 찬가(讚歌)에서 발견할 수 있다.

＊에밀리에 대한 찬가

부모가 자식을 잃었을 때, 특히 에밀리처럼 아주 어린 나이에 세상을 떠났을 때 부모에게 드는 생각은 너무나 복잡합니다. 아이가 이 땅에 살아 있는 동안 의미 있는 추억을 만들 시간이 너무 부족했던 건 아닌가 하는 생각 때문에 괴롭기도 하고요. 하지만 에밀리의 경우에는 그렇지 않았다고 자신있게 말할 수 있습니다.

마지막 수술을 받기 전 날, 에밀리는 코와 뱃속에 튜브를 넣어야만 했습니다. 전에도 여러 번 이런 일이 있었지만 할 때마다 무서워했지요. 간호사 둘이 튜브를 넣기 직전에 에밀리가 저를 돌아보고 이렇게 말하는 거예요.

"엄마, 난 왜 평범한 아이가 될 수 없는 거죠?"

저는 아주 진지하게 말했습니다.

"너는 결코 평범한 아이가 될 수 없을 거야. 왜냐하면 이미 아주 특별한 아이가 돼버렸으니까."

오늘 에밀리에 대해 뭘 얘기할까 곰곰 생각하다가, 그 아이가 단지 제 삶뿐만 아니라 그 아이를 기억하는 많은 사람에게 남겨놓은 네 가지 흔적들이 떠올랐습니다.

첫 번째 흔적은 삶을 충만하게 사는 법을 보여준 것입니다. 그 아이는 삶을 사랑했습니다. 자신이 오래 살지 못할 거란 사실을 알고 되도록 많은 것을 기억하려고 했죠. 저는 그 사실이 두려웠습니다.

1학년 때는 노트를 자주 베껴 쓰곤 했어요. 수업을 자주 빠져서 제가 이따금 재미있는 글을 만들어주고 에밀리가 따라 썼어요. 하지만 가끔 자기가 직접 글을 짓고 싶어 했어요. 그런 글 중에는 항상 이런 말이 들어가 있었죠.

"나는 정말 행복해요."

어제 장례식장에서 에밀리가 1학년 때 쓴 산문집에서 보았듯이 거의 모든 페이지에는 "나는 행복해요"라는 구절이 있답니다. 저는 종종 남편에게 물어봤어요.

"어린 나이에 견뎌야 하는 일이 이렇게 많은데 어떻게 에밀리가 행복할 수 있을까?"

그 대답은 의외로 간단합니다. 에밀리는 결국 병 때문에 죽게 되더라도 살아 있는 동안 자신만의 귀한 시간을 즐겁게 살겠다는 의지를 보여준 것입니다. 그 아이는 행복으로 충만한 삶을 살았고, 우리에게 큰 기쁨을 선사했습니다. 에밀리는 매우 성숙한 영혼을 지녔어요. 그렇게 어린 나이에 인생에서 무엇이 정말 중요한지 이해를 했으니까요.

이런 일이 왜 우리 가족에게 일어났는지, 더구나 특히 우리 어린 딸에게 일어났는지는 아무도 모릅니다. 하지만 그 아이는 우리 인생이 단 1분 만에 바뀔 수도 있다는 사실을 보여주었습니다. 만약 에밀리 인생의 마지막 3년 6개월을 괴로운 상태로 보냈다면, 우리는 에밀리에 대한 가장 소중한 기억들을 갖지 못했을 겁니다.

두 번째 흔적은 자기 자신을 사랑하는 것이 얼마나 중요한지 보여준 것입니다.

에밀리는 자신을 존중했습니다. 어느 날 학교에서 국민이 선출한 정치인들에게 편지를 쓰는 일이 얼마나 중요한지 의논한 후 집에 왔습니다. 그리고 클린턴 대통령에게 편지를 써야 한다고 말했어요. 다음날 에밀리는 슬로안케터링 암센터에서 뼈를 정밀검사하기 위해 기다리면서 편지를 썼죠. 에밀리는 자신의 이름과 학년, 매튜 오빠와 인형 사만다, 그리고 친한 친구 이름을 전부 썼습니다.

"다른 질문은 안 해도 되니? 가난한 사람들이나 어린이들, 혹은 교육에 대해서 말야."

제가 묻자 대답은 오히려 간단했습니다.

"아뇨, 제 자신에 대해 알리고 싶어요. 당신의 새로운 친구, 에밀리 라이스!"

그리고 서명을 했습니다. 그런데 바로 답장이 오지 않자 무척 화를 냈었죠.

화학치료를 받으면서 머리카락이 네 번이나 빠졌습니다. 에밀리가 마음 아파할까봐 걱정되어 머리카락이 있건 없건 이 세상에서 가장 아름다운 아이라고 안심시켰는데, 그 아이는 항상 이렇게 대답했죠.

"저도 알아요."

머리카락이 빠지자 사람들 앞에 나서기를 꺼리기도 했지만, 치료 후 처음 유치원에 가는 날, 교실로 걸어 들어가 모자를 벗고는 친구들에게 이렇게 말하더군요.

"애들아, 난 머리카락이 없단다. 중요한 치료를 받아야 하기 때문에 빠져버렸어. 하지만 치료가 끝나는 대로 다시 자랄 거니까 걱정할 필요 없어."

겨우 만 네 살 나이에 어떻게든 또래친구들을 안심시키고, 머리카락이 빠지는 게 대수로운 일이 아님을 간단하게 설득했던 거예요. 그날 이후 아무도 머리에 관심을 갖지 않았습니다.

바로 4주 전 오늘, 아들아이가 첫 영성체를 받았습니다. 이런 날엔 에밀리는 예쁘게 단장했습니다.

"엄마도 알죠? 아마 제가 제일 예쁠 거예요."

머리카락 하나 남아 있지 않고, 여러 번에 걸친 수술과 화학요법으로 빼빼 마른 에밀리를 쳐다보며 말했습니다.

"너도 알잖아, 내 귀염둥이. 네가 그럴 것이라는 걸 엄마는 확신한단다."

그 어린 꼬마가 육신은 쇠약해져 가면서도 자존심으로 버텨 온 걸 생각하면 마음이 쓰립니다. 자신은 그럴 만한 가치가 있다는 자존감으로 눈을 감는 그 순간까지 살아남기 위해 싸웠으니, 에밀리는 정말 훌륭한 아이였죠.

그 아이가 남긴 세 번째 흔적은 역경에 부딪혔을 때 쉬지 말고 계속 앞으로 나아가라는 것입니다. '나는 환자야'라고 생각하기보다는 점점 더 나아지고 있다고 희망을 가졌습니다. 3월에 여덟 번째 수술을 마치고 에밀리는 거의 4주 동안 입원했죠. 그동안 수업에 뒤떨어지지 않으려고 무척 노력했습니다. 그리고 되도록 빨리 학교로 돌아가고 싶어 했습니다. 의사선생님 한 분이 에밀리와 이야기를 나누려고 들어왔을 때, 딸아이는 "죄송해요, 지금은 시간이 없어요. 수학 시험을 치러야 하거든요" 하고 눈빛을 반짝였답니다.

5월 14일, 딸아이가 더 이상 살 수 없다는 소식을 듣는 순간에도, 그 아이는 숙제를 열심히 하고 있었습니다. 어떤 숙제는, 감기로 아픈 두 아이에 대해 문장 몇 개를 만들고 다음의 질문에 대답하는 것이었습니다.

"지금 아픕니까?"

아이는 수혈을 받으면서도 "아뇨. 전 지금 하나도 안 아파요" 하고 명랑하게 말했답니다. 우리 부부가 아이의 운명에 대한 이야기를 듣고 슬픔을 가누기 위해 온힘을 쏟고 있는 동안에도 말이죠. 그 다음날 남편과 제가 에밀리에게 다른 수술을 해줘야 한다는 이야기를 나누고 있을 때조차, 에밀리는 친구들이 공연하는 공룡 연극을 보고 싶다고 안달하고 있었습니다.

살아 있는 마지막 며칠만이라도 학교에서 친구들과 함께 지내길 원했습니다. 인생에서 마지막 열흘 동안 반 친구들에게 편지를 썼습니다. 극심한 고통을 이겨내기 위해 모르핀 주사를 맞으면서도 학교에 잠깐이라도 갔다올 수 있게 해달라고 의사선생님을 졸랐습니다.

아홉 번의 수술과 무수한 화학치료, 방사선 치료 등 혹독한 과정을 즐거운 미래를 상상하며 견뎌냈죠. 오히려 제가 현대의학에 대한 불신과 원망으로 괴로워하고 있는 동안에도, 에밀리는 언젠가 나을 거란 강한 의시와 믿음으로 자신의 생명을 소중하게 시켰습니다.

이제 마지막 흔적이군요. 그것은 자신의 삶에 대한 책임의 중요성을 보여준 것입니다. 에밀리는 자신의 삶을 끝까지 지켜보았습니다. 마지막 수술을 받은 날 밤, 어쩌면 그 밤을 넘기지 못할지도 모른다는 얘기를 들었습니다. 중환자실에 들어간 직후 에밀리는 견진성사를 받았습니다. 남편과 저는 둘 다 그때 아이의 죽음을 각오하고 있었습니다. 한 시간도 못 되어 에밀리가 아빠를 소리쳐 불렀습니다.

"영화!!"

남편은 에밀리가 영화 "스페이스 잼 *Space Jam*(애니메이션 실사 합성영화로 농구 황제 마이클 조던이 주연한 농구영화, 1996년작: 역주)"을 보고 싶어 한다는 사실을 해독하고 바로 VCR에 비디오테이프를 넣으려고 했습니다. 그러자 그애는 무엇인가 쓰고 싶다는 것을 암시하며, 미친 듯이 오른팔을 흔들었습니다. 종이와 펜을 주자 마침 때문에 의식이 혼미한 상태에서 "되감기"라고 겨우 썼습니다. 그날 아침 영화를 반밖에 못 봤다는 사실을 기억해내고, 처음으로 되감아주기를 바란다는 사실을 아빠가 알아채게 할 정도로 그애는 의식이 있었던 겁니다. 그러고 나서 자신의 머릿속에 떠오르는 생각을 무엇이든 계속 써내려갔습니다. 그 메모철은 딸아이가 짧지만 자신의 인생을 얼마나 열심히 살아왔는지 보여주는 것입니다. 에밀리는 아직 이 세상을 떠날 준비가 안 되었던 것입니다.

에밀리는 엿새 동안 집중치료를 받고, 미모리얼 병원 *Memorial Hospital* 으로 다시 돌아왔습니다. 그 후 2~3일 동안 가족들과 의사선생님, 간호사 언니들에게 "에밀리 최고야" "에밀리, 정말 대단해" "장하다, 장해!" "어휴, 대견해라" 하는 말을 셀 수 없이 들었습니다. 솔직히 에밀리는 그런 얘기를 듣는 게 지겨워졌습니다. 자신은 사실 그렇게 느끼지 않는다고 말해줘서 알았죠. 이미 죽어가는 상태였는데도, 에밀리는 병실에 누워 자신에게 하지 말아줬으면 하는 말들을 적어냈습니다.

"착하다고 하지 마세요."

"훌륭하다고 말하지 마세요."

"또 장하다고도 말하지 마세요."

그밖에 "춤추지 말 것" "노래 부르지 말 것" "너무 많이 뽀뽀하지 말 것" "너무 많이 쓰다듬지 말 것"도 써놨습니다. 거기엔 "만약 여기 써놓은 대로 하지 않으면 곤경에 빠질지도 모릅니다"라는 고단수의 문장으로 끝을 맺고 있었습니다. 그러고 나서 그 종이를 병실문에 붙이라고 했습니다. 저는 그 규칙들이 정말 잘 지켜졌다는 사실을 여러분께 말하고 싶습니다. 에밀리가 죽기 2~3일 전날 밤, 제게 이렇게 말하더군요.

"엄마, 너무 무서워요."

입을 맞춰주며 두려워할 것 없다며 꼭 안아주었습니다. 그때 에밀리가 말했습니다.

"엄마, 규칙!"

보다 중요한 것은, 에밀리를 치료해주는 의사선생님께서 전해준 이야기입니다. 보통 의사들은 자신이 치료하는 어린 환자들에게 무의식적으로 그와 똑같은 말을 자주 사용한다는 것입니다. 그런데 아이들이 기분이 썩 안 좋을 땐 그런 칭찬이 듣고 싶지 않을 수도 있다는 것을 생각해본 적이 없었다는 것입니다. 에밀리가 만들어놓은 목록들을 읽어보면서, 앞으로는 환자들에게 알맞은 말을 골라 써야겠다고 했답니다.

마지막 며칠 동안은 자존심 강하고 남다른 의지를 보여줬던 에밀리에게조차 힘이 들었습니다. 학교에 갈 수 없었을 뿐만 아니라 친구들도 만날 수 없었고, 심지어 침대에서 일어날 수조차 없었습니다. 하지만, 여전히 누워서 치료를 받으면서도 병원에서 즐겁게 지냈습니다. 에밀리가 이 끔찍한 병을 결국은 이겨낼 수 없으리란 사실을 알게 되었을 때 아주 오래오래 기적을 빌었습니다. 기적이든 신의 섭리든 에밀리 몸을 파먹어 들어가는 소름끼치는 세포들이 이제 그만 퍼져나가기를 기도했습니다. 하지만 우리 곁에 내내 기적이 일어나고 있었다는 사실을 깨달은 것은, 에밀리가 살지 못하리란 걸 알고 나서였습니다. 왜냐하면 에밀리가 바로 그 기적 자체였으니까요.

아주 짧은 삶이었지만 에밀리는 사는 동안 자신의 존재 자체만으로도 다른 사람들에게 너무나 커다란 영향을 주었다는 걸 깨달았습니다. 7년 동안 많은 사람들을 감동시킨 것 자체가 기적입니다. 에밀리를 기억할 때, 우리 삶에 남긴 이 흔적들을 기억해달라고 여러분께 부탁드립니다. 그 아이를 기억하는 다른 방법은 없습니다. 바로 우리가 우리 삶 속에서 진정으로 살아가는 방법을 터득하는 것입니다. 바로 자기 자신을 본보기로 삼아서 말이죠.

아이들이 표현할 수 있는 정상적인 감정들

슬픔 : 어떤 어린이들이나 10대들은 슬픔을 표현하기 위해서 많이 울 수도 있다.

행복 : 어린이들과 10대들은 이따금 장난스런 태도로 죽음에 대해 반응한다. 처음 소식을 접했을 때, 숨죽여 웃거나 깔깔거리기도 한다. 이 반응은 사건을 믿지 못하기 때문에 일어나는데, 어린이들이나 10대들은 성인이 기대하는 것과 정반대로 느끼고 반응할 수 있다.

화 : 많은 어린이들은 반 친구나 선생님이 죽었을 때 매우 화를 낸다. 말로써 화를 표현하기도 하지만 많은 어린이들은 자신들이 받은 영향을 그대로 행동으로 나타낸다. 적대적인 태도로 반응하기도 한다. 화가 나는 대로 행동하는 것을 다 받아들여서는 안 된다. 학교 관계자가 갖는 관심에도 공격적일 수 있다.

충격 : 대부분의 젊은이들은 불신의 상태에 있을 수 있으며, 충격과 관련된 신체적인 증상이 나타날 수 있다. 구토, 오한, 야뇨증, 울음은 그런 신체적인 증상들 가운데 몇 가지이다.

죄책감 : 죄책감은 사고(思考)라는 신비스런 과정과 긴밀히 연결된 친숙한 감정이다. 어떤 사람은 어떤 일을 했거나 하지 않았기 때문에 삶에서 부딪히는 사건들의 흐름을 멈출 수 있었을 것이라고 생각하는데, 이것이 보편적 느낌이다. 오직 시간과 이유만이 그것을 더는 데 도움이 된다.

자포자기 : 죽은 친구 혹은 선생님 없이는 불안해 하며, 혼자라고 느낀다. 마치 이미 죽은 사람들이 자신들을 포기한 것처럼 느낀다.

불안 : 또다른 죽음이 친구 혹은 가족을 데려갈지도 모른다고 생각한다. 친구가 교통사고로 죽으면, 사고가 일어난 길로 다니는 것을 두려워하기도 하고, 또 병으로 죽었다면, 똑같은 병에 걸릴지도 모른다고 두려워할 수 있다.

걱정 : 어린이들과 10대들은 자신들도 죽게 될지 걱정한다. 친구가 죽으면, 자기들도 죽을까봐 걱정할 수 있다.

차별화 : 종종, 어린이들과 10대들은 죽음을 경험한 적이 없는 사람들과 자신들은 다르다고 여긴다. 그래서 다른 사람들로부터 자기 자신들을 고립시키는 편이 좋다고 결정을 내린다.

압도당함 : 죽음을 경험한 적이 있는 젊은이들은 여러 영역에서 혼란스러움을 느끼고, 그 상황에 압도당한다. 집중하기가 힘들어 학업 성취에 스트레스를 받을 수 있다. 또 죽음이란 문제는 너무 어려워 도저히 해결할 수 없다는 생각으로 압도당하거나 망연자실해 한다.

혼란 : 죽음은 그 본성상 혼란을 초래한다. 하지만 어린이들과 10대들이 그 보편성과 불개변성(irreversibility, 不改變性)을 부정할 때, 그것을 다루는 일은 더 어려워진다. 각각의 발달단계에 맞게, 젊은이들은 죽음을 다시 다루고 그 본성에 대해 더 많이 배워야 한다.

―루이즈 앨드리치 『갑작스런 죽음: 학교의 위기』에서
작가의 허락을 받은 후 인용

제3부 슬픔과 치유

슬픔 없이 치유는 오지 않는다

새로운 시각

보스턴 글로브지*Boston Globe*의 칼럼니스트 엘렌 굿맨은 우리 동네
에 있는 학교들을 죽 돌아보며 "성급한 치유*Hurrying Healing*"라는
제목의 기사를 썼다(제4부 A편 참조). 그 기사에서 엘렌은 왜 우리 사
회가 사회적, 문화적으로 슬픔의 즉각적인 치유를 요구하는지에 대한
의견을 제시했다. 상실과 슬픔을 겪을 때, 왜 슬퍼하고 애도하며 자신
들이 겪는 고통에 대해 서로 이야기를 나누지 않는지, 왜 자신의 느낌
을 솔직히 밝히고 특별한 기억을 간직할 수 있는 활동을 하지 않는 것
인지 의아하다고 썼다. 아이가 세상을 떠나 부모와 친구들이 고통과
충격으로 정신적 공황을 느끼고 있는 상태에서도, 왜 매스컴에서 볼
수 있는 목사와 심리학자들은 하나같이 죽은 사람을 땅에 묻기 전에
슬픔을 치유하기 시작해야 한다고 하는지 의문을 제기했다. 엘렌은

슬픔에 빠진 사람들은 자신들이 겪은 상실에 대해 이야기를 나누고, "왜" 그런 일이 일어났는지 묻고 답하며, 슬픔을 달래고 위안을 받기 위해 소리를 질러대거나 무언가를 때려부수고, 아니면 서로 붙잡고 흐느낄 필요가 있다고 주장했다. 또한 몇 달이 됐든 몇 년이 됐든 마음의 평안을 찾을 때까지 지속적으로 그 일을 반복해서 해야 할 것이라고 썼다. 그리고 슬퍼하는 과정이나 별다른 애도활동 없이도 슬픔과 상실이 치유 가능한지, 일상생활로 복귀하고자 노력하는 뼈저린 과정이 없이도 치유 가능한지 물었다.

"슬픔 없이 치유는 오지 않는다"는 사실은, 억장이 무너지는 슬픔으로 가득 찬 삶을 걸어 온 기록들이 입증하고 있다. 고인을 잘 몰랐던 이조차도 장례식장에서는 감정을 억제하고 눈물을 감추려 애쓰는 모습을 볼 수 있으리라. 아이가 죽은 지 5년 혹은 10년이 흐른 후에 그 부모 앞에서 아이의 이름을 불러보라. 보이지 않는 강철 덩어리가 그들의 얼굴 위로 떨어진 듯한 모습을, 끝없는 눈물의 베일이 시작되는 것을 다시 목격하게 될 것이다. 자살 시도를 했다가 살아난 10대들에게, 왜 자살을 생각하게 되었는지 그 이유에 귀기울여보라.

우리 사회는 슬픔을 당하면 즉각적인 치유가 필요하다는 메시지를 반복적으로 강조해 왔다. 하지만 고맙게도 아이들은 죽음과 충격, 부모의 이혼, 그리고 갑작스레 삶을 바꾸어놓는 상실을 겪게 되었을 때, 자신의 감정과 사고에 대해 질문하고, 탐구하고, 느끼고, 다루는 일에 아직도 개방적이다. 오히려 어른들의 고통과 딜레마를 처리하는 데 도움이 되었던 것은 바로 아이들이다. 고향을 떠나 이리저리 옮겨다니고 가족들이 뿔뿔이 흩어지기 전까지는, 아이들에게는 이야기를 나눌 수 있는 누군가가 가족들 속에 항상 존재했었다. 농장에서 대가족을 이뤄 살 때는 할머니와 오순도순 이야기를 나누고, 이웃들과 살갑게 지내며, 걸어서 근처 삼촌집에 놀러 가기도 했다. 소는 어떻게 우유를 만드는지, 잎은 왜 시드는지 궁금한 것들을 자연스럽게 묻듯 죽음에 대해서도 어른들과 이야기를 나눌 기회가 있었다. 어른들은 아이들의 질문을 기다렸다. 아이들의 질문에 대답하는 행위 속에서 아이들과 어른들 모두 그 문제에 대해 함께 이야기하고, 함께 해결하며 함께 느꼈다. 하지만 오늘날 우리 사회는 쳇바퀴처럼 바쁘게 돌아가는 스케줄 속에서 이야기를 나눌 시간도 상대도 없다. 할머니도 삼촌도 대체 어디 걸어서 갈 수 있는 곳에 계시단 말인가? 이런 단절과 결핍은 아이들을 또래집단에 기대게 한다. 아이들이 누구를 따라 배울까? 슬픔의 치유를 서두르고 있는 어른들일까, 아니면 고통스런 이 길을 기꺼이 걸어가려는 친구들일까? 힘든 시간들을 이미 겪어내어 이젠 지혜와 조언을 나눠줄 수 있는 어른들은 대체 어디에 있는 걸까?

전문화된 우리 사회에서 누가 이런 역할을 맡을지 결정하는 문제는 매우 복잡하다. 선생님은 부모가, 또 부모는 성직자가 슬픔을 다루어야 한다고 생각한다. 그리고 어색한 자리에 괜히 끼어들어 다른 사람의 프라이버시까지 침범하면서 슬픔을 다루고 싶어 하지는 않는다. 이런 사회 풍조 때문에 자살 사건이 발생하면, 모방 사건들이 생겨나게 된다. 그것은 죽음이나 비극적인 사건을 겪고 난 후, 시간적으로 이야기를 나눌 수 있는 여유가 있는 가까운 사람들이 바로 "친구"이기 때문일 것이다.

불행히 학교에서는 사고사가 연속적으로 일어나고 있다. 학생과 선생님이 죽는 비극적인 사건들을 목격하고 나면, 아이들은 지금까지 지녀 왔던 슬픔과는 전혀 다른 새로운 유형의 슬픔에 빠져든다. 이것은 죽은 사람이 보고 싶거나 애도하는 단순한 슬픔이나 그리움이 아니다. 그것은 화, 격분, 죄책감 그리고 책망이 뒤섞인 복합적인 것이다. 오래된 격언을 인용하지 않더라도, 우리에겐 모범이 필요하다. 단적으로 우리 모두에게 상실과 슬픔이라는 이 강력한 경험들을 다루는 교육이 절대적으로 필요한 것이다. 매년 상당수의 학생들이 여러 이유로 목숨을 잃고 있다. 게다가 선생님과 부모도 세상을 떠나기도 한다. 열 명에 한 명 꼴로 가족 중 누군가가 세상을 떠난다. 친구는 우울해지고, 학교는 엉망진창이 된다.

한 10대 소년이 고등학교를 졸업한 이튿날 기차 사고로 죽었다.

"선생님, 이 사고에 어떻게 대처하실 건가요?"

신문기자의 질문에 대한 해당 학교의 교장선생님의 대답이 이렇다.

"우리는 책임이 없습니다. 이미 졸업한 학생입니다. 이제 우리가 할 수 있는 일은 아무것도 없는 것 같은데요."

결국 나는 이 학교의 사건에 관여하게 되었고, 그 교장선생님이나 그곳에 있던 모든 사람들이 그 사건이 일어났을 때 무슨 일이든 하고 "싶어 했다"는 사실을 지금은 알고 있다. 학생들은 대부분의 시간을 학교에서 생활한다. 실제 가족보다 또래친구나 선생님들과 더 많은 시간을 보낸다. 하지만 학교 종사자들은 어느 누구도 슬픔이나 상실을 다루는 법에 대해 부모보다도 잘 알지 못한다. 알지 못하는 만큼 우리 아이들을 비탄에 잠기게 하는 경우도 많다.

학교상담활동, 심리학, 그리고 사회사업에 대한 프로그램을 진행하는 대부분의 대학은 이 주제를 중요한 과정으로 다루고 있다. 교육학에서는 대부분 심리학이나 아동발달, 혹은 가족생활 과목에서 죽음과 임종에 대해 가르친다. 정해진 시간 외에도 가끔 슬픔에 대한 주제 토론을 하기도 하지만 이 과목들은 대개 선택과목으로 구분된다.

학교 종사자들은 오랜 시간이 지나고서야 학생들이 슬픔 때문에 곤란에 처해 있는 것을 발견하고 조치를 취해보려 하지만 이미 시기를 놓친 경우가 많다. 그렇게 적절한 때를 놓치면 학습장애아를 손 놓고 무기력하게 지켜보게 되기도 한다. 이따금 퇴보하거나 자아 위축의 시기, 혹은 고통을 이겨내려 스스로 치유하기 시작하는 시기를 짚어내기도 하지만 그것은 보통 그 "사건"이 지나간 지 한참 후의 일이다.

현재 학교에서는 학생들이 중심이 되어 애도활동을 진행하고 있다. 학교는 이런 활동이 장려될 수 있도록 안전한 장소를 제공하며, 학교가 하나의 "교육 가족"으로서 그 역할을 확대할 수 있도록 요구받고 있다. 이 공간에서 학생들은 감정대로 행동하거나 무조건 감정을 억누르거나 우울해 하거나 아니면 스스로에게 상처를 입히는 것에서 벗어나, 자기 자신에게 무슨 일이 일어났는지 객관적으로 이해하는 법을 배울 수 있다. '그리프 앤 로스 팀'은 전문 상담선생님이 떠난 후에도 중재를 하며 정신적인 건강 회복을 돕고 치유를 계속할 수 있다. 이 일에 열정적인 사람들은, 치유를 도맡을 전담팀이 필요하다고 절실히 느낀다. 이 일에 관심 있고 관련된 일을 하는 선생님들은 어디에서든 발 벗고 나서보았지만 혼자서는 결코 할 수 없다는 사실을 절감했다. 더구나 이 일은 새로운 철학을 필요로 한다. "슬픔에 대해서는 논의하지 않는다"는 터부를 부술 필요가 있다. 알코올이나 마약 중독, 그리고 성병에 대해 공개적으로 논의할 수 있다면, 이젠 슬픔에 대해서도 말할 수 있어야 한다. 훈련을 위한 다음의 제안들은 선생님, 학교행정관, 학생, 학부모 그리고 지역사회 일원들을 포함해서 학생들과 함께 애도활동을 하고 싶어 하는 사람들을 위한 방향과 형식을 어느 정도 제공할 것이라 믿는다. 하고 싶은 열정을 가진 이라면 누구나 할 수 있는 일이다.

학교에서 일을 하다 보면 뭐든지 "예산이 없군요" "시간이 부족해요"라는 장벽을 만나게 된다. 하지만 이 활동에 돈은 필요치 않다. 다만 시간이 필요할 뿐이다. 게다가 이 활동은 딱히 시간을 정해놓고 진행해야 하는 것도 아니다. 이 책에는 상실이나 정신적인 상처, 비극, 죽음이 일어났을 때 학생들을 돕는 것에 대한 개괄적인 내용보다는 실제로 도움이 되는 방법과 제안이 담겨 있다. 이 책의 나머지 부분에는 이 일을 시작하고 팀을 훈련시키는 데 필요한 내용이 들어 있다. 이 일에 참여하려는 사람들은 삶 속에서 깊은 슬픔을 직접 마주친 적이 있는 사람들일 것이다. 어린 학생이 혼자서 괴로워하거나 고통을 치유하기 위해 몸부림치는 모습을 지켜봤던 사람들일 수도 있다. "어떤 훈련도 받지 못했고, 경험도 없으며, 무슨 일을 해야 할지 모르겠다"고 지레 자신 없어 하기보다는, 어떤 일이든 하기 위해 오랫동안 기다려 왔고, 이제 그 기회가 왔으니 흔쾌히 응하려는 사람들이다. 참고서적을 찾아보고, 이야기를 나누며, 글쓰기 훈련을 하기 위한 기간 동안 비용은 필수적인 것이 아니다. 책값, 복사기 사용료, 용지값, 팀원들이 마실 커피값 정도가 이 일을 시작하는 데 필요한 최대 지출내역이다.

팀 구성원과 훈련

'그리프 앤 로스 팀'의 일원이 되는 가장 좋은 방법은 모든 이들에게 개방된 연수회를 개최하는 것이다. 연수회에 성실히 참석하고 관심을 표현하는 사람들은 팀의 구성원이 될 수 있다. 이 연수회의 일정표(제4부 B편 참조)는 "건강한 슬픔의 특성들(160페이지 참조)" 목록뿐 아니라 철학적 접근에 대한 개관과, 책에서 언급했던 훈련을 포함한다. 훈련 참가는 팀 구성원 자격을 얻기 위한 요구사항이다. 팀 구성원들의 대부분은 학교 직원으로 구성되어야 한다. 매일 "그곳에" 있어야 하기 때문이다. 또 슬픔의 중재가 언제 필요할지 예측할 수 없기 때문에 팀 구성원의 몇몇은 시간을 더 내야 한다. 그렇기 때문에 상담 선생님들, 그리고 관리직원들과 더불어 교사들이 팀 구성원의 대부분이다. 전문지식을 갖고 있는 지역 전문가들도 구성원이 될 수 있으며, 학부모와 학생들 역시 학교에 머물 시간이 비교적 많고 거리가 가깝기 때문에 구성원이 되기에 적합하다.

예를 들어 뉴저지주 월드윅 교육감이 캐롤라인의 학교를 위해 팀을 조직하자고 제안했더라면 나는 꽤 정확하게 누가 참여할 것인지 추측할 수 있었을 것이다. 외부 인사 중엔 아마 세인트루크 성당의 빌 신부님, 마리안 브로버로*Marian Brovero*, 신디 라이스 등이 적합할 것이며, 그분들은 모두 기꺼이 참여하려는 마음과 열정을 지녔다. 빌 신부님은 초등학생에서부터 고등학생, 그리고 졸업한 아이들과도 더불어 활동한다. 세인트루크 성당은 모든 소년소녀들에게 개방된 그 지역에서 가장 성공적인 체육 프로그램을 운영하고 있다.

빌 신부님은 이미 시(市) 위기관리팀의 위원이며, 애도활동을 위한 후원회와 연수회를 시작하기 위해 교구 회원들과 함께 열정적으로 일해 오고 있다. 매주 화요일 방과 후 학생지도실에서 누군가가 학생들을 기다리고 있다는 사실이 알려진다면, 슬그머니 모습을 나타낼 학생들도 분명히 있을 것이다. 마리안은 최근 퇴직한 존경받는 선생님이다. 아들 레이Ray가 젊어서 세상을 떠났는데, 괴로웠을 텐데도 예전보다 오히려 아이들에게 헌신적이다. 신디 라이스는 젊고 활력이 넘치는, 매력적인 엄마다. 또한 변호사이고 교육위원회의 위원이기도 하다. 지역사회와 관련된 활동을 하고 있으며, 아이들과 부모들로부터 신뢰를 받고 있다. 딸 에밀리가 초등학교 1학년 때 희귀암으로 세상을 떠났는데, 그때 쓴 "에밀리를 위한 찬가"가 제2부에 실려 있다. 신디는 자신의 슬픔을 지역사회와 나누었고, 우리 눈앞에서 사라진, 사랑하는 사람들을 기억하고 추모하는 일에 본보기가 되었다. 그녀는 팀에 참여함으로써, 그녀와 남편, 아들 매트, 딸 호프가 에밀리의 삶을 기리는 행위를 확산하려 했을 것이다. 빌 신부님과 마리안, 신디 라이스는 학생들로부터 신뢰와 존경, 사랑을 받고 있다. 이처럼 팀 구성에 적합한 인물은, 전국 학교공동체 어디에서나 찾을 수 있을 것이다.

*부모를 위한 짧은 편지

따뜻한 밤, 미숙한 운전자들, 졸업 축하를 겸한 흥분된 댄스파티라는 애처롭게 반복되는 봄의 의식이 진행되는 동안, 사람들이 죽어갑니다. 그런데 대부분 우리 아이들입니다. 부모들은 이 사실을 너무도 잘 알지요. 아이들이 안전하길 바라며, 지난해 봄 한밤중에 겪었던 기억이 되살아나 잠들지 못한 채 누워 있습니다. 차고문이 열리거나 자물쇠 돌아가는 소리가 들릴 때까지. 죽음이나 혹은 죽음이 갉아대는 두려움이 실제로 존재하든 그렇지 않든, 부모들은 모든 아이들, 특히 자기 아이들의 안전에 대한 걱정 때문에 안절부절못합니다.

누군가 죽는 사건을 목격하면서, 부모들은 자기 아이를 붙잡고 죽은 사람이 내 자식이 아니라는 사실에 남몰래 감사합니다. 자기 자식이 아니라 다른 사람의 자식이라는 사실에 안도감을 느끼지요. 하지만 뒤이어 죄책감을 느끼며 자신의 아이들만은 그 슬픔의 고통을 피할 수 있기를 기원합니다. 물론 그것은 불가능하지요. 어느 누구도 피할 수 없는 일이니까요. 부모들은 아이들과 함께 그 고통을 겪을 것인지 겪지 않을 것인지 단지 선택할 뿐입니다. 부모들은 이 일의 중심에 있습니다. 격려할 수도 망칠 수도 있으며, 이 일을 인정할 수 있고 품위를 떨어뜨릴 수도 있습니다. 이 일에 참여할 수 있고, 요구할 수도 있습니다. 그리고 부모의 지지와 승인, 참여는 이런 노력들을 성공으로 이끌기 위해 절대적으로 필요합니다. 물론 부모의 참여 없이도 슬픔이 일으키는 일련의 과정들은 일어납니다. 하지만 부모가 보내는 지지의 힘은 이루 헤아릴 수 없이 지대합니다. 약물남용에 연루된 학생들과의 인터뷰를 보면 살아남으려는 스스로의 싸움에서 가장 큰 힘은 "부모님의 격려"라고 학생들은 되풀이해서 말합니다.

이제, 이 말은 부모인 우리에게 충격으로 다가옵니다. 아이들에게, 특히 10대들에게 충고 한마디라도 하려면, 차라리 두터운 벽에 대고 이야기를 하는 것이 더 낫다는 것을 부모라면 누구나 절감하고 있으니까요. 대체 어떻게 하면 좋단 말일까요? 이 일에 전혀 연관되고 싶지 않을지라도, 부모들의 무언의 찬성조차 아이들에게는 도움이 됩니다. 우리가 사고 당사자가 될 수 있다는 것을 항상 기억하기를 바랍니다. 우리가 스스로 우리 슬픔을 다루어본 적이 없다면, 우리 아이들의 슬픔도 돕기 어렵습니다. 그리고 우리는 해소된 슬픔보다 해소되지 않은 슬픔을 더 많이 간직하고 있다는 사실에 동의할 것입니다. 그런 의미에서 이 일은 한편으로는 부모들을 위한 싸움이기도 합니다.

팀 훈련 지침

건강한 슬픔의 특성들

건강한 슬픔의 특성들은 팀 훈련 활동의 기본원리와 주제, 철학 그리고 슬픔에 빠진 다른 사람들뿐 아니라 팀 구성원 스스로를 돕기 위한 토대를 제공한다.

• 깨닫기 _ **Realizing**

모든 사람들은 상실을 경험한다는 사실을 깨닫기

• 인정하기 _ **Recognizing**

슬픔은 상실에 대한 인간의 자연스런 반응이라는 사실을 인정하기

• 기억하기 _ **Remembering**

우리가 겪는 상실과, 그 상실이 유익한 방식으로 혹은 유익하지 않은 방식으로 삶에 어떤 영향을 미치는지 기억하기

• 재정의 내리기 _ **Redefining**

우리 자신에게 그리고 다른 사람에게 일어나는 상실과 그 영향들을 바라보는 방법에 대해 명확하게 재정의 내리기

• 채우기 _ **Redeeming**

자신을 파괴하는 대신 사랑과 봉사라는 긍정적인 행동들을 통해 상실의 빈자리 채우기

첫 번째 팀 훈련 활동

| 모든 사람들은 상실을 경험한다는 사실을 깨닫기

친애하는 팀원 여러분에게

우리 각자가 겪은 상실을 기꺼이 인정하고, 기억하고, 극복하고 나서야 비로소 다른 사람들이 겪는 상실의 고통을 도울 수 있습니다. 상실은 여러 가지 형태로 다가옵니다. 죽음, 이혼, 정신적으로 충격을 주는 사건들, 쇠약해지는 건강 상태, 그리고 다른 비극적인 사건들, 그 결과로 남겨진 변화와 틈, 구멍들 때문에 그것들은 우리 삶을 지배하게 됩니다. 슬픔은 강력하고, 때때로 우리를 압도합니다. 그것은 상실의 결과물로서 우리가 경험한 모든 반응의 총합체일지도 모르며 감정적, 심리적, 육체적, 정신적, 영적 차원에서 우리 생활에 영향을 미칩니다. 우리가 생각하고 느끼고 신뢰하는 방법에 영향을 미치고, 우리가 믿고 의지하고 생각해 왔던 것은 변하지 않을 것이라는 우리의 생각을 변화시킵니다. 우리는 모두 상실을 경험합니다. 모두가 슬프겠지만 몇몇은 다른 사람들보다 더 슬퍼하지요. 슬퍼하는 일에 능숙한 사람은 거의 없습니다. 내가 아는 사람 중에서 슬픔에 잠긴 사람들 생각으로 다시 마음이 아파지기도 합니다. 그것이 어떤 느낌인지 안 이상 그 모든 것이 나아지기를 바랄 뿐이지요.

우리가 겪은 상실들이 우리가 하고자 하는 일의 초점이 되어야 한다는 것은 아닙니다. 하지만 개인과 팀 모두에게 출발점이 될 것입니다. 이것이 애도활동의 초석이 되는 이유는 자신의 슬픔을 타인의 슬픔과 분리할 수 있어야 하지만, 자신의 슬픔으로부터 시작하지 않으면 그 일을 해낼 수 없기 때문이기도 하지요. 여러분이 슬퍼하는 사람들의 마음을 가지고 있지 않았다면, 이 자리에 있지도 않았을 것입니다. 그리고 슬퍼하는 사람들을 도울 수 있는 가장 좋은 방법은 그들의 고통과 우리 자신의 고통 사이에 적당한 거리를 두도록 조종하는 법을 배우는 것입니다.

어떤 의미가 있는 만남이나 상담에 있어 절대적으로 중요한 구성요소는 감정이입입니다. 이것은 다른 사람의 삶에 대한 측은한 마음과 우리 자신의 삶 속에 존재하는 고통이 최대한 밀접해지는 것을 의미합니다. 이것은 동정과는 다릅니다. 동정은 친절하고 도움을 줄 수는 있겠지만, 감정이입으로 인한 반응만큼 그 영향력을 오래 미치지는 못합니다.

상실에 대해 이야기를 나누는 효과적인 방법은 우리들에게 영향을 미쳤던 모든 상실의 목록을 만드는 것입니다. 한 번이라도 언급된 상실은 모두 중요합니다. 소중하지 않은 상실은 없으니까요.

Activity 개인이나 가족이 겪은 상실의 목록을 만들어봅시다

이 활동에는 사람들을 지명하고 질서를 유지할 수 있는 진행자가 필요합니다. 누가 칠판에 받아쓰는 일을 하면 더욱 좋겠죠. 인원이 적다면 진행자와 기록자가 같은 사람이어도 됩니다. 개인적으로 경험한 적이 있거나 들은 적이 있는 상실 목록을 만들기 위해 그룹별로 브레인스토밍 합니다. 다음의 브레인스토밍 규칙은 꼭 기억해둡시다.

• 한 번에 한 사람씩 이야기한다.
• 어떤 내용이 제기되든 아무도 비평할 수 없다.
• 더 이상의 제기가 없을 때에는 토론회를 열 수 있다.

이어지는 그룹별 모임에서 이 규칙을 토대로 활동을 하면서 모든 사람들은 자료(제4부 B편)에 그 목록을 써나갑니다. "죽음"과 "이혼"으로 시작할 수도 있겠죠.

그룹별 목록이 완성되면, 생각은 했지만 말하지 않은 내용들 또는 자기에게는 중요했지만 그룹에게는 그렇지 않다고 생각한 내용들도 기록했는지 질문합니다. 예를 들어, 종종 공유되지 못하는 가장 흔한 경험이 애완동물의 상실입니다.

그런 다음, 목록을 들여다보고 자신이 직접, 혹은 가까운 친구나 가족 구성원이 경험한 적이 있는 항목 옆에 표시합니다. 구성원이 그룹과 공유할 수 있는, 자신의 삶에서 가장 인상 깊었던 상실에 대해 1~3개의 문장으로 표현합니다. 만약 구성원이 세 명 이상이라면, 우선 짝을 지어 혹은 3인 1조로 활동을 한 다음, 그룹 전체로 확대하는 것도 좋습니다.

개개인마다 직접 말해주는 것이 가장 효과적이지만, 그 외 가장 좋은 방법은 그룹 내의 누군가가 다음의 내용을 크게 읽는 것입니다.

첫째, 여러분과 한 "팀"으로 일을 하게 되어 정말 자랑스럽습니다. 여러분은 용감한 사람들입니다. 자신이 겪은 상실들을 서로 나눌 수 있다는 것은 남다른 용기가 없으면 불가능합니다. 이 일이 우리 모두에게 매우 어려운 일임에도 불구하고 이 자리에 있는 것 하나만으로 우리는 서로를 격려해야 합니다. 우리가 겪었던 상실과 슬픔은 우리를 굴복시킬 수 있습니다. 어떤 상실도 똑같지는 않다는 사실을 기억합시다. 비슷할 수는 있어도 똑같지는 않습니다. 똑같은 상실을 다른 사람들과 공유할지라도, 우리들 각자에게는 여전히 다른 상실로 받아들여집니다. 왜냐하면 경험과 관계들이 다르기 때문이지요. 인간이기에 닮은 점도 많지요. 눈물을 흘릴 수 있는 감정과 웃음, 평화, 만족과 더불어 분노와 거부, 슬픔, 그리움은 누구나 경험합니다. 하지만, 슬픔 속에는 "고독"이 존재합니다. 그것이 "당신의 기분이 지금 어떤지 알아요"라고 말할 때에도, 실은 아무도 그 마음을 다 헤아리지 못하는 이유입니다. 아무도 알 수 없기 때문이지요. 어쨌든 내가 과연 이 일을 잘할 수 있을까, 한순간의 영웅심으로 이 일에 자원한 건 아닌가 하는 의심이 든다면 안심하십시오. 따뜻한 마음으로 타인에 대한 염려와 배려를 간직하고 감정이입을 한다면, 그것만으로도 여러분은 충분히 이 자리에 있을 자격이 있습니다. "난 뭘 해야 하지?" "무슨 말을 해줘야 하는 건가?" 하는 고민은 서로 의논하면 될 것입니다.

두 번째 팀 훈련 활동

| 슬픔은 상실에 대한 인간의 자연스런 반응이라는 사실을 <u>인정하기</u>

누군가를 떠나보내고 느끼게 되는 슬픔과 괴로움은 인간이라면 자연스럽게 겪는 일입니다. 제 남편이 스물넷의 나이로 세상을 떠났을 때, 저는 친구이자 애인, 고등학교 때부터의 남자친구, 인생의 동반자, 유일한 부양자, 비밀도 털어놓을 수 있는 동료, 그리고 아이들의 소중한 아버지를 잃었지요. 모든 게 뒤죽박죽이었습니다. 제게 맡겨진 역할을 다할 수 없었어요. 몇 달 동안이나 아이들은 아빠뿐 아니라 지금까지 자신들이 알아 왔던 엄마도 잃었던 셈이지요. 저는 더 이상 아이들이 이제껏 겪어 왔던 행복하고, 열정적이고, 장난을 좋아하는 엄마가 아니었어요. 자신감을 잃었습니다. 겁이 났고, 어떻게 살아가야 할지, 그리고 혼자서 아이들을 기를 만큼 좋은 일자리를 구할 수 있을지 걱정스러웠어요. 지금 어떤 일이 일어나고 있는지 혹은 왜 지금과 같은 상황이 되었는지 정확하게 이해할 수는 없어도 아이들은 이런 걱정을

알아챘습니다.

처음으로 새집을 장만해서 이사할 멋진 계획이 있었는데, 이사가기 바로 직전에 남편이 죽었지요. 전 경제적인 능력이 없어서 혼자서는 은행 대부금조차 갚을 수 없었어요. 그래서 우리 꿈은 이사도 하기 전에 산산조각 났습니다. 그땐 정말 사기 당하고 도둑맞은 기분이었어요. 여름 내내 낡은 가구에 천을 다시 씌우고, 방마다 예쁜 커튼을 만들었는데, 딸의 방에 있던 주름 달린 자그마한 장식천 하나를 제외하고는 모두 다른 사람들에게 나눠줬답니다. 그 장식천만이 새집에서 살았을 수도 있을 텐데 하는 아쉬움을 안겨주는 유일한 물건이 되었습니다. 좋은 집을 갖고 싶다는 생각은 한동안 마음 한구석에 똬리를 틀고 저를 괴롭혔죠. 아, 새집을 장만해서 이사가는 데는 정말 오랜 세월이 걸렸어요.

상실의 구성요소 가운데 몇 가지는 타인에게는 쉽게 인식되지 않지만 우리에겐 커다란 구멍을 남기지요. 다른 사람들은 이해하지 못하거나 느낄 권리가 없다고 생각하는 요소들이 종종 있습니다. 어떤 것들은 우리가 자각할 수조차 없어요. 우리가 느끼는 이 모든 것은 그리움이라는 엄청난 감각입니다. 그리움은 행복과 만족감에도 배어들 수 있어요. 얼마 전에 저는 사위에게 핫초콜릿을 만들어주었는데 사위의 얼굴에 잔잔한 미소가 번지는 것을 보았습니다. 그 방법은 바로 몇 해 전에 돌아가신 사돈 어른이 가르쳐주신 방법이었거든요. 사돈의 방법을 따라 하면서 저는 사위에게 어머니가 돌아가시기 전에 차려주시던 겨울날의 따뜻한 아침상을 기억나게 한 것이었지요. 크든 작든, 최근의 일이든 먼 과거의 일이든, 상실과 함께 찾아오는 복잡하게 수반되는 변화들은 우리가 겪는 슬픔의 큰 부분을 차지하게 됩니다. 거의 모든 사람들이 이와 비슷한 추억들을 지니고 있지만, 대부분 그런 이야기들을 타인에게 말하진 않지요. 이렇게 뒤이어 오는 상실들에 대해 질문함으로써 학생들이 자기 내부의 그리움을 인정하고, 그 그리움을 통해 상실과 나란히 살아가도록 도울 수 있습니다.

이 훈련 활동 가운데 가장 중요한 부분은 실망과 두려움, 그리움과 후회, 마음 아픔과 화, 그 밖의 다양한 감정들을 경험하는 것이 지극히 정상적이라는 사실을 인정하는 것입니다.

잃어버린 후 결코 다시 얻을 수 없는 것을 그리워하는 것은 인간의 자연스런 반응입니다. 이렇게 인정하는 것이야말로 상실과 함께 살아가는 법을 배우고, 슬픔을 헤치며 애써 나아갈 수 있는 실마리가 될 것입니다.

상실이 삶에 끼치는 영향에 대해 유익한 대화를 시작하는 방법은, 상실을 겪은 후 뒤따라오는 감정의 목록을 상실의 내용과 더불어 만드는 것입니다. 또 상실이 어떤 영향을 남겼는지 우리의 경험을 목록으로 만드는 것입니다. 한 번이라도 언급된 내용은 모두 중요합니다. 우리 삶에 끼치는 영향 중 중요하지 않은 것은 하나도 없으니까요.

Activity 상실이 끼친 영향들의 목록을 만들어봅시다

이 활동을 위해서는 참가자들의 용기를 북돋우며 정보를 체계화할 수 있는 진행자가 필요합니다. 첫 번째 훈련 활동에서 만들었던 상실 목록을 이용하여, 상실 뒤에 오는 감정들 혹은 삶에 파문을 일으키는 영향에 대해 브레인스토밍 합니다. "오늘 가장 힘들었던 것이 무엇인가요?"라는 질문을 받았을 때, 슬픔을 겪고 있는 사람들이 종종 이야기

하는 내용들이 바로 이런 부분입니다. 따라서 학생들과 함께 활동을 할 때에는 아주 사소한 사항일지라도 빈틈없이 들어야 합니다. 가족이 키우는 개가 등장하는 웨스의 이야기에서처럼, 코앞에 닥친 현실 그 자체를 다루기보다는 사소하고 겉으로는 해가 없는 어떤 것에 대해 이야기를 나누는 것이 더 쉽기 때문이지요. 그들이 자기 자신이나 자신의 고통, 두려움에 대해 어떤 형태로든 우리에게 말하고 있다는 사실을 인식해야 합니다.

"가지치기 활동(webbing)"이라는 방법은 이 활동을 시각적으로 다루는 데 도움이 됩니다. 이것은 학생들에게 쓰기를 가르치거나 학생들의 생각들을 확장시킬 때 이용합니다. 경험한 상실 중 한 가지를 칠판 위에 쓰고 그 주위에 거미집 모양처럼 작은 선들을 가진 원을 하나 그립니다. 주된 혹은 중심적인 상실을 쓴 원으로부터 선을 그려, 그 선 위에 그 결과로 생기거나 뒤따라오는 상실들을 씁니다.

예를 들어, 웨스와 그의 개에 대해 생각해봅시다. 그와 그의 가족은 서로 그의 병에 대해 토론하려는 힘을 잃어버렸죠. 이전에 중요하게 느껴지던 상실은 그의 생명이었습니다. 웨스의 생명의 상실 뒤에 따라오는 또다른 상실들 중 한 가지는 그와 자유롭게 의사소통할 수 없는 것, 항상 그래왔던 것처럼 그와 함께 "있지" 못하는 것이었습니다. 캐롤라인 교장선생님께서 돌아가시고 나서 6주 후에 할아버지도 잃어버린, 그 작은 소년을 기억하는지요? 할아버지를 사랑했던 여러 이유들 중 한 가지는 그가 운동을 참 잘했고, 활동적이었으며, 레이크플래시드에서 개최된 동계올림픽에서 열심히 자원봉사를 했었다는 것입니다. 동계올림픽에서 출발 신호원이자 시간기록원 활동을 했던 그는 손자에게 각종 행사들의 출입증과 스키를 무료로 탈 수 있는 리프

트럭을 주었죠. 이 소년의 삶에서 할아버지의 죽음에 뒤따라오는 상실들 중 하나는 할아버지가 손자에게 준 신나는 모험들이었습니다.

이렇게 활동을 진행한 후, 이전에는 결코 생각해본 적이 없었던, 상실이 일으키는 파문과도 같은 영향들을 쓰거나 그것에 대해 큰 소리로 공유합니다. 이 활동을 위한 자료가 제4부 B편에 있습니다. 이런 통찰력을 마음 한켠에 잘 간직해두면, 학생들과 대화의 문을 열기 위해 도움이 될 만한 실마리를 쉽게 찾을 수 있을 것입니다.

Additional Activity 추가 활동

상실들과 그에 따른 감정적인 반응들을 살피기 위해 이 책에 쓰여 있는 이야기 한두 편을 선택해도 좋습니다. 정보가 자세히 설명되어 있지 않았을지라도, 그것들이 무엇일까 천천히 생각해보도록 합니다.

세 번째 팀 훈련 활동

| 우리가 겪는 상실과, 그 상실이 유익한 방식으로 혹은 유익하지 않은
방식으로 삶에 어떤 영향을 미치는지 <u>기억하기</u>

기억하는 것은 애도활동의 핵심입니다. 만약 상실들과, 그것이 우리
의 삶을 바꾸었던 방법을 기억하지 못하고 영원히 슬픔을 풀지 못하
면, 평생 슬픔과 살도록 운명지워진 것이나 마찬가지입니다. 풀지 못
한 슬픔은 건강하지 못하고, 제어하는 데 엄청난 힘이 필요합니다. 여
러 가지 모습으로 삶을 변화시켜 원상태로 돌리기 위해서는 오랜 시
간과 많은 노력이 필요합니다. 쓰라림 혹은 두려움, 냉담해진 마음 혹
은 분노, 우울과 움츠러들어 사는 것은 어느 누구도 원치 않습니다.
하지만 슬픔을 푸는 일에는 우리 스스로가 거부하고 저항합니다. 슬
픔을 푸는 일은 과거의 어떤 일을 기억하기를 요구하고, 기억하는 일
은 불편한 감정들을 일으키며, 또 불편한 감정들은 우리의 슬픔을 터
뜨리기 때문입니다. 우리 사회의 문화는 강력한 슬픔의 반응을 겪고
있는 사람을 불편하게 만듭니다. 또 우리 자신도 그 모든 것이 풀어

헤쳐질까 두렵고, 풀어 헤쳐진다면 그것을 제어할 수 있을지 확신하지 못하고 있습니다. 그래서 스스로에게 괜찮다고 말하면서, 그리고 괜찮은 척하면서 어떤 감정도 드러내지 않는 연습을 하게 되죠. 이러한 망각 활동은 기억하기와는 반대로, 건강하지 못한 방향으로 달려갑니다. 설사 우리가 잊어버려도 기억은 되풀이됩니다. 그동안 그럭저럭 어떤 상실을 억압해 왔을지라도, 앞으로도 계속 그렇게 해나갈 수 있다는 것은 잘못된 생각입니다. 풀지 못한 슬픔은 어떻게든 해결책을 찾게 될 것입니다. 상실이 우리의 삶에 가져다준 변화에 관심을 기울이지 않는다면 상실이 우리를 변화시킬 것입니다.

다행히 아이들은 기억을 잘합니다. 한 어린 소녀가 금년 크리스마스이브에 최고로 순수한 마음으로 기억을 해내는 것을 지켜보았습니다. 그 소녀는 엄마가 어렵사리 어떤 기억을 해내는 것을 도와주었습니다. 저는 3개월 동안 캐롤라인의 학교에 머물러 있으면서, 크리스마스이브에 인근의 쇼핑몰에 간 적이 있었습니다. 지나던 길에 반즈앤노블Barnes and Noble 서점에도 들렀는데, 그곳은 캐롤라인이 죽기 일주일 전 제가 사인회를 열었던 서점입니다. 그때 도와준 점원과 인사를 주고받았습니다.

"다시 뵙게 되어 반가워요. 오신 김에 서가에 꽂힌 책들에 사인 좀 해주시겠어요?"

한 꾸러미의 책에 사인을 하며 안내데스크에 서 있는데 한 여인이 다가왔습니다. 서점 직원이 잠깐 자리를 비운 상태여서, 목례 후 다시 책에 사인하는 일을 계속하는데 그 여인이 말을 건넸습니다.

"선생님께서 그 책을 쓰셨나요?"

"예, 그런데요."

"무엇에 대한 책인가요?"

사람들이 제대로 슬퍼하도록 돕는 내용의 책이라고 말하자 그녀는 이렇게 대꾸했습니다.

"재미있군요."

다시 말을 꺼내기 전에 슬픔과 관련된 일을 애써 생각하려는 듯 잠시 말을 멈추었습니다.

"우리 가족 중에는 슬퍼하는 사람이 한 사람도 없어요."

"그렇군요. 참 다행이에요. 즐거운 성탄절 보내세요."

그녀도 내게 즐거운 성탄절을 보내라는 인사의 말을 건넸을 때 마침 점원이 돌아와 뭔가 그녀의 용무를 해결해주었습니다. 볼일을 다 마쳤는지 그녀가 인사를 했습니다.

"책이 많이 팔리길 빕니다."

"고맙습니다."

하지만 그녀는 떠나지 않았습니다. 그리곤 머리를 흔들더니 이렇게 말했습니다.

"저는 슬퍼하는 사람을 한 사람도 알지 못해서요."

"그래요? 굉장하군요. 하지만 만약 필요한 일이 생기신다면, 제 책을 읽어보세요. 제 책의 제목은 『슬퍼하며 춤추며Mourning and Dancing』입니다. 어떤 상실이든 그로 인해 괴로워하는 누군가에게 도움을 줄 수 있는 책이지요."

지금까지 엄마 옆에 물끄러미 서 있는 딸아이가 말을 던졌습니다.

"슈미츠Schmidt 아줌마는?"

이 말에 엄마는 깜짝 놀랐어요. 자기 딸이 그곳에 서 있다는 사실을 갑자기 깨달았다는 듯 깜짝 놀라 돌아서서 딸을 쳐다보았지요.

"저런, 메리Mary가 있었지!"

"메리가 누구죠?"

내가 묻자 딸이 말했습니다.

"우리 옆집 사는 아줌마예요."

엄마는 기억을 끄집어내어 말했습니다.

"그녀의 남편이 11월 초에 죽었어요. 그는 제 남편의 상사였지요. 정말 훌륭한 이웃이었는데, 저희에겐 부모나 마찬가지였어요. 그녀는 지금 눈뜨고 볼 수 없을 정도로 참혹한 모습을 하고 있어요. 특히 요즘 같은 축제일에는요."

"정말 안됐군요. 음, 『슬퍼하며 춤추며』를 기억해두세요. 나중에 그녀를 위해 이 책이 필요할지도 모르니까요."

"그녀가 지금 이 책을 읽진 못하겠죠?"

그녀는 물었어요. 책 판매를 부추기는 듯해 약간의 어색함을 느끼며 대답했습니다.

"그렇죠……. 하지만, 지금 읽을 수 있든 못 읽든……"

긴 이야기를 줄이면 다음과 같습니다. 그녀는 결국 책을 한 권 샀습니다. 저는 메리를 위해 그 책에 사인을 했고, 그녀의 남편을 기리며 짧은 편지를 썼습니다. 책을 여인에게 건넸을 때, 눈에 눈물이 어렸습니다. 괜찮냐고 물었더니 감정이 북받쳐서 중얼거렸습니다.

"친정아버지가 돌아가시고 맞게 되는 두 번째 크리스마스예요."

그녀를 가만히 안아주었고, 그녀는 크리스마스이브에 반즈앤노블 서점 한가운데서 몇 분 동안이나 흐느껴 울었습니다. 저는 그날 그 자리에서 엄마와 딸을 꼭 안고서 이 만남이 무척 기쁘다고 말했습니다. 메리와 함께 사랑을 나누고 친정아버지를 기리면, 그렇게 기억하는 과정에서 어느 누구도 위로할 수 없는 공허감은 사라지고 오히려 충만감이 찾아올 것이라고 위로했습니다.

"기억하는 일은 과거로 우리가 함께 거슬러 올라가는 것처럼 느끼게 해줍니다. 촛불은 이런 일을 자연스럽게 할 수 있도록 도와주죠. 굵은 양초를 한 개 사서, 참, 메리에게도 한 개를 주고요, 크리스마스 축제 내내 매일 아침 초에 불을 밝히고 하루가 끝날 무렵 촛불을 꺼보세요."

촛불을 병 속에 넣어두는 것도 좋은 생각이라고 덧붙이며, 촛불의 따뜻함, 사랑이나 영원한 빛을 의미하는 불꽃의 상징에 대해서도 이야기를 나눴습니다. 이처럼 세상을 떠났지만 여전히 사랑하는 사람들을 의식을 통해 기억하는 일은, 크리스마스 축제에 자연스럽게 그들을 함께 참가하게 만드는 것이라고 말해주었죠. 또한 "촛불 끄기"라는 메모를 뒷문에 꼭 붙여놓을 것을 다시 한 번 상기시켰습니다. 외출했을 때 집이 불에 타버리지 않도록 말이죠.

엄마와 딸은 서로를 바라보며 웃음을 지었고, 메리에게 그 책을 주기 전에 먼저 읽으라고 했습니다. 그렇게 하겠다며, 다시 한번 감사의 인사말을 건네고 엄마와 딸은 가벼운 발걸음으로 팔짱을 끼고 걸어나갔습니다.

집에 오는 길에, 많은 사람들은 그리움의 힘이라는 것에 색다른 축제의 의미를 부여한다는 것을 생각하게 되었습니다. 기억하는 일은 우리를 회복시킬 수 있고, 이미 떠나버린 바로 그것과 우리를 다시 연결시킬 수도 있으며, 그리움의 어떤 부분을 편하게 할 수도 있습니다. 그런데, 사람들은 기억하는 일에 왜 그리도 저항하는지 의아스럽기도 합니다. 집으로 돌아와 학교에서 캐롤라인을 기념하여 만들었던 천사

장신구들을 전부 꺼내 나뭇가지에 달아놓았습니다. 서점에서의 만남은 의도적으로 기억을 해야 할 필요가 있다는 사실을 새삼 되새겨주었습니다.

조카 조디Jodi는 고등학교에 다닐 때, 친한 친구 셰릴Cheryl과 차를 타고 가다가 혼자만 교통사고에서 살아남았습니다. 5년 뒤 조디는 결혼식 날, 서둘러 준비를 마친 뒤 남편 브래드Brad와 예복을 갖춰 입고 따로 마련한 부케를 들고 공원묘지로 갔습니다. 셰릴의 무덤 앞에 그녀를 기억하는 이 선물을 바친 것은 셰릴이 없다는 사실을 애써 잊으려 하지 않고, 대신 새출발하는 결혼식에 셰릴을 포함시킨 것입니다. 셰릴이 장성하여 결혼을 한다면 무엇이든 아끼지 않았을 셰릴의 가족들에게 얼마나 따뜻한 선물이 되었을까요.

맨디의 이야기에서, 헛간은 추모의 장소가 되었습니다. 그곳은 맨디의 가족과 친구들이 그녀를 기억하도록 도와주었습니다. 그 헛간은 아이들이 자신들의 슬픔을 풀어내고, 맨디의 삶을 기리기 위해 어떤 일이라도 할 수 있었던 장소가 되었습니다. 제이슨은 맨디를 잃은 경험에 대해 글을 썼고, 그 글을 쓰는 동안 자신에게 각별했던 그녀에 대한 모든 것을 기억해냈습니다. 캐롤라인의 나무도 아이들이 교장선생님과, 그녀가 그들에게 주었던 모든 것을 기억하는 매개물이 되었습니다. 컬럼바인 고등학교Columbine High School(미국 콜로라도의 고등학교로 1999년 교내에서 학생 둘이 총기를 난사하여 모두 15명이 사망한 사건이 발생했다: 역주) 학생들은 세상을 떠난 친구들을 기억하고 기리는 행동으로 꽃을 두거나 자동차 위, 울타리 위에 짧은 글을 남깁니다. 세상을 떠난 학생을 위한 기념물을 세울 장소가 학교나 주변에 위치해 있어서, 돌이나 벽돌로 만든 산책로로 그곳까지 연결시킨다면 많은 도움이 될 것입니다. 몇 년이 지나더라도 학생들은 그곳에 가서 기억할 수 있을 테니까요.

끔찍하고 정신적인 상처가 큰 상실일지라도, 기억하는 일은 몇 가지 측면에서 우리를 다시 정상으로 되돌려놓을 수 있도록 돕습니다.

"기억하다(re-member)"라는 단어는 실제로 '다시 하다(redo, rework, replay)'처럼, "다시(again)" 혹은 "되풀이하다(repeat)"를 의미하는 "다시(re-)"와 우리의 전(全) 자아, 또는 가족, 학급, 팀이라는 전체의 일부분이 되는 것을 의미하는 "일원(一員, member)"으로 이루어져 있습니다. 애도활동에서 기억하기는 우리가 경험했던 상실과 그것이 우리에게 영향을 끼쳐 왔던 모습들을 다시 만나기 위한 의도적인 활동입니다. 상실이 우리로부터 신뢰와 천진난만함, 그리고 자신감을 빼앗아갔을지라도 그것은 지혜, 자비, 이해처럼 우리를 성장시키는 원동력이 될 수 있습니다. 이것이 슬픔에 빠진 다른 사람들을 도울 수 있는 감정이입의 밑바탕이 될 것입니다. 다음 활동에서는 우리가 겪은 상실을 다른 무엇으로 채우는 것에 대한 이야기를 나눕니다.

Activity 학생들이 '기억하기'를 창조적으로 할 수 있도록 돕습니다

진행자의 지도 아래, 팀은 기억을 돕는 활동을 진행하고 창조적인 기억 활동들을 계획하기 위해 여러 아이디어들을 서로 나눕니다. 수업 시간에 기억 활동을 할 수 있는 최적의 시간을 마련하고 학생들이 상실들을 기억할 수 있는 실마리들을 잡아내기 위한 준비를 합니다. 그 과정에서 학생들이 기억할 때 슬픔의 감정이 생기게 되면, 이것을 다루는 데 세심한 주의를 기울여야 할 것입니다. 상실 혹은 죽음, 이혼,

상처에 대해 이야기를 나누는 것은 기억하기 활동을 위한 적절한 방법이긴 하지만 다른 방법들도 많이 있습니다. 그룹을 짜서 브레인스토밍을 하면서, 얼마나 많은 방법이 제안되는지 지켜보도록 합니다. 이 중요한 과정을 위해 시간과 활동들을 어떻게 결정할지 그룹별로 논의합니다.

조비 그린*Joby Greene*의 친구인 코리*Cory*는 조비가 세상을 떠난 지 2년이 지난 후에야 비로소 그의 죽음에 대해 썼습니다. 코리에게 왜 이 이야기를 썼는지 묻자, 무슨 일이 있었는지 잊고 싶지 않아서라고 대답했습니다. 코리는 사람들이 션*Sean*과 조비가 서로에게 얼마나 좋은 친구였는지 기억하길 바랐습니다. 특히 그 사고에서 션이 자동차를 운전했기 때문이었지요. 선생님인 조비의 엄마는 학생들이 두 친구를 기릴 수 있는 장소 세 군데를 새롭게 단장했습니다. 그 중 하나는 조비가 다녔던 고등학교 안에 있는 "영광의 벽"입니다. 여기에는 명예로운 학생들의 사진들과 더불어 조비의 기념명판이 걸려있지요. 또한 조비를 기념하는 장학기금을 조성하고, 캐롤라인 교장선생님의 학교에 만든 것과 비슷한 정원을 꾸몄습니다. 소중한 기억들을 가슴에 고이 묻고 삶에 새로운 전환점을 가져오고 싶은 사람은 누구든 이 정원에 들어올 수 있습니다. 이 정원은 많은 사람들이 발걸음을 멈추시 않는 명소가 되었습니다. 조비와 같은 졸업반 학생들은 조비 그린을 기리며 가슴에 초록 리본을 달고, 교실에 의자 하나를 비워두어 그를 기억하며 추모했습니다. 그 후 여러 해 동안 조비의 친구들은 그간 "비밀연락장소"로 애용하던 한 친구집 차고(車庫) 다락을 "그린 룸*Greene Room*"으로 이름짓고 자주 모여 조비에 대한 추억을 나눴습니다.

참고 : 추모하기 위해 학교 안에 기념물을 새로 만들기로 결정했을 때, 기본적으로 고려
해야 할 사항 가운데 하나가 '영구적'이어야 한다는 것입니다. 죽어가는 기념수
는 차라리 나무를 안 심느니만 못하지요. 죽어가는 나무는 삶과 영원한 기억들을
상징하기는커녕, 위안은 고사하고 상처에 뿌려진 소금처럼 불필요한 고통을 불
러일으킵니다. 녹이 슬어 읽기 어렵게 된 명판도 모욕스럽게 느껴집니다. 다음의
이야기는 아들 탐이 아버지가 몸담았던 고등학교에 아버지를 위해 세운 기념물
을 찾으러 간 뒤에 쓴 글입니다.

*탐이 아버지의 명판을 찾다

"아버지다움"이라는 말에 대한 느낌은 평생동안 많은 호기심으로 남아
있다. 나는 아버지 밥과 어머니 샐리 다운햄 밀러(이 책의 저자 : 역주)
사이에서 두 아이 중 막내로 태어났다. 누나 타마라는 나보다 세 살 위
다. 이 이야기는 내가 아주 어릴 때부터 시작된다.

부모님께서는 고등학교 때부터 사귀셨고, 아버지가 대학 1학년 때 결혼
하셨다. 아버지는 버틀러대학Butler University에서 멀티플레이어로 활
약하셨는데, 전설적인 코치 토미 힌클Tony Hinkle 밑에서 그 명성에 걸
맞게 공격과 수비, 양쪽을 오가며 이름을 날렸다. 아버지는 인생의 목
표를 세우고 그것을 위해 매진하셨다고 한다. 아버지는 가정을 이루고
또 좋아하는 운동의 코치가 되고 싶어하셨다. 1967년 8월쯤 아버지는
그 목표를 이루었다. 엘우드 고등학교Elwood High School의 수석 축
구 코치로 임명되고 또 남편이자 아버지가 되었다. 내가 채 두 살도 되
지 않았을 때다.

30년 세월이 쏜살같이 지나갔다. 이젠 나도 결혼해서 인디애나주 포트

웨인*Fort Wayne*에 아내 리사*Lisa*, 아들 애런*Aaron*과 함께 살고 있다. 최근 인디애나주 팁톤*Tipton*에 있는 고객을 만나러 간 적이 있다. 차를 몰고 가는데 표지판이 보이자 문득 아주 어렸을 때 떠나온 후 한 번도 가본 적이 없는 고향에 문득 들르고 싶다는 마음이 들었다. 아니, 아버지가 돌아가셨던 그해 여름, 당신이 만드셨다던 보도관계자석(press box)를 찾아보러 엘우드 고등학교에 가보고 싶었던 것이다. 또 아버지가 돌아가시자 사람들은 축구경기 휴식시간에 장례식을 치렀고, 아버지에게 바치는 구조물에 명판을 새겼다는 이야기도 들은 적이 있어서 어떻게 생겼는지 궁금했다. 학교에 들어서자 제일 먼저 눈에 들어온 것은 새로 지은 거대한 축구경기장이었다. 보수공사를 하고 있던 건물 근처의 인부들에게 아버지나 보도관계자석에 대해 물어보니 아무것도 모른다며, 체육감독이 아직 퇴근을 안 했으면 그에게 물어보라고 했다.

역시 현대식으로 새로 지은 학교 건물을 향해 차를 몰고 올라가 체육관 옆에 있는 사무실을 찾았다.

"안녕하세요? 저는 탐 다운햄입니다. 예전에 아버지께서 이곳 축구 코치셨는데요, 실례가 안 된다면, 혹시 저희 아버지를 아시는 분이 계시는지 알고 싶은데요?"

"틀림없는 그로군! 자네 아버지를 알고 있네. 사실, 난 그 팀의 선임 매니서였지."

세상에, 내가 굳이 좋은 인상을 주려 애쓴 것도 아닌데 마이크 씨라고 하는 그분은 대번에 나를 보자 흥분했다. 하지만 세상을 떠났던 당시의 아버지보다 내가 더 나이가 많았는데도, 아버지와 내가 많이 닮았기 때문인지 사람들은 유령이라도 본 것처럼 깜짝 놀란다. 오늘은 정말 아버지가 살아 계셨던 1967년 8월로 거슬러올라간 것 같은 반응을 마주하니 그저 놀랍기만 하다. 하지만 곧 아버지의 죽음 앞에 그들이 겪었던 상심을 이해하게 되었다.

보도관계자석과 명판에 대해 물어보자 아버지가 세운 그 건물은 다른 장소로 옮겨졌는데, 아마 지금은 야구장 옆에 있는 것 같다고 말했다. 또 명판에 대해 알고는 있지만, 이전 중에 보존이 되었는지는 확신하지 못했다. 차를 몰고 야구장 주변을 도는 동안, 마이크 씨는 1970년대 말에 새로운 축구장이 세워졌다고 알려주었다. 지나가면서 얼마나 웅장한지 쳐다보았다. 축구장은 라커룸과 귀빈석, 꼭대기의 보도관계자석과 수천 명의 관중들이 관람할 수 있는 커다랗고 하얀 구조물이었다. "표범의 집Home of the Panthers"이라고 한 글자 한 글자 새겨진 글자들이 12~15피트는 족히 되어 보였다. 축구장 북쪽 끝은 야구장과 마주보고 있었다. 아버지가 세운 구조물의 꼭대기 부분은 크레인에 의해 약 600야드가 옮겨졌고, 새로운 콘크리트 블록 위에 놓여졌다고 한다. 명판은 아직도 그곳에 있을 것 같지만 확실치 않다니…….

우리는 차에서 내려 본부 뒤쪽의 구조물로 걸어갔다가 보도관계자석의 밑부분이 비교적 새로운 알루미늄 벽으로 되어 있다는 것을 알게 되었다. 혹시 명판이 가려져 있는 건 아닐까 아니면 어딘가 옮겨진 게 아닐까 하는 마음에 두근거리며 다가섰다.

"맞아요, 여기 있군요!"

마이크 씨의 목소리를 듣고 나는 계단을 껑충 뛰어 2평방피트 크기의 네모난 표지를 쳐다보았다. 그것은 흔히 보아 왔던 역사적인 기록이 담긴 수많은 명판과 똑같아 보였다. 얼마나 많은 사람들이 이것을 보고 "이 사람이 누구야?" 하고 궁금해 할까 하는 생각이 들었다. 마감처리가 매우 멋지게 되어 있었다. 아버지가 누군지 모르는 어떤 사람이 보더라도 "잘은 몰라도 이것은 누군가에게 중요한 의미를 지니는 게 틀림없을 거야"라고 생각할 정도였다. 마음이 뭉클했다. 표지의 내용은 아주 간단했다.

선생님이자 코치였던
로버트 H. 다운햄Robert H. Downham을 기리며
—1967

이 명판이 30년 전의 것이라니 놀랍기만 하다. 태어나서 처음으로 지금의 내가 있게 한 나의 역사 앞에, 기념비적인 표지 앞에 서 있다. 마이크 씨는 아버지와 같이 캠프에 갔을 때를 떠올렸다.

"자네 아버지는 돌아올 때 정말 몸 상태가 좋지 않았지."

"예, 하지만 이제 하늘나라에 계시니 마음은 편하실 거예요."

마이크 씨는 고개를 끄덕였다. 여기 와서 기껏해야 10분 전에 알았던 생면부지의 사람과 이렇게 편안히 얘기를 나눌 수 있다니.

"음, 뭔가가 있었는데……."

어떤 지점에 이르러 마이크 씨는 걸음을 멈추고는 주위를 두리번거렸다. 어떤 이유인지 마이크 씨는 집으로 가서 아내에게 로버트의 아들이 왔다는 이야기를 했다. 그 이야기를 듣고 가슴이 뭉클하여 그 집에서 밤새 아버지에 대한 이야기를 나누고 싶었다. 하지만 안타깝게도 수업 시작 15분 전이었고, 마이크 씨는 학교로 가야 했다.

"그래서, 제가 아버지랑 닮았나요?"

다시 차를 타러 걸어가면서 문자 그는 마른침을 삼키고 이렇게 말했다.

"그럼, 그렇고말고."

체육관으로 되돌아와 명함을 건넸다. 그는 학교에 관해 이런저런 이야기를 들려주었다.

"자네 아버지가 온 후 이 학교가 얼마나 발전했는지 하늘에서라도 그 사실을 안다면 얼마나 기쁘시겠나. 자네를 보니 살아 계셨다면 아버지가 얼마나 대견해 하셨을까 하는 생각이 드는구먼."

그러고는 마이크 씨는 먼 곳을 바라보았다. 한순간이었지만 나는 아버지의 흔적과 체취를 물씬 느낄 수 있었다. 이틀 후 마이크 씨로부터 노란 우편봉투를 받았다. 그 안에는 빛바랜 아버지의 사진 한 장과 쪽지가 들어 있었다.

"잘 지냈나, 탐? 주변에 수소문해 보니 낡았지만 자네 아버지 사진을 몇 장 보관하고 있는 사람이 있더군. 같은 사진이 두 장 있어서 한 장을 자네에게 보내네. 한 장은 내가 가져도 되는지? 아참, 그리고 자네 아버지가 가르쳤던 마지막팀에서 배출된 선수 중 두 명이 아직 학교에 소속되어 있다는군. 기회가 되면 한번 만나보게."

따뜻한 마이크 씨의 편지를 받고 두 선수를 만날 기대에 부풀어 있다. 꼭 다시 팁톤에 가볼 예정이다, 반드시.

네 번째 팀 훈련 활동
| 우리 자신에게, 그리고 다른 사람에게 일어나는 상실과 그 영향들을 바라보는 관점에 대해 명확하게 재정의 내리기

이제 상실과 함께 사는 법을 배우는 과정에서 사회가 우리에게 끼친 영향에 대해 이야기를 나누고자 합니다.

마이크 랜디즈*Mike Landis*가 시즌 마지막 시합에 참가하러 가던 중 교통사고로 죽었을 때, 열여섯의 딸이 운전대를 잡고 있었습니다. 조지아주에 위치한 이 지역의 길들은 비교적 평탄하고 곧게 뻗어있어서, 마이크는 졸린 눈을 잠깐 붙이는 동안 딸 로라에게 운전을 부탁한 것입니다.

"로라야, 너도 피곤하면 다시 아빠를 깨워라, 알았지?"

"걱정 마시고 제가 운전하는 동안 푹 주무세요, 아빠."

로라는 눈을 반짝거리며 운전대를 잡았습니다. 흥겨운 음악을 들으며 안전운행을 했지만, 사고란 어느 누구도 막을 수 없는 것인지 반대편에서 만취한 운전자가 여섯 개 차선을 가로질러 정면으로 부딪쳐왔습니다. 제일 먼저 조수석 옆을 들이받았습니다. 로라는 생명에 지장이 없어 다음날 퇴원했습니다.

마이크는 로라가 다니는 고등학교의 선생님이자 체육 코치였습니다. 아빠와 딸은 날마다 함께 지냈지요. 하나밖에 없는 자식이었으니까요. 엄마는 부녀지간의 돈독한 정을 언제나 무척 자랑스럽게 생각했는데…….

로라는 사랑했던 아버지의 갑작스런 죽음과 소름끼치는 기억을 어떻게 참고 견딜 수 있을까요? 그 사고에 대해 조금이라도 위로할 용기가 있는 사람이라면, 로라가 할 수 있었던 일은 하나도 없었으며, 그 일은 애써 생각하지 않아야 한다고 할 것입니다. 하지만 그 사고에 대해 어떻게 생각하지 않을 수 있을까요? 로라는 그것이 어떻게 가능하냐고 되묻습니다.

아버지를 떠올리면 그 사고도 자연스레 함께 떠오릅니다. 로라가 그 사고를 "잊으려" 애쓴다면, 그것은 아버지에 대한 다른 기억도 전부 지우는 것이나 마찬가집니다. 아버지를 떠올릴 때마다 그 사고에 대한 기억도 자연스럽게 떠오릅니다. 난 오히려 로라에게 그 사고를 "기억하라"고 격려했습니다. 고통스러울지라도 그 사고를 기억할 필요가 있습니다. 로라 스스로 아버지가 돌아가신 것은 정말로 사고였다는 결론을 내릴 때까지, 또 그 사고는 순식간에 일어났으며, 그것을 피할 수 있는 여유가 전혀 없었다는 결론을 내릴 때까지 그 사고를 재연하고 재배열할 필요가 있습니다. 로라 스스로 이 결론에 도달해야 합니다. 그렇지 않다면 그 사고를 헤쳐나가 슬픔을 풀 때까지는 아빠와 보냈던 행복한 시간이나 좋은 일들은 결코 기억나지 않을 것입니다. 그리고 이런 결론을 내리고 슬픔을 풀기까지는 시간이 많이 걸리겠지요.

조카인 린제이Lindsay는 로라의 친구입니다.

"이모, 어떻게 하면 로라를 도울 수 있을까요?"

"린제이, 지금은 로라를 잠시 불편한 상태로 놔두는 게 최상이다. 그저 로라를 이해하고 있다는 마음만 표시하면 돼. 얼마나 끔찍한 사건이었니? 그런 비극적인 일을 겪고 나서 잠시 공포심을 갖는 것은 지극히 정상적인 일이야. 산책이나 운동을 함께 하든지, 이야기할 시간을 정해놓고 만나는 것도 좋은 방법이다. 아마 로라가 지금은 혼자 공부한다는 게 어려울 거야. 친구들하고 같이 스터디 그룹을 만들어 도움을 주는 건 어떻겠니?"

우리가 겪은 상실들을 바라보는 관점을 올바로 하는 것이 치유과정에서 그 무엇보다 중요합니다. 팀원들은 새로운 방법으로 자신이 겪은 상실들을 명확하게 정의할 수 있도록 만반의 준비를 해야 합니다.

Activity 1 현대사회는 어떻게 슬픔의 과정을 격려하기도 하고 방해하기도 할까요?

이 활동은 개인적으로 혹은 집단 경험으로 수행될 수 있습니다. 현대사회에서 사람들이 슬픔을 풀도록 용기를 북돋워주기도 하고 방해하기도 하는 목록을 정리해봅시다. 슬픔을 치료하기 위한 여러 조치들을 떠올려봅시다. 우리 사회는 어떤 방식으로 상실이 일반적이고 슬픔이 자연스러운 감정이란 것을 일깨우며, 우리가 경험했던 상실들을 우리가 기억하도록 할까요? 개별적으로 작성한 목록을 큰 소리로 읽고 그룹과 공유하거나 혹은 그룹 전체가 하나의 단위가 되어 개발할 수도 있습니다. 그 목록은 전통적인 덕목들과 사회적 관습에 공통적인 가르침, 그리고 다른 사람들이 직접적 혹은 암시적으로 주는 지침이 포함될 수 있습니다. 목록이 완성되면, 슬픔을 격려하는 것과 방해하는 것으로 나누어서 평가합니다.

20세기 도전들을 헤쳐나오면서, "자신의 일은 스스로!"라는 철학이 강조되었습니다. 세계대전과 세계 대공황을, "Put On a Happy Face" "Smile Though Your Heart Is Breaking" 그리고 "Keep Your Sunny Side Up"과 같은 음악 덕분에 견뎌냈습니다. 1960년대와 1970년대, 그리고 베트남전쟁의 포화를 겪으면서, 외상후스트레스증후군(post-traumatic stress)과 말없는 자포자기의 삶을 이해하기 시작했습니다. 그리고 자조운동(self-help movement)이 일어나면서 지원 모임들도 생겨났습니다.

1930년대 '익명의 알코올중독자들(Alcoholic Anonymous)'이란 모임이 만들어졌는데, 이 효과적인 모델을 이용하는 다른 12단계 프로그램이 탄생될 때까지 그것은 보편화되지 못했습니다. 치료와 건강에 대한 강조는 건강, 비타민, 음식, 습관 그리고 긍정적인 사고와 더불어 널리 퍼졌습니다. '슬픔이나 상실과 더불어 사는 법 배우기'는 그다지 확산되지 못했지만, 이 영역의 개척자들과 함께 몇몇 전국적인 조직들이 생겨났습니다. 이제 우리가 얼마나 많이 알고 있는지 한번 알아볼까요?

알찬 자료들로 팀을 준비시킵시다

> 칠판 위에 예를 들어 다음의 질문들을 쓰고 얼마나 알고 있는지 물어봅시다.
>
> 1. 엘리자베스 퀴블러로스 박사는 누구일까요?
>
> 2. Compassionate Friends(자식의 죽음을 당한 가족들의 슬픔을 치유하기 위한 전문단
>
>   체: 역주)는 무엇일까요?
>
> 3. 얼 그롤먼*Earl Grollman*(사별한 사람들을 대상으로 명성이 높은 상담가: 역주)은 누구
>
>   일까요?

다음으로, 슬픔에 빠진 사람들에게 도움이 될 만한 책, 비디오, 그 밖의 자료목록을 만들어봅시다. 팀의 활동을 돕기 위한 명단, 소모임, 단체 목록도 정리하고, 슬픔의 경험을 명확히 정의하는 과정을 방해하는 리스트와 본보기들은 무엇인지 그룹 토의해봅시다.

　관련 서적을 포함해서 좀더 많은 정보를 알고 싶다면 제4부를 이용합시다. 웹 등을 통해 타인과 자신의 경험을 공유하는 것도 좋습니다. 어린이들과 10대들이 상실을 극복할 수 있도록 어떻게 도울 것인가에 대한 커리큘럼들이 포함된 6~7권의 책들이 유용합니다.

　조직들을 검토하고, 최신 정보를 수집하고 좋은 자료를 만드는 일은 팀 활동의 일부분입니다. 예를 들어, 마르타*Marta*와 래즈*Laz*가 쓴 유명한 『모든 아이들을 위한 레인보우 프로그램*Rainbows for All Children*』에는 교훈, 프로그램 형식, 자원봉사자 훈련지침, 학습계획과 워크북 등이 포함되어 있습니다. 학교에서 이 자료들을 구입할 때, 교직원, 학부모 혹은 관심 있는 지역 주민들을 위한 훈련 패키지도 함께 구입할 수 있습니다. 슬픔에 관한 대부분의 다른 책들은, 이 분야

에서 훈련받은 전문상담가와 치료사가 함께 활동할 것을 권유하고, 상담, 임상, 치료상에서 특별히 어린이들을 돕도록 기획되었습니다. 하지만, 우리가 지금 계획중인 일들은 전혀 훈련받지 않은 사람들의 의지만으로 이루어지기도 합니다. 계획안과 교훈, 워크북은 팀을 준비하는 데 도움이 될지 모르나, 모든 애도활동 가운데 가장 중요한 요소는 그 과정과 상호작용을 지도하는 사람입니다. 『레인보우 프로그램』을 빼고 훈련생들을 위한 적합한 교재는 좀처럼 없다고 해도 과언이 아닙니다. 그 책도 책을 쓴 사람들이 속한 그룹을 위한 것입니다. 현재 시중에 나와 있는 슬픔에 관한 책, 프로그램과 교과과정을 추천하기 위해서는 팀 스스로 직접 검토해야 합니다. 이러한 연구는 개인 혹은 그룹 단위로 이루어질 수 있으며, 이를 위해 학생들과 함께 일할 팀에 속한 회원들의 훈련을 더 강화해야 할 것입니다.

이러한 활동은 현재의 훈련 활동이 끝나고 다음 훈련 활동이 시작되기 전에 개인 혹은 짝을 지어 이루어질 수 있습니다. 그리고 활동에 참여한 사람들은 조사 결과를 그룹에 다시 보고할 수 있습니다. 따라서 이 활동 뒤에 이어진 모임에서는 슬픔의 과정을 바라보는 관점을 명확하게 재정의하는 작업을 위해 정보 교환이 이루어지게 됩니다. 일단 보고를 마치면, 칠판이나 그래프용지를 이용해서 두 개의 목록을 만들 필요가 있습니다. 우리 사회에 보편화되어 있는 건강하지 못한 메시지나 방법들에 대한 목록과, 새로운 철학과 운동 속에 고유하게 내재한 건강한 방법들에 대한 목록 이렇게 말이죠.

대상에 대해 명확하게 재정의를 내리는 일은 대개 태도의 변화를 필요로 합니다. 그것은 우리를 올바른 방향으로 이끌고, 그 과정에 충실하도록 돕습니다. 그것 없이는 결코 얻을 수 없었을 잠재력에 다가

가도록 우리를 안내합니다. 그것은 성공, 믿음, 훌륭한 삶, 건전한 관계에 있어서 핵심적인 요소입니다. 행복을 다루기보다는 오히려 삶의 기쁨을 찾는 것과 더 관계가 있는데, 행복은 "우발적인 사건"에 좌우되기 때문입니다. 기쁨은 우리의 선택이며, "우발적인 사건" 혹은 삶의 환경과 상관없이 우리가 선택할 수 있습니다.

태도를 변화시키는 것이 어려운 이유는, 그동안 정립된 대부분의 태도가 무의식적으로 형성된 기질에 의존하기 때문입니다. 의식적으로 우리 자신을 향해 부정적인 가락으로 콧노래를 부르거나, 혹은 의식적으로 부정적인 메시지를 읊어대면서 하루종일 지낼 수는 없습니다. 그렇지만 무의식은, 자신의 내부에서 고질적으로 생겨난 부정적인 혼란을, 그것이 무엇이든 종국엔 믿어버리게 됩니다. 그것에 대해 사고하든 안 하든 문제가 되지 않습니다. 결국 우린 그것을 믿게 될 테니까요.

여러 해 동안, 나는 무엇인가를 기다리고 있을 때마다 손가락들을 두드렸습니다. 그러면서도 되풀이되는 형식이나 리듬을 깨닫지 못했는데, 어느 날 남편이 지적을 했습니다.

"당신, 무엇을 두드리는지 알아?"

나는 지루하다는 듯 대답했습니다.

"아무것도 두드리지 않았는데."

"아니, 두드렸어. 군대 장례식에 쓰이는 가락이야. 당신도 알지? 장송곡을 연주하는 동안 북을 치는 사람이 연주하는 리듬 말야."

내 손가락들을 내려다보자, 마치 손가락들이 독립된 생명을 지니고 있는 듯 신기했습니다. 용기를 내서 손가락들을 다시 움직여보았지만 남편이 말한 내용을 믿을 수가 없었습니다. 장례식에 쓰이는 리듬이었다니, 그것은 어떤 메시지였을까요?

누구나 우리는 무의식 속에 도사리고 있는 많은 부정적 태도들을 점화용 불씨처럼 갖고 있습니다. 하루에도 여러 번 불 붙여보고픈 충동을 느끼죠. 거울을 들여다보고 결점만이 눈에 띌 때, 새로운 계획을 시작하면서 압도당한다고 느낄 때, 아니면 잘못되었다는 것을 말하려는 두려움 때문에 누군가를 부르지 못할 때 명백하게 느낍니다. 그런 유약한 태도에서 벗어나기 위해 의식적인 노력을 기울이지만, 그것도 의식적인 상태에서만 가능할 뿐입니다.

팀 한셀Tim Hansel은 저서 『계속 춤을 추어야 해You Gotta Keep Dancin』에서 "고통은 피할 수 없지만, 불행은 선택이다"라고 했습니다. 환경과 상관없이 우리는 원하는 어떤 태도를 선택할 수 있습니다. 어느 누구도 우리에게 나쁜 태도, 혹은 좋은 태도를 취하라고 강요할 수 없고, 다만 자신만이 선택할 수 있습니다. 남은 삶을 살아가는 동안 불행하게 될 것이라고 믿는다면, 그렇게 될 가능성이 큽니다. 애도 활동에서도 마찬가지입니다. 슬픔이 우리를 죽음의 고통으로 밀어넣을 것이라 믿으면, 아마 가슴에 상처만 가득하겠지요. 상실의 고통과 아픔도 헤쳐 나아갈 수 있다고 믿는다면, 그렇게 할 수 있는 필요조건을 갖춘 셈입니다. 용기를 내어 희망을 갖는다면 삶은 밝아집니다. 자신감을 가지면 다른 사람들을 도울 수 있고요. 태도에 관한 한 가지 명쾌한 점은 "전염성이 있다"는 것입니다. 그러니 저마다의 선택은 정말 중요하지요.

다섯 번째 팀 훈련 활동

| 자신을 파괴하는 대신 사랑과 봉사라는 긍정적인 행동을 통해
상실의 빈자리 채우기

컬럼바인 고등학교에서 인터뷰가 있고 나서 몇 주 후, 뉴욕시티의
Court TV에 출연했을 때 내가 교장선생님이었다면 어떻게 했을까 하
는 질문을 받았습니다. 간이식당과 도서관 사이에 있는 마루와 천장
을 제거하고, 그 공간을 식물이 가득 들어찬 높다란 중앙홀로 만들고,
현재 도서관 벽 주변엔 메저닌(mezzanine, 층높이가 낮은 발코니풍의
중이층[中二層], 컬럼바인 고등학교 총격 사건은 도서관을 중심으로 일어
났다: 역주)을 세우겠다고 피력했습니다. 그래야 학생들이 벽쪽의 서
가에 쉽게 접근할 수 있고, 테이블에 앉아서 공부할 때에는 초록 식물
들로부터 뿜어져나오는 신선한 산소를 흠뻑 마실 수 있을 테니까요.
기초공사가 마무리되면 학생들이 직접 벽에 칠할 수 있게 하여 자신
이 다니는 학교를 재건하는 일에 한 부분을 담당하게 만들 수도 있겠
지요. 이미 세상을 떠난 친구들의 이름을 새긴 구리명찰을 벽면에 나

란히 붙일 수도 있고, 벤치와 나무들, 친구와 연락을 주고받을 수 있는 장소, 개인적인 추모장소에 대한 아이디어도 내놓았습니다. 학교를 다시 단장하는 일에 학생들을 참여시킨다면, 자신들이 겪은 상실들을 기억하고 그 상실의 빈자리를 채우는 의도적인 행위들을 할 기회를 줄 수 있을 것입니다. 상실을 채우는 좋은 방법은 고통의 일부분을 가치 있는 어떤 것으로 바꾸는 것입니다. 이 이야기 속에서 상실을 메우는 가치는 두 가지 측면을 지닙니다. 실제의 재건축과 그곳에서 죽은 친구들을 기리며 직접 손으로 만질 수 있는 기념물 이렇게 말이지요.

또한 기증품을 담기 위한 상자를 전국적으로 고등학교마다 놓는 것도 제안했습니다. 그러면 언제 어디에서나 세상을 떠난 친구를 위해 기부할 수 있고, 이는 보상과 기념물의 일부분이 될 것입니다. 이 활동의 가치는 다른 사람들을 돕는 데 있습니다. 상실의 빈자리를 채우는 데 있어 놀라운 것은, 그 활동에 관여했던 사람들이 그리움을 편안하게 대하게 되고, 그동안 몹시 불편했던 것들을 편하게 느끼는 방법에 대한 통찰력을 갖게 되는 것입니다. "위안"과 "편안함"은, 영혼을 건강하게 만들고 마음을 진정시킵니다.

학생들이 상실의 빈자리를 채우는 활동에 참여하는 것과 슬픔을 푸는 것 사이의 관계를 이해하도록 팀원들이 도울 수 있는 효과적인 방법은, 아직도 상실의 여파 속에 있는 학생들을 위해 아이디어를 조직화하고 기회들을 준비해주는 것입니다.

Activity 상실의 빈자리를 채울 수 있는 방법목록을 만들어봅시다

이 활동을 하기 위해서는 참가자들을 격려하고, 참가자들이 내놓은

정보들을 조직화할 수 있는 진행자가 필요합니다. 상실의 빈자리를 채울 수 있는 방법들을 함께 생각해내어 목록을 만듭시다. 이것은 학교 공동체가 직면했거나 아니면 지금 직면하고 있는 분명한 상실들 중 몇 가지를 확인한 후 시작합니다. 물론 첫 번째 훈련 활동에서 만들어놓은 목록을 이용할 수도 있습니다. 몇 가지 아이디어들을 찾기 위해 두세 명으로 그룹을 지어서 활동합니다. 상실과 관련된, 바로 시작할 수 있는 활동과 계획 목록을 새로 만듭니다. 상실을 채우기 위해 사용했던 개인적인 방법 가운데 적어도 한 가지는 다른 사람을 돕는 데 쓰일 수도 있습니다.

또다른 방법은 패배자들을 다독여주고 선수들을 배려해주는 코치와도 같은 선생님이 되려고 애쓰는 것입니다. 상실의 빈자리를 채우는 행동의 한 가지 예를 들어보겠습니다. 자동차 충돌사고로 죽은 한 학생이 예컨대 육상반 선수였다고 가정합시다. 육상반 친구들은 그 친구의 이름으로 해마다 5km 육상대회를 열고 그 대회에서 얻어진 수익금을 장학금으로 기부할 수 있습니다. 이 활동의 핵심은 추모행위와 비슷하게, 상실과 의식적으로 관련지어 진행되어야 합니다. 참가자들이 친구 이름이 인쇄된 티셔츠를 입거나 리본을 달면 분위기가 고조됩니다.

이 목록은, 슬픔으로 "충격에 휩싸인" 학생들에게 아이디어를 주고자 할 때 썩 요긴하게 쓰일 것입니다. 목록을 다 만들었다면, 맨디가 죽은 지 3년이나 지나서야 맨디 부모님께 편지를 쓸 수 있었던 친구 제이슨Jason의 글을 읽어봅시다. 제이슨이 했던 자신의 내부에 남아 있던 상실의 빈자리를 채우려는 일은 엄밀히 말하면 맨디와는 관련이 없습니다. 하지만, 맨디에게 경의를 표하면서 그 일을 함으로써 제이슨은 슬픔을 이겨내고 있습니다.

＊맨디의 친구 제이슨이 맨디 부모님께 보내는 편지

안녕하세요, 잭슨씨 가족 여러분?

모두 건강하게 잘 지내시겠지요? 아름다운 가을이 시작되었어요.

맨디는 제 인생에서 가장 중요한 사람들 중 하나였습니다.

맨디는 제게 일상적인 습관부터 인간관계에 이르기까지 많은 교훈을 주었습니다. 미소 짓고 웃는 법, 그리고 다른 사람의 이야기를 귀 기울여 듣는 법을 가르쳐주었죠.

제게 보낸 편지들, 행운의 동전과 함께 아직도 맨디 사진은 제 방에 걸려 있습니다. 맨디를 쳐다보면 단 하루도 미소 짓지 않을 수 없어요.

2년 6개월 전, 맨디가 세상을 떠났을 때 저는 어떻게 해야 할지 몰랐습니다. 제 인생에서 그런 일은 처음이었으니까요.

마음속으로는 심한 상처를 입었지만 저는 울지 않았습니다. 제가 다른 사람들에게 도움을 줄 수 있는 길은, 다른 사람들이 제게 기댈 수 있을 만큼 강해지는 거라 생각했거든요.

그렇게 보내는 시간 동안 많은 생각을 했고, 제 친구를 기리는 저만의 특별한 방법을 생각해냈지요. 일리노이대학에서 제가 득점하는 첫 번째 터치다운을 맨디에게 바치리라 결심했답니다.

첫 번째 시즌이 지나가도록 저희 팀의 성적은 부진을 면치 못했어요. 사실, 저희는 한 게임도 이기지 못했죠. 패스된 공을 여러 번 잡았지만, 그 중 한 개도 엔드존에 들어가지 못했어요. 맨디에 대한 기억과 약속이 여전히 마음속에 생생히 살아 움직였습니다.

두 번째 시즌이 시작되고, 또 끝났습니다. 저희 팀은 조금 나아졌지만,

전 아직도 득점을 내지 못했어요.

하지만 저는 스스로에게 한 약속을 기억하고 있었어요.

드디어 세 번째 시즌이 돌아오고, 일리노이는 지금까지와는 마치 딴 팀인 양 승승장구하게 되었죠. 시즌 첫 두 시합을 수월하게 이겼어요. 샌디에이고와 붙은 두 번째 시합에서 엔드존의 뒤쪽을 가로질러 뛰어가고 있을 때, 공이 갑자기 저를 향해 날아왔습니다. 공은 슬로모션으로 제 두 손 안으로 날아와 잡혔어요. 그리고 제 인생 처음으로 저는 터치다운을 성공시켰습니다.

저는 관중의 함성이나 팀 동료들의 환호성도 듣지 못했어요. 오직 맨디의 미소 짓는 얼굴이 조용히 마음속에 떠올랐습니다. 안도하는 외침을 내지르며 하늘을 올려다보고 엄지손가락을 하늘을 향해 올렸습니다.

하지만 저는 축제 기분에 젖지 못했어요.

저는 그냥 옛 친구, 아주 오래 전에 제가 약속을 했던 그 사람에게 이야기를 하고 있었어요. 그 사람이 바로 맨디입니다.

신의 은총이 가족 모두에게 함께 하시길 빕니다.

—맨디의 영원한 친구, 제이슨

우리의 상실을 채우는 행동은, 다른 사람들이 상실을 채우는 데도 도움이 됩니다. 서로 상처를 치유하는 것을 돕고 과정을 공유한다면 두 배의 위안이 될 것입니다. 모든 애도활동이 사적인 영역으로 지켜져야 한다고 생각하는 문화적 장벽을 무너뜨린다면 우리는 서로 더 많이 도울 수 있을 것입니다.

그렇지만, 추모하는 일은 대개 특정한 감정을 불러일으키기 때문에 그 감정들을 이해하고 그 감정들로부터 편안해질 수 있는 방법을 찾을 필요가 있습니다. 상실을 채우게 되면, 슬픔을 긍정적으로 승화시킴으로써 좀더 강인해졌다고 느끼게 합니다. 좀더 강해졌다고 스스로 느낄 때, 비로소 어느 정도 치유가 이루어진 것입니다.

여섯 번째 팀 훈련 활동

| 감정을 <u>이해하고</u> 다루는 일

머리보다 가슴에 의해 지배되는 사람들과 또 그 반대인 사람들 사이의 차이점을 이해하는 동안에도, 사람들은 모두 감정에 바탕을 둔 삶을 살아가고 인간관계를 맺습니다. 실제적이고 감정에 흔들리지 않으며 이지적으로 계산해 선택을 하고 있다고 생각할지라도, 여전히 우리는 많은 부분 감정에 기초한 결정을 내리고 있습니다. 그 감정이 삶 속에서 아주 하찮은 비중을 차지하고 있을지라도, 감정이 있다는 사실만으로도 그것을 이겨내는 데는 엄청난 힘과 집중력이 필요합니다. 그래서 또다시 우리는 감정에 기초하거나 혹은 감정을 억압하면서 결정을 내리게 됩니다. 오직 감정에 충실하게 선택하고 결정하거나 혹은 가까스로 가슴과 머리 사이의 균형을 찾았을 때라도, 여전히 우리 삶의 중심에는 감정이 존재합니다.

슬픔은 내가 이제껏 마주쳤던 가장 강력한 경험들 가운데 하나입니다. 슬픔을 동반하는 감정들에 저항하는 것은 매우 힘이 듭니다. 슬픔을 두려워하고 마치 저주라도 되는 양 피하는 이유가 바로 그 때문입니다.

　슬픔에서 벗어나려는 방법을 성공적으로 "생각해낸" 사람은 아직 보지 못했지만 노력하는 사람들은 많습니다. 감정과 이성 사이에서 제어해야 하는 이 딜레마는 어린 학생들에게 직, 간접적으로 영향을 끼쳐 왔습니다. 초등학생이든 고등학생이든 그들 대부분은 주변 어른이나 TV를 통해 감정 조절 방법을 터득해 왔습니다. 어린아이들은 초등학생이 될 때쯤이면 무엇을 느껴야 하는지, 또 무엇을 느껴선 안 되는지에 대해 꽤 정리가 되어 있죠.

　아이들은 어른들이 생각하는 것 이상의 감각을 가지고 있어서 어른들이 하는 행동이나 말을 유심히 지켜보는 데 익숙해져 있습니다. 특히 뉘앙스에 예민하여 자신들의 부모가 어떤 상황에서 호감을 갖는지 잘 압니다. 이 때문에 아이들은 때로 복잡한 감정에 휩싸이기도 하죠. 또 아이들은 부모가 다른 사람들이 어떻게 행동할 때 좋아하지 않는지도 압니다. 또한 남성과 여성에게 허락된 감정의 표현이 다르다는 사실도 이미 알고 있어서 사회적 통례에 따르려고 노력합니다. 형이나 언니들이 감정을 다스리기 위해 어떻게 하는지 이미 터득하고 있는데, 가끔 판단을 내리기 힘든 상황에 부딪치게 되면 자존심이 상하기도 하죠. 또한 자신이 감정 표현을 어떻게 해야 칭찬을 얻고 또 꾸중을 듣는지 알고 칭찬을 받기 위해 의도적으로 노력합니다. 아이들이 자신의 감정을 드러낼 때, 그런 반응이 항상 마음속의 진실을 드러내는 것은 아니라는 게 이젠 놀라운 일이 아닙니다. 확실한 것은, 겉모습과 아이들의 진실된 감정이 다르다는 것입니다. 그래서 우리는 듣고 보는 것을 정확하게 판단하기 위해서 "감정의 로제타스톤 (Rosetta Stone, 1799년 로제타에서 발견된 비석으로 고대 이집트 상형 문자 해독의 단서가 됨. 저자는 아이들의 진실된 감정이 숨겨져 있을 수 있기 때문에 주의를 기울여 찾아야 한다는 의미로 비유함 : 역주)"을 찾아야 합니다.

결론적으로 이러한 강력한 감정들은 여과 없이 드러나는 것이 아니라 아이들의 행동 속에 암호화되어 있습니다. 이것은 연령에 따라 그 징후도 다릅니다. 화가를 지망하는 중학생과, 유치원생 여자아이에게 나타나는 슬픔은? 또 고등학교 남학생에게 나타나는 죄책감은? 초등학교 2학년생의 후회와 두려움은 어떻게 다를까요? 교육자들은 이런 문제에 대한 예리한 통찰력을 지니고 있지만 자리에 느긋하게 앉아서 체계적으로 그것들을 분석하고 연구할 시간이 부족합니다.

상실을 겪은 후 생기는 복잡한 감정들에 대해 제대로 이해하려면, 각자의 경험과 축적된 지식을 공유해야 합니다.

Activity 감정과 그 의미에 대한 목록을 만들어봅시다

상실에 대한 정상적이고 자연스런, 심지어 예측할 수 있는 반응을 고려한 모든 감정 목록을 참가자들이 만드는 동안, 이 활동의 진행자는 참가자들을 격려하며 입력한 정보를 조직화해야 합니다. 일단 목록이 완성되면, 각 사항에 대해 명확한 재정의를 내립니다. 제4부 D편에 나오는 감정의 정의에 대한 목록을 이미 습득하고 있다 할지라도, 미리 그것을 사용하지는 맙시다. 발표된 감정에 대해서는 각 개인의 정서에 맞게 일상적인 언어로 바꾸어 생각해야 합니다. 두세 개 그룹으

로 나누어 학생들에게 감정을 설명할 수 있는 적절한 언어를 사용하는 것은, 규모가 큰 팀에게도 유용합니다.

그리고 그 정의에 대해 그룹별로 어느 정도 의견을 일치시키도록 유도해보세요. 이 과정은 학생들이 자신의 감정에 대해 질문할 때 매끄러운 답변을 하는 데 도움이 됩니다.

다음으로 좋은 감정들과 나쁜 감정들, 건강한 감정들과 그렇지 못한 감정들의 목록을 만들어봅시다.

"좋은 감정, 나쁜 감정이 존재하나요? 감정은 감정일 뿐 아닌가요?"

과연 이 말이 옳은가요? 물론 감정은 감정일 뿐입니다. 좋거나 나쁘거나, 옳거나 그르거나, 건강하거나 그렇지 못하거나 하지 않습니다. 그런데 이것이 참이라면, 왜 종종 "너는 그렇게 느껴서는 안 된다"라는 말을 듣게 될까요? 우리는 그 진실이 어떤 것인지 안다고 해도, 몇몇 사회적인 관습이나 문화적인 견해는 "화를 내는 것은 나쁘다" 그리고 "보복하려는 것은 건전하지 못하다"고 넌지시 말합니다. 그러니 직접 작성한 감정 목록을 검토하고, 각 항에 대해 유력한 견해가 무엇인지 결정하도록 해야 합니다.

추가되는 생각들

짜증, 욕구불만, 화는 학생들이 쉽게 느끼는 감정입니다. 이것은 학생들이 '배움'이라는 환경 속에 있으며, 항상 공부해야 할 것이 쌓여 있기 때문에 이해가 갑니다. 따라서 학교에서 감정에 대해 견지해야 할 원칙은, 실패와 실수로부터 배울 수 있고, 무엇이든 다 알기란 불가능하다는 전제 위에 자아에 대한 존중감을 높이도록 하는 것입니다.

특히 아이들은 감정이 격앙되어 있을 때에는 "보고 듣는" 것에 대해 매우 선택적인 상태가 됩니다. 긴장된 모습 속에 숨겨진 감정들은 현실에 대한 지각을 변화시킵니다. 같은 반 친구로부터 들은 불쾌한 한마디가 "나는 왕따인가봐"라는 마음으로 집으로 향하게 만듭니다.

첫 공개 모임

Mourning & Dancing for Schools

첫 공개 모임

이런 모임은 팀원은 물론이고 학교 행정관, 선생님, 특별 봉사요원 외에 관심 있는 지역 주민들, 특히 학부모들에게 공개해야 합니다. 지역 내에서 이 활동의 목적과 팀에 대한 정보를 공유하기 위해서 필수적입니다. 먼저 대변인을 뽑아야 하는데, 이 사람은 팀을 이끄는 사람이 될 수도 있고, 그 결과를 조직화하는 사람 혹은 관련 서적을 읽었거나 대화의 기술이 좋은 사람이 될 수도 있습니다.

상실과 슬픔을 겪는 학생들에게, 개괄적인 노력이 담긴 내용의 유인물을 미리 나눠줍니다(제4부 B편 참조). 이것은 자신만의 독특한 양식 상단에 삽입할 수 있는 문구, 팀원들의 이름 그리고 다른 지역에 대한 참고자료가 첨부되어 있는 템플릿으로서 각 학교별로 실정에 맞게 부분적으로 고쳐 이용합니다.

집과 학교 공동체 안에서 경험하게 되는 상실을 극복하고, 아이들이 겪는 슬픔과 그것을 이겨나가려는 과정에서 결집된 내용을 공유하는 데 이 모임의 초점이 있습니다. 관심을 가진 사람들이라면 모두 팀의 존재와 훈련 내용, 그리고 필요할 때 학생들을 돕고자 하는 의지를 알릴 수 있도록 정보를 제공합니다. 하지만 이런 노력은 지원이나 정보 공유일 뿐이지 치료는 아니라는 사실을 설명해야 합니다. 조직화된 그룹의 모임이기보다는 오히려 학생들에게 시간을 낼 수 있는, 여유있는 사람들로 구성된 팀이 좋습니다.

학생들이 자신의 삶을 뒤흔들어놓은 상실을 극복하고 어떻게든 살아가고자 애쓸 때, 이 학생들을 돕기 위해 우리는 "언제나 준비되어 있도록" 훈련을 받을 것입니다. 활동은 개인적으로나 소그룹으로 이루어지며 대부분 비밀 보장이 됩니다. 하지만 비밀이 보장되지 않는 경우도 있습니다. 활동을 하다보면 때로 가족이 포함되어야 하는 경우도 있고, 학생의 안전과 건강에 대한 문제일 때는 어느 정도 공개가 필수적이기 때문입니다. 그렇지만, 활동은 상호작용에 있어 원칙적으로 비밀입니다. 팀원들은 학생들과 나눈 대화를 존중하고 그 학생이 확실하게 동의하지 않는 한 다른 학생들이나 선생님들에게 그 정보를 누설하지 않습니다. 이 모임에서 중요한 문제는 대화입니다.

활동이 시작되면, 각 학교 체계와 지역적 필요성과 팀의 독창성, 지역사회의 특수성에 따라서 유연성을 발휘해야 합니다. 이러한 활동을 하는 팀이 존재한다는 사실과 각 팀에서 활동하는 사람들의 명단을 널리 알려야 합니다. 필요한 사람들은 서로 정보를 공유하며 팀 내에 준비된 여러 가지 장치들을 충분히 이용하게 될 것입니다. 이 책은 기본적인 체계와 약간의 지침만 제공하고자 합니다. 앞으로 이 분야의 연구는 해가 거듭할수록 축적되고 새로운 분야를 확장해나갈 것입니다. 그러므로 이 책의 내용과 형식도 지속적으로 변화해야 합니다. 이러한 전부가 『학교여, 춤추고 슬퍼하라Mourning and Dancing for Schools』의 취지는 아닙니다. 더구나 폭력, 살인, 사고, 총기 규제, 증오와 고립으로 인한 국가 차원의 문제들에 대한 해결책을 제안하는 데 유효한 프로그램도 아닙니다. 이것은 단지 죽음이나 다른 정신적인 상처를 주는 상실들 이후에 일어나는 애도활동을 담았을 뿐입니다. 이러한 중재 역할이 미흡할 수도 있겠지만, 잠재적인 폭력 충동은 막을 수 있다고 판단합니다.

슬픔을 풀기 위해 대화와 의도적인 상호작용을 하기 시작했다면, 우리 삶에(때로는 평생 동안) 상실이 가져온 영향을 정직하게 나눈다면, 아마도 증오와 폭력 혹은 살인의 발생률은 감소하게 될 것입니다. 학생들이 무의식적이나마 자신의 고통과 감정을 방출할 수 있는 통로를 가진다면, 좌절과 복수에 대한 강한 충동은 감소될 것입니다.

공개 모임에 적당한 형식은 좌담입니다. 테이블에 둘러 앉아 팀원 중 두어 명 정도가 이 활동의 목적과 방향을 설명합니다. 이런 모임은 지역사회와 팀원들을 상호 친근하게 만들어줍니다. 중요한 것 중 한 가지는, 우리 사회가 사회문제뿐 아니라 개인의 삶 영역까지 성급한 속도로 개입하게 될 개연성이 있다는 것을 지적하는 것입니다. 안정과 치유, 회복, 재생 혹은 복귀라는 문제를 다룰 때, 외부로부터의 강제적인 접근방법은 슬픔을 치유하는 데 그다지 적절하지 않습니다. 인간은 시간을 초월해서 슬퍼하지만 항상 그런 것만도 아니라는 양면성을 이해해야 합니다. 어떤 경우에는 자신의 삶이 근본부터 흔들리기도 하고, 그 변화에 적응하기 위해서는 세월이 흐르고 또 누군가의 도움이 필요하기도 한데 이런 사실을 다른 사람이 알아주기를 원합니다. 이 모임 뒤에 이어지는 질의응답 시간에는 모든 사람들이 자유롭게 참가할 수 있는 대화의 기회가 주어집니다. 누구라도 이 팀에서 활동할 수 있도록 다양한 제안의 문이 열려 있어야 합니다.

심리치료사의 조언 _ 경고 신호들을 찾아라

"종종 10대들은, 사랑했지만 죽은 사람에게 끌린다."

"죽음의 어떤 측면에 대해 아이들에게 거짓말을 하거나 상실에 대해 알지 못하게 한다면, 그 아이는 슬픔에 스스로 대처하기 위해서 외부적 자극을 찾을 수 있다."

슬픔의 과정에 얽힌 또다른 복잡한 문제 :

- 아무 일도 일어나지 않은 체하는 것
- 학교 공부에 대한 관심이 떨어지거나 학교공포증이 커지는 것
- 자살할 우려가 있는 것
- 자주 돌연한 공포를 느끼는 것
- 마약이나 알코올을 찾는 것
- 심각한 사회적 범죄 행위를 저지르는 것
- 다른 친구들로부터 자신을 고립시키는 것
- 다른 사람들을 때리거나 동물들에게 잔인한 행동을 하는 것

제4부 자료편

이 자료편은 애도활동을 원활하게 진행시킬 수 있도록 구성되었습니다. 우리 자신과 다른 사람들이 겪는 슬픔에 대해 자발적인 활동을 하는 데 도움이 될 것입니다.

A편 : 기고문들

상실로 인해 슬퍼하는 사람들에 대한 이야기를 글로 써서 세상에 발표하는 것은 민감한 사안입니다. 관련된 개개인에 대한 이야기는 최대한 존중해야 합니다.

- "성급한 치유*Hurrying Healing*," 엘렌 굿맨*Ellen Goodman*, 보스턴글로브지*Boston Globe*, 1988.
- "불만으로 가득 찼던 어느 8월*An August of Discontent*," 샐리 다운햄 밀러*Sally Downham Miller*, 저널앤쿠리어지*Journal and Courier*, 1997.
- "맨디의 친구들, 슬픔을 헤쳐나가는 법을 배우다*Mandy's Friends Learn How to Cope with Grief*," 미셸 팰러듀*Michelle Falardeau*, 저널앤쿠리어지, 1997.

B편 : 팀 훈련 활동 용지

여기 실린 활동 용지는 소모임을 훈련시킬 때 혹은 개인적으로 일지를 쓸 때 건강하게 슬퍼하는 법에 대해 배우는 토론지침으로 이용될 수 있습니다.

· 훈련 활동 용지

· 팀 훈련 활동에 추가할 수 있는 주제들

· 학교 내 '그리프 앤 로스팀' 활동에 대한 예비 연수회

· 공개 모임의 협의사항

· 뉴저지주 월드웍의 선생님들과 학부모들에게 보낸 정보들

C 편 : 책과 웹사이트

슬픔을 건강하게 푸는 데 도움이 되는 자료들에 대한 인식이 새로워
지고 관심이 커져서, 앞으로 많은 자료들이 나올 것이라 기대됩니다.

· 관련 서적

· 관련 웹사이트

D 편 : 추가 정보

· 감정의 반응들에 대한 정의

· 슬픔에 있어 감정의 역할에 대한 이해

· 화에 대한 이해

기고문 1

성급한 치유

엘렌 굿맨, 보스턴글로브지, 1998년 1월 6일자

상실의 공허한 여파 속에 언어가 처음 울려퍼지기 시작한 때를 나는 기억하지 못합니다. 하지만 "치유"를 위한 요구, 슬픔의 "종지부"에 대한 호소는 죽음과 애도의 순간 뒤에 옵니다.

지난 달 켄터키에서, 학생 세 명이 학교 기도모임에서 총에 맞아 죽은 지 24시간이 채 지나지 않아 나는 집으로 돌아오는 차 안에서 파두카*Paducah* 목사가 치유에 대해 설교하는 것을 들었습니다. 죽은 10대 세 명은 아직 땅에 묻히지도 않았는데, 그는 치유 과정을 시작할 때라고 말했습니다. 마치 생존자들 사이에 고통의 첫 징조에 사용되는 항생물질을 주입하기라도 하듯이.

몇 주가 지나 크리스마스 모임에서 한 친구가 우리 둘이 같이 아는 다른 친구 이야기를 꺼내며 근심 어린 한숨을 내쉬었습니다.

"그 일이 있은 지 벌써 2년이 흘렀어. 그런데도 아직도 슬픔에 종지부를 찍지 못했대."

어림잡아 그 말은 슬픔에 관한 수업에서 졸업에 필요한 점수를 받지 못할 낙제생에 대한 이야기처럼 들렸습니다.

"치유"와 "종지부"라는 이 단어는 칠판을 가로지르는 손톱처럼 사후의 풍경 저쪽까지 끔찍한 소리를 내며 퍼져갔습니다. 그것은 성급함이라는 액센트를 뒤에 감춘 채로 동정이라는 외양을 띤 채로 다가옵니다. 그러면서 결국 죽음이란 감당해야 하는 어떤 것, 상실이란 정해진 감정의 시간표에 따라 극복해야 하는 어떤 것이라고 암시하고 있는 것입니다.

테리 니콜스Terry Nichols(1996년 4월에 일어난 오클라호마 폭파사건의 용의자 중 한 명: 역주)에 대한 평결이 내려질 때, 이 일은 다시 일어났습니다. 유죄와 무죄가 혼합된 기소조항이 발표되자마자 피터 제닝스Peter Jennings(ABC 방송 메인 앵커: 역주)는 그 기소조항이 오클라호마시를 위한 "치유"에 어떤 도움을 줄 수 있는지 물었습니다. 여러 해설자들과 기자들이 "종지부"라 실감하는지 앞다투어 가족들에게 물었습니다.

우리 사회가 은연중에 거는 기대—심지어 요구—는, 168명의 죽음 (오클라호마 연방정부 건물 폭파 사건으로 168명이 사망했다: 역주) 가운데서 살아난 생존자들이 서로 비슷한 감정적인 영역을 통과하여 똑같은 시간에 지정된 결승선에 도달하리라는 것입니다. 2년 반이라는 세월이 폭파된 빌딩 속에서 죽어간 어린아이를 애도하기에는 너무 긴

시간일까요?

"계속 앞만 보고 나아가야 할 때입니다"라고 말한 젊은 엄마나 "때론 피눈물이 흐르는 것처럼 느껴져요"라고 자신의 마음을 묘사한 또 다른 이처럼, 개인적이고 다양한 반응들을 우리에게 전해준 이들은 바로 남아 있는 가족들이었습니다. 지난주에 있었던 니콜스의 선고공판에서 우리는 슬픔을 날것으로 토해내는 또다른 희귀한 표본을 찾았습니다. 로라 케네디*Laura Kennedy*는 1995년 아들이 죽은 후로 "내 안에 빈 공간이 자리잡아서 없어지지 않고 항상 그 자리에 존재한다"고 증언했습니다. 다이안 레오너드*Diane Leonard*는 남편이 죽은 이후로 자신의 인생은 "메워질 수 없는 커다란 구멍을 가지게 되었다"고 했습니다.

그러나 둘째 날이 되자 이제 이 정도 했으면 애도는 충분하다는 듯 카메라들은 등을 돌리고 마이크는 먹통이 되었습니다. 다시 입회인들은 사활에 관계되는 선고가 "치유"와 "종지부"에 어떤 영향을 미치는지 물었습니다.

나는 증언을 했던 사람들이 "전형적인" 슬픔에 빠진 사람이라거나 오클라호마 폭파가 죽음의 "전형적인" 방식이라고 암시할 의도는 전혀 없습니다. 다만 슬픔은 항상 "비전형적"이라는 것을, 죽은 사람과 슬퍼하는 사람 모두가 하나하나의 개인이라는 사실을 암시하려는 것뿐이었는데요.

슬픔을 다루는 미국인의 방식은 슬픔을 규칙, 단계, 경계를 가진 일정하게 정해진 과정으로 여겨져 왔습니다. 그 본질은 "생존자 죄책감" 혹은 "이탈"과 같은 깔끔한 임상적인 표지 아래 우리의 성가신 감정들을 숨기기 위해 슬픔의 과학을 만들려고 노력해 왔던 것입니다.

때때로 우리는 슬픔을 의기소침과 혼동하여, 위안을 프로잭(Prozac, 우울증치료제: 역주)으로 대체합니다. 우린 기대합니다. 어쩌면 아마도 강요하고 있을지도 모릅니다, 슬픔의 종말을. 정신적으로 깊은 충격, 고통, 이탈, 용인의 과정이 1년이라는 시간 안에 완성될 수 있다고 말이지요.

하지만 실제의 삶에서 슬픔은 다른 사람에 의해 잘 짜여진 계획표처럼 달려가는 기차가 아닙니다. 뉴욕에 있는 슬로안케터링 병원New York's Sloan-Kettering Hospital의 지미 홀랜드Jimmie Holland 박사는 "정상적인 슬픔이 이따금 평생 지속되기도 합니다"고 주장합니다. "치유에 대한 기대는 부담을 줄 뿐입니다. 실패감을 야기할 수 있지요. 사람들이 '저는 도무지 종지부를 찍지 못할 것 같아요. 그렇게 빨리 슬픔을 떨쳐낼 수는 없을 것 같아요'라고 말하는 소리를 종종 듣습니다."

힘들게 겪는 슬픔이 없어져버렸으면 바라고 또 내부의 고통을 숨기도록 만드는 것은, 고통의 존재와 상실과 죽음에 대해 우리 스스로 갖는 두려움 속에 똬리를 튼 우리만의 걱정입니다. 누구의 삶에서든 상실은 돌무더기처럼 쌓이고, 때때로 기억과 회복 양쪽에 발목을 잡히게 될 것입니다.

아무리 감정 조절 능력이 뛰어나더라도 1분 동안만 슬퍼하는 사람은 없습니다. 상실의 상처로부터 마음이 치유되는 것보다 드러난 상처를 수술로 치유하는 것이 더 빠릅니다. 삶의 중심이 폭격을 맞은 건물처럼 무너져내렸을 때, 출구를 찾는 데 한참 시간이 걸리는 것이 이상한 일일까요?

불만으로 가득 찼던 어느 8월

샐리 다운햄 밀러, 저널앤쿠리어지, 1997년 8월 25일

학교로 돌아갈 준비, 새로운 시작에 대한 각오, 그리고 상쾌한 출발로 가슴이 벅찬 8월인데, 이렇게 슬픈 이유는 무엇일까요? 그래요. 여름은 끝났지만 상황은 여름보다 더 처절합니다. 무엇인가가 가을 학기에 대한 흥분과 기대를 앗아가버렸습니다. 아마도, 우리는 슬퍼하고 있는지도 모릅니다. 어쩌면 여름 내내 너무나 많은 꿈들이 꺼져가는 것을 보았기 때문인지도 모르고요. 다가올 좋은 일들을 마음속에 그리지 못하고 망설이고 있는지도 모릅니다. 컬럼바인 고등학교의 소식을 처음 접한 이후로 캐믈롯*Camelot*에서 다시 조종(弔鐘)이 울렸고, 폭풍우가 지역을 휩쓸며 집들을 황폐케 했으며, 총기 휴대자가 다시 아이들을 총으로 쓰러뜨렸습니다, 이번에는 L. A.에서. 지금 터키에서 벌어지는, 나무 막대기나 손으로 만든 도르래를 이용해 자신의 집과 사랑하는 사람들을 짓누르고 있는 벽돌과 모르타르를 옮기려고 애쓰는 모습을 지켜보자면 마음이 아픕니다. 우리에겐 슬픈 이유가 많습니다. 현재 진행 중인 슬픈 일을 보면, 우리는 예전에 우리가 겪었던 상실들과 자연스럽게 연결짓고 맙니다.

"아버지는 해결사*Father Knows Best*" 시대의 젊은 아내이자 엄마로서, 나는 삶의 궁극적인 선(善)을 믿었습니다. 남편은 나와 아이들 우리 가족이 모두 행복하게 살 수 있도록 힘과 용기를 불어넣어줬습니다. 그래서 웬만한 희생은 개의치 않고 참아내며, 우리가 그 꿈에 의지해서 열심히 노력한다면, 매일 태양이 솟는 것만큼이나 확실하게

그 꿈이 펼쳐질 거라 믿었습니다.

빚을 갚는 데 도움이 될까 해서 다림질품을 팔기도 했죠. 남편은 생일선물로 예쁜 팔찌 대신 작은 은빛 다리미를 사주었습니다. 그렇게 매력적이진 않았지만, 우리는 희망과 번영, 강한 가족애라는 왕국에 투자하면서 또다른 종류의 부를 쌓아올렸습니다. 무엇보다 우리는 혼자가 아니었습니다. 같은 꿈을 좇고 있는 이웃들과 토요일 밤이면 함께 모여 카드놀이를 하고, 아이들을 돌보며, 돈이 생기면 무엇을 할지 서로 이야기를 나눴습니다.

그리고 8월이 왔습니다. 우리가 꾸었던 왕국의 꿈은 남편이 스물넷의 나이에 암 진단을 받고 나서 9일 후 산산이 부서졌습니다. 꿈이 이루어질 수 없다는 생생한 선고를 받은 나는 미망인이 되어 터덜거리며 병원을 나왔습니다. 이런 일이 우리에게 실제로 일어났다니! 사회가 만들어놓은 슬픔의 단 하나뿐인 미로, 상실을 잊고 계속 나아가 슬픔에 종지부를 찍을 수 있는 그 미로를 이리저리 뛰어다니는 고립의 과정에 뛰어들었습니다. 다른 사람들의 충고도 이런 상태를 개선시키지 못했습니다. 새로운 삶을 살려고 노력했지만, 공허한 몸짓처럼 느껴졌죠. 아이들이 내가 살아야 하는 이유가 되게 하려고 열심히 노력했습니다. 아픔은 저항할 수 없을 정도로 밀려들었고, 너무도 강력해서 제어할 수 없었으며, 무척 혼란스럽게 했습니다. 그렇게 마음의 지하감옥 속에 그 슬픔, 그 아픔을 격리시킨 채 몇 년의 세월이 흘러갔습니다.

그렇지만 꼭 닫아둔 슬픔은 풀어줘야 합니다. 깊은 마음속에 파묻혀 있는 슬픔이 찾아나올 수 있도록 탈출 방법을 알아야 합니다. 슬픔이 감시에서 벗어나 불시에 우리를 사로잡는 이유는, 그런 일이 가능하다고 우리 스스로가 믿어 왔기 때문입니다. 상처는 빠르게 저절로 아물 것이며, 마땅히 그래야 한다는 억압적인 메시지들을 믿어 왔기 때문입니다. 올바른 습관을 개발하고, 적당한 비타민을 섭취하며, 건전한 생각을 갖고 운동을 한다면 무엇이든, 심지어 죽음조차도 극복할 수 있다고 생각하니까요.

하지만 스치듯 지나가는 한마디 말이나, 결혼기념일이나 죽은 남편의 생일이 다가오면, 또 남편이 쓰던 애프터쉐이브 향을 맡으면, 그 모든 슬픔이 북받칩니다. 하지만 슬픔이 되살아난 것은 뭔가 어디서 잘못된 것이려니 하고 서둘러 그것을 다시 삼키려 애씁니다.

혼자인 것에 감사하면서 누군가에게 설명할 필요도 없이 울 수 있는 밤은 또 얼마나 많았던가요. 결코 말로 하지 않았던 모든 일들을 기억할 수 있는 혼자. 하지만 슬픔은 항상 우리 곁에 함께 있어 왔습니다. 몇 년간 잠잠할 수 있겠지만 결코 떠나가는 법이 없습니다. 마치 바로 어제 일어났던 일인 듯, 아니면 지금 일어나고 있는 듯 느낄 수 있다는 사실을 기억할 때마다 놀라게 됩니다.

그 끔찍했던 상실을 겪은 8월의 그날이 다가옵니다. 그리고 올해는 다이애너비도 비극적인 죽음을 맞았습니다. 우리는 그 비극적인 사건이 마치 우리 자신에게 일어난 것인 양 느낍니다. 지금 스펜서가(家)의 비극은 컬럼바인 고등학교 학생들과 L. A.의 피로 얼룩진 또다른 학교 밖으로 저벅저벅 걸어나가는 아이들의 이미지와 함께 겹쳐집니다. 이 나라에서 슬픔이 가져다주는 불쾌감을 떠나보내면서, 이러한 상실들이 의식적인 혹은 무의식적인 마음속에 일정한 공간을 차지하는 일이 흔하게 되어버렸다는 것은 놀랄 일이 아니라는 생각이 문득 들었습니다. 우리는 슬픔에 다시 초점을 맞추고, 그것을 없애려고 노력해 왔습니다. 때로 마음이나 영혼이 슬픔으로부터 그럭저럭 벗어나는 듯이 보이기도 합니다. 나라의 슬픔은 개인적이기보다는 상징적입니다. 반면, 가족의 슬픔은 직접적이고 매우 개인적입니다. 우리를 이어주기도 하고 나누기도 하는 것은 바로 이 차이입니다. 다이애나 스펜서와 올해 세상을 떠난 모든 아이들의 죽음은 비극적인 상실입니다. 하지만 흐느꼈던 눈물들, 나누었던 슬픔, 놓여진 꽃들이 그들만을 위한 것은 아닙니다. 우리의 모든 상실 즉 죽음, 결혼, 엇나가는 아이들, 건강, 직업, 꿈, 희망들을 위한 것이지요. 우리 자신만의 슬픔이 지니는 힘―그 슬픔 중 어떤 부분은 많은 세월 우리가 숨기려고 애써 왔던 것이지만―은 우리의 감정에 많은 영향을 줍니다. TV를 통해 지켜보았던 가족들로 인해 마음이 아픈 것과 마찬가지로, 다른 사람들이 "지금쯤은 끝내야"만 한다고 주장하는 자신만의 사랑과 상실 때문에 고통을 받습니다.

아마도 국가가 나서서 비탄과 상실을 다룰 시간과 장소, 의식, 그리고 기회를 만들 필요가 있지 않을까요? 상실이나 슬픔들로부터 도망치거나 혹은 부정하는 대신 오히려 그것들과 더불어 살 수 있도록 말입니다. 만약 우리가 태어난 고향에서 슬픔을 풀 수 있는 추모의식이 매년 열리고, 우리가 직접 땅을 파서 새로운 생명을 심을 수 있는 추모 정원이나 서로 위로하고 상실과 슬픔을 치유할 시설이 있었다면 과연 우리는 어떻게 변했을까요? 슬픔에 관한 사회적인 관습을 바꾸고, 사람들이 슬픔을 잘 다루도록 도울 필요가 있습니다. 이것이 내가 상실들을 겪어내며 그 상실이 주었던 슬픔을 풀어내면서 배워 왔던 방법입니다. 지원 모임을 운영하고, 세미나를 지도하고, 학교의 팀을 가르치고, 책을 씀으로써 나는 상실을 메우면서도 간직할 수 있었고, 그 경험을 다른 사람들과 나눌 수 있는 매우 가치 있는 활동으로 바꾸고 있습니다. 이것들이 올 8월에 내가 꾸고 있는 꿈들입니다. 난 앞으로도 이 일들을 열심히 해나갈 작정입니다.

기고문 3

맨디의 친구들, 슬픔을 헤쳐나가는 법을 배우다

미셸 펠러듀, 저널앤쿠리어지, 1997년 5월

아만다(약칭 맨디) 잭슨이 갑자기 세상을 떠났던 그 주에, 친구들은 그녀에 대한 기억을 생생하게 간직하기 위해 많은 일을 해냈습니다. 배나무를 심고, 그 둘레에 데이지꽃을 심었습니다. 헛간을 새로 칠하며 웃고, 또 흐느꼈습니다.

18세의 그녀는 자신이 몰고 가던 차가 그린부시가*Greenbush Street* 놀포크 서던*Norfolk Southern* 철도 건널목에서 기차와 충돌하면서, 일주일 전 오늘 세상을 떠났습니다. 그때 이후로 해리슨 고등학교 *Harrison High School*를 맨디와 함께 다닌 친구들은 치유의 첫 단계를 시작했습니다. 목요일에 약 50명의 친구들과 부모들이 지속적인 치유과정 돕기 활동을 위해 고등학교에 모였습니다.

"여러분이 슬픔을 마음속에 꽁꽁 묶어 두고 있다면, 그것을 억지로 던져버린다면, 그것이 없는 척한다면, 그 슬픔은 나날이 자라날 것입니다. 살기 위해 필요한 힘보다 슬픔을 던져버리는 데 더 많은 힘이 필요할 것입니다."

샐리 교장선생님의 첫 남편은 스물넷의 젊은 나이에 세상을 떠났습니다. 암이라는 진단을 받은 지 9일만의 일이었죠. 그녀는 치유의 희망을 친구들과 가족에게 나누어주었습니다.

"여러분이 기꺼이 고통과 화합하려 한다면, 그것을 열심히 헤쳐나간다면, 슬픔은 반드시 치유될 수 있을 것입니다."

슬픔의 치유 과정 가운데 일부분은 기억하는 일과 맨디를 기념하는 일을 포함하고 있다고 했습니다. 지난 일주일 동안 몇몇 학생들이 고등학교 근처 한 농부 소유의 헛간 위에다 개인적인 짧은 글을 곁들인 그림들을 그렸습니다.

"우리는 맨디, 너를 사랑하고 기억한다."

샐리 교장선생님은 우리의 행동을 지지하며 칭찬했습니다.

"여러분이 할 수 있는 가장 건전한 활동이 바로 헛간에 했던 그런 활동입니다. 누군가 그 일이 유익한 일인지 질문했습니다. 그렇습니다. 여러분이 기억하기 위해 어떤 일을 할 때마다 여러분은 삶을 다시 조금씩 제자리로 돌려놓고 있는 것입니다."

로리 베이커Laurie Baker와 크리스틴 슈타인Kristen Stein도 뭔가 의미 있는 일을 하기 위해 참석했습니다. 평소 친하게 지냈던 아만다를 떠올리며 친구들과 함께 아만다가 가장 좋아했던 데이지꽃과 배나무를 심었습니다.

"그 나무는 아만다의 방 창문 바로 밖, 집 앞뜰에 있어요. 그 잎들은 가을이면 보랏빛으로 변할 거예요. 아만다는 그 색깔을 무척 좋아했어요. 봄이 오면, 하얀 열매도 맺을 거고요."

샐리 교장선생님은 모인 사람들에게 아만다가 한 번이라도 들어와 존재했던 그 마음속에는 항상 구멍이 있게 될 것이라고 말했습니다.

"우리의 일은 그것을 극복하는 것이 아니라 그것과 더불어 살아가는 법을 배우는 것입니다. 우리의 삶과 함께 앞으로 계속 살아간다는 것은 그녀를 뒤에 남겨둔다는 것을 의미하는 것이 아니지요. 오히려 아만다의 가장 훌륭한 모습을 우리의 삶 속에 반영시킨다는 의미입니다. 기억하고 울고 느끼는 것이 바로 치료입니다."

한 친구는 세상을 떠난 친구를 기억하기 위해 문신을 새기겠다고 말했습니다. 교장선생님은 하트와 데이지꽃 문신이 좋지 않을까 하며 "내 생각일 뿐예요"하고 함박웃음을 지으셨죠.

교장선생님은 세상을 떠난 친구의 가장 훌륭한 자질들을 살아 있는 기념물로 삼아 자신의 삶 속에서 엮으라고 용기를 주셨습니다. 친구들과 함께 세상을 떠난 친구에 대해 우리는 "이해심이 깊은, 재미있는, 정직한, 지적인 친구"라고 큰소리로 외쳤습니다.

"맨디를 기억할 때, 여러분 자신을 바라보세요. 그리고 여러분이 되고 싶은 맨디를 찾아내세요. 그리고 맨디가 되세요. 맨디가 가치를 두었던 품성들을 몸에 익히세요. 맨디의 인간적인 면은 여러분이 본받아야 될 것들입니다."

베이커는 그렇게 될 수 있다면 필요한 것은 무엇이든 하겠다고 다짐했습니다.

"맨디는 제일 좋은 친구였어요. 도움이 될 수 있는 일이면 무슨 일이든 하고 싶고, 그렇게 할 거예요."

B편 : 팀 훈련 활동 용지

첫 번째 팀 훈련 활동 용지

모든 사람들은 상실을 경험한다는 사실을 깨닫기 : 학생, 선생님, 그리고 학교 직원이 경험한 가족 또는 개인의 상실 목록을 만든다(161페이지 참조).

〈보기〉• 죽음

　　　　각각의 유형 : 사고, 병

　　　　각각의 관계들 : 부모, 친구

　　• 이혼

상실 목록

• 죽음

1. _____
2. _____
3. _____
4. _____
5. _____
6. _____
7. _____
8. _____
9. _____

• 이혼

1. _____
2. _____
3. _____
4. _____
5. _____
6. _____
7. _____
8. _____
9. _____

슬픔은 상실에 대한 인간의 자연스런 반응이라는 사실을 인정하기 : 뒤따라오는 상

실들 혹은 상실의 "파급 효과"에 대한 목록을 만든다(165페이지 참조).

〈보기〉 이혼 : 가정 / 집의 상실, 우리가 알아 왔던 가족의 상실 등

상실의 파급 효과에 대한 목록

• 이혼의 파급 효과

1. _____

2. _____

3. _____

4. _____

5. _____

6. _____

7. _____

8. _____

9. _____

10. _____

11. _____

12. _____

13. _____

세 번째 팀 훈련 활동 용지

우리가 겪은 상실들과, 그 상실이 유익한 방식으로 혹은 유익하지 못한 방식으로 우리의 삶에 어떻게 영향을 미치는지 기억하기 : 학생들이 건강한 방식으로 자신들이 겪은 상실들을 기억하도록 돕기 위해 취할 수 있는 행동의 목록을 만든다 (170페이지 참조).

〈보기〉 집필 활동. 예를 들어 기고문이나 편지 등

기억을 위해 할 수 있는 행동 목록

1. _____
2. _____
3. _____
4. _____
5. _____
6. _____
7. _____
8. _____
9. _____
10. _____
11. _____
12. _____

네 번째 팀 훈련 활동 용지

우리 자신에게, 그리고 다른 사람에게 일어나는 상실과 그 영향들을 바라보는 관점에 대해 명확하게 재정의 내리기 : 학생들이 자신들이 겪은 상실들에 대한 반응에서 나타날 수 있는 긍정적인 혹은 부정적인 반응들의 목록을 만든다(183페이지 참조).

〈보기〉

부정적인 반응	긍정적인 반응
불운함	살아남은 사람
벌을 받음	새로운 이해를 하게 됨

다섯 번째 팀 훈련 활동 용지

자신을 파괴하는 대신 사랑과 봉사라는 긍정적인 행동을 통해 상실의 빈자리 채우기 : 개인 혹은 학교의 상실들을 사랑과 봉사라는 행동으로 메우기 위해 학생들과 학교공동체가 변모하도록 실천할 수 있는 아이디어 목록을 만든다(191페이지 참조).

상실의 빈자리를 채울 수 있는 행동 목록

1. _____
2. _____
3. _____
4. _____
5. _____
6. _____
7. _____
8. _____
9. _____
10. _____
11. _____
12. _____
13. _____

여섯 번째 팀 훈련 활동 용지

감정들 : 슬픔에 대한 감정적인 반응들의 목록을 만든다. 일단 목록이 완성되면, 각 반응이 우리 사회 속에서는 어떻게 판단되는지 정리한다. 예를 들어, 어떤 반응들은 긍정적이거나 건강하게 인지되고, 어떤 반응들은 부정적이고 유해한 것으로 보여진다는 등(197페이지 참조).

<u>감정적인 반응들의 목록</u>

1. _____

2. _____

3. _____

4. _____

5. _____

6. _____

7. _____

8. _____

9. _____

10. _____

11. _____

12. _____

13. _____

팀 훈련 활동에 추가할 수 있는 주제들

팀이 훈련을 지속하기를 원한다면, 다음의 몇 가지 주제들을 제안한다.

- · '건강하게 슬퍼하기'에 대한 모형 만들기

- · 건강한 슬픔을 이해하지 못하는 사람들과 이야기 나누기

- · 슬픔에 뒤따라오는 감정들에 대해서 편안해지기

- · 화의 표현법과 부정

- · 죄책감, 후회 그리고 "만약 ……하면 어떻게 될까" 이해하기

- · 2분 회의를 다루는 법

- · 그룹 대 개인 상담하기

- · 할 말과 그렇지 않은 말

- · 방과 후 지원 모임들 조직하기

- · 기리고 기념하는 활동들

학교 내 '그리프 앤 로스 팀' 활동에 대한 예비 연수회

이 연수회의 목적은 학교에서 겪는 슬픔에 대한 안내 역할이다. 우리가 제안하는 이 활동에 대해 학생과 학부모, 지역 주민들이 함께 모여 서로 의견을 교환하는 것은 매우 중요하다. 의견 교환 과정에서 그들의 지지를 얻고, 학생들을 대상으로 제공할 자료들을 미리 알린다. 안내문을 읽는 동안 등록용지가 돌려지고, 그 결과 참석한 사람들을 파악한다. (안내문은 큰 소리로 읽어야 하며, 연수회 참석자들의 작은 소모임 단위로 유포되거나 읽혀질 수 있다. 일단 안내문이 다 읽혀지면, 질문이나 토론을 위한 약간의 시간―약 5분 정도―이 허락된다.) 이 연수회에 할당된 시간은 총 50분 정도다.

안내문(개관)

위기관리팀은 학교 안에서 일어난 정신적인 충격을 다루는 일에 숙련되어 있습니다. 이 전문 상담가들과 팀이 하고 있는 감정적인 측면과 심리적인 측면의 중재는 무척 중요하지만, 위기나 정신적인 충격이 발생한 처음 며칠 혹은 몇 주 안에는 심도 깊은 치유는 하지 않습니다. 이런 접근방법이야말로 자연스러울 것입니다. 비극이 남긴 흔적은, 특히 어린아이의 삶에 남겨진 상처는, 장례식이 끝나고 질서가 회복된 후에도 오랫동안 남아 있습니다. 그때가 애도활동과 치유를 시작하는 때입니다. 아이들은 앞으로 몇 년 동안, 몇몇은 평생 동안, 상실의 영향을 지속적으로 경험하게 될 것입니다. 그렇지만 "시간을 초월한 슬픔에 대해 도움 주기"란 주제는 "죽음과 위기 다루기"와 "죽음과 위기의 즉각적인 여파"란 주제만큼의 관심을 얻지 못하고 있는 실정입니다. 학생들의 삶 속에서 시간을 초월해 슬픔을 풀려는 활동이 오늘 우리가 토의할 내용입니다.

이 애도활동을 위해서, 훈련을 받고, 학생들이 필요로 할 때 기꺼이 시간을 내어주고 싶은 사람들로 구성된 팀을 만들 것을 제안합니다. 그들은 서로 모여 일주일 후, 4개월 후, 혹은 몇 년 후에도 학교의 가족인 아이들에게 도움을 줄 수 있는 중재방법들을 발전시켜 나갈 것입니다. 삶을 바꾸어놓은 어떤 상실들은 살아가는 내내 학생들에게 영향을 끼칠 것입니다. 하지만 이것이 이들이 침묵 속에서 고통스러워 하고, 움츠러든 존재로 살 운명이라는 의미는 아닙니다. 우리는 이 같은 이해를 우리가 살고 있는 공동체 안에 확산시킬 것입니다. 애도활동은 희망을 다룹니다. 이 활동의 목표는 우리가 슬픔이라고 알고 있는, 강력하고 열정으로 가득 찬 경험들을 다루는 길을 찾는 것입니다. 그리고 팀원들은 학생들을 돕기 위해 계속 노력을 기울일 것입니다.

- 억누르든, 폭발적인 흥분으로 표현을 하든, 젊은 사람들이 자신의 감정을 무의식적으로 행동화하는 모습들을 이해하도록 합니다.
- 상실의 결과로 생겨난 변화들을 인정하도록 합니다.
- 이러한 변화들이 주는 영향들을 시인하고 그것들을 다루는 법을 배우도록 합니다.
- 자기 자신과 다른 사람들이 슬픔을 잘 헤쳐나가도록 도움을 줄 건강한 방법들을 찾아보도록 합니다.

훈련과 중재, 그리고 '그리프 앤 로스 팀'의 활동을 계속해나가는 목적은, 일시적으로 구성된 상담가들이 본업으로 돌아간 이후에도 학생들의 회복과 치유를 돕는 것입니다. 그렇다고 학교 상담선생님을 대체하는 프로그램은 아니며, 슬픔을 치료하는 프로그램은 더더욱 아닙니다. 죽음에 대해 가르치는 교과과정도 아니며, 학교에서 폭력 혹은 위기를 막는 법에 대한 것도 아닙니다. 하지만 상실을 겪은 아이들도 희망을 가져야 합니다. 상실과 더불어 살면서 슬픔을 헤쳐나가려 노력하고, 학교 가족들에게 일어난 비극의 영향들 중에서 일부라도 감소시킬 수 있다는 희망입니다. 이런 희망을 가질 수 있는 길을 찾도록 도울 수 있다는 믿음을 이 철학은 그 안에 본래부터 가지고 있는 것입니다.

훈련의 예 :

활동 1— 일생 동안 우리가 경험한 모든 상실들에 대한 목록을 작성한다.
소모임이 이 목록을 브레인스토밍 할 때 칠판에 적을 사람을 지정한다.
토론 없이 모든 이야기를 받아들인다.

활동 2— '활동 1'의 목록을 이용, 오늘 학생들이 경험한, 흔히 알고 있는
일반적인 상실 세 가지에 밑줄을 긋는다. 그 중 하나를 선택해서 그 상실
에 뒤따라오는 상실들과 그 여파로 일어나는 변화 목록을 만든다.

활동 3— 상실에 대한 가능한 모든 반응 목록을 작성한다. 다시, 한 사람
을 뽑아 칠판에 쓰게 하되 일체의 논평과 토론을 금한다.

활동 4— 책과 비디오, 단체들, 지원 모임 등 슬픔을 회복할 수 있는 활동
에 도움이 될 수 있는, 지역사회나 인근 다른 지역에서 이용할 수 있는 자
료 목록을 작성한다.

활동 5— 위의 활동으로부터 배운 내용들을 토론한다. 이제 팀이 무엇을
하려는지 알게 되었다. 덧붙여, 학생들을 돕기 위한 방법과 중재들을 배
우려 할 것이고, 나아가 지원 모임을 시작하려고 할 것이다.

끝으로 다시 등록용지를 돌리고 새로운 팀이 활동을 시작할 때 함께 참
여하고 싶다면 자신의 이름에 체크를 하도록 한다. 나중에 참여하려 한
다면 그렇게 할 수도 있다. 그렇게 할 수 없다 하더라도, 선의의 사절이
되어 다른 사람들에게 이 활동을 입에서 입으로 전해주면 된다.

공개 모임의 협의 사항

—슬픔은 시시때때로 일어난다, 하지만 항상 일어나지는 않는다.

제퍼슨 고등학교 강당 / 2000년 11월 18일 오후 7시

주제 : '그리프 앤 로스 팀' 발표

환영인사와 소개 : 팀 리더, 교육계 인사들, 교장과 팀 회원들

목적 : 우리 '그리프 앤 로스 팀'은 그 존재와 활동에 대해 널리 알리고 싶습니다. 상실과 정신적인 충격에 뒤이은 몇 주, 몇 달, 몇 년 동안 학생들이 슬픔을 풀도록 돕는 길을 찾기 위해 우리는 지난 8월 함께 훈련을 시작했습니다. 이 활동은 위기가 발생한 후 처음 며칠 동안에 위기관리팀이 일을 마치고 나면 시작됩니다. 우리는 삶을 바꾸어놓은 상실로 인해 괴로워하는 학생들이 장례식이 끝나고 나서도 "그것을 극복하지" 못할 것이라는 사실을 이해하고 있습니다. 슬픔이 시간과 상관없이 찾아올 때, 학생들에게 도움을 줄 수 있는 시간을 내고 싶습니다.

발표 : 팀원들

팀의 다른 회원들이 우리가 하고 있는 활동들을 설명할 것입니다. 우리가 받은 훈련과 우리가 계획한 중재 방법들에 대해 말할 것입니다.

질의 응답 : 팀 리더

여러분의 지지를 간절히 바라고 있으며, 또 필요로 하고 있습니다. 어떤 질문이든 하세요. 어떤 제안이든 함께 나누세요.

뉴저지주 월드윅의 선생님들과 학부모들에게 보낸 정보들

다음의 편지와 정보는 교장이었던 캐롤라인 스몰*Carolyn Small*이 죽었을 때 뉴저지주 월드윅 교육계의 선생님들과 학부모들에게 보낸 것들이다. 이 정보의 템플릿은 루이즈 앨드리치가 쓴 『갑작스런 죽음: 학교의 위기』에서 뽑았고, 사용허가를 받았다.

친애하는 학부모님들,

최근 트라파겐 학교 캐롤라인 스몰 교장선생님의 갑작스런 죽음으로 인해 교육계에 몸담고 있는 우리들은 슬픔에 잠겨 있습니다. 같은 교육자로서 스몰 교장선생님의 가족과 친구들에게 조의를 표합니다.

이따금 다른 사람의 죽음에 대해 듣게 되면 우리 자신의 죽음에 대해서도 생각하게 됩니다. 어른들과 마찬가지로 아이들도 자신들의 죽음에 대해 상상을 합니다. 많은 감정과 느낌들이 나타나는데, 이러한 느낌은 이미 죽은 사람, 과거에 죽은 또 다른 사람, 임박한 죽음, 혹은 일반적인 죽음에 대한 걱정에 초점이 맞추어질 수 있습니다.

질문을 받으면, 마음을 열고 정직하게 답변해주시면 감사하겠습니다. 아무리 어른들일지라도 죽음에 대해 모든 해답을 가지고 있지 못하다는 사실을 아이들도 알 수 있게 하면서, 또 가르치는 아이들에게 조심스럽게 귀를 기울이십시오.

아이의 느낌을 그대로 받아들이고, 그 느낌을 확인하는 일은 매우 유익합니다. 앞으로 다가올 몇 주, 몇 달 동안 혼란스런 느낌들이 주기적으로 표면으로 떠오를지 모릅니다. 어른들과 함께 그 느낌에 대해 의논하는 것 역시 도움이 됩니다. 학교의 상담선생님과 지역사회에서 봉사하는 정신건강 전문가들은 학생들이 이야기를 나누고 싶어 다가간다면, 오늘이라도 하루종일 시간을 내실 겁니다. 상담선생님들은 목요일에 학교에 다시 오십니다. 인근 모든 학교는 스몰 선생님의 장례식이 열리는 수요일에 문을 닫습니다.

학교의 입장에서, 우리의 초점은 살아 있는 사람들입니다. 어른으로서 이 죽음에 대해 아이들이 느낄 수 있는 감정들을 힘들이지 않고 느낄 수 있도록 도울 것입니다. 샐리 교장선생님이 트라파겐 고등학교에서 일하고 계십니다. 용무가 있다면, 사양하지 마시고 전화를 걸어주세요.

캐롤라인 스몰 교장선생님을 위한 장례식이 10월 12일 화요일 오후 2~4시와 오후 7~9시 밴더 플래트 장례회관에서 열릴 예정입니다. 장례식 미사는 세인트엘리자베스 교회에서 수요일 10시에 거행될 예정입니다. 가족들은 꽃 대신에 기증물을 트라파겐 학교에 보내달라고 요청하고 있습니다. 감사합니다.

1999년 10월 12일 교육감 드림

스몰 교장선생님에 관한 정보

＊선생님들을 위한 소식

캐롤라인의 친구 데니스 폰테Denise Ponte에 의하면, 토요일 캐롤라인은 결혼식에 갔다고 합니다. 그 후에, 그녀는 287번 도로와 23번 도로가 만나는 지점에서 북쪽을 향하는 도로로 밴을 몰고 있었습니다. 그 교차점 부근에서 캐롤라인은 오른쪽 차선에서 교통사고를 목격, 그 사고를 피하려고 왼쪽으로 차선을 바꾸었습니다. 그러나 사고 현장에서 차 한 대가 287번 도로를 가로질러 맞은편에서 쏜살같이 달려나왔습니다. 밴은 세 번을 굴렀습니다. 그리고 캐롤라인은 즉사했습니다.

＊학생들을 위한 소식

여러분에게 알릴 소식이 있습니다. 여러분들 중 몇몇은 이미 들었을 겁니다. 지난 토요일 밤에 스몰 교장선생님께서 교통사고로 돌아가셨습니다. 지금은 스몰 교장선생님을 알았던 우리 모두에게 무척 마음 아픈 시간입니다.

아마도 여러분 중 몇 사람은 이 문제에 대해 가족들과 의논할 기회를 가졌을 겁니다. (이 부분에서 주말에 스몰 교장선생님이 돌아가셨다는 소식을 들은 사람은 누구인지, 들은 내용은 무엇인지 등등을 질문합니다. 들은 내용이 무엇인지 서로 나누면서, 이상한 소문은 쫓아버리고, 아이들에게 질문할 기회를 줍니다.) 마음 아픔과 혼란, 혹은 두려움을 느낄지도 모릅니다. 한편으로는 평소와 별다를 바가 없다고 느낄지도 모르지요. 한참 시간이 흘러서야 슬픔을 느낄 수도 있어요. 느낌을 나눌 필요가 있다고 생각한다면, 오늘 도서관에서 도움을 주고자 하는 사람들을 만날 수 있습니다.

(이제 아이들에게 스몰 선생님의 가족들에게 보낼 카드를 만들고, 스몰 선생님에 대한 시를 쓰거나 그림을 그릴 기회를 줍니다.)

학생들의 슬픔을 누그러뜨리기 위해 학교 직원에게 보내는 제안

• 죽음을 인정하세요. 삶이 바뀌지 않는 척하지는 마세요.

• 아이들에게 진실을 말하세요.

• 슬픔의 역할 모델이 되세요.

• 슬픔에 빠져 있을 때는 무엇이 정상인지 의견을 교환하세요.

• 다른 사람의 느낌을 그대로 받아들이고, 누구나 슬퍼하는 자신만의 방법과 시간을 가지고 있다고 다른 사람들에게 알게 하세요.

• 어떤 것이든 추측하지 말고 일방적인 판단을 배제한 태도로 지원하세요.

• 학생이나 교직원들의 사생활을 침범하지 말고 가르치세요.

• 동료들이나 가족들과 함께 죽음에 대해, 죽은 사람들/죽음들이 개인적으로 어떻게 영향을 미쳤는지 스스로 토론하게 하세요.

후속 편지

친애하는 트라파겐 학교 직원 여러분께,

지난 며칠 여러분이 특히 힘들었다는 것을 압니다. 학생들의 요구사항들도 들어주어야 하고, 여러분 자신의 슬픔과 상실도 다루어야 하는 것은 선생님으로서의 역할을 능가하는 투철한 직업정신과 연민의 정을 필요로 합니다.

이 비극적인 죽음에 대해 여러분이 행했던 모든 일들에 대해 진심에서 우러나는 감사의 마음을 전합니다. 고(故) 캐롤라인 교장선생님께서도 여러분의 노력들을 자랑스러워하셨을 것이라고 확신합니다.

노고에 감사드리며,

1999년 10월 14일 교육감 드림

친애하는 위기관리팀 여러분께,

지난 며칠간 여러분이 기울이신 노력에 대해 깊은 감사를 드립니다. 갑작스런 캐롤라인 교장선생님의 죽음은 많은 학생들에게 대이변과 같은 충격을 던져준 사건이었습니다. 여러분의 친절, 연민의 정, 그리고 지도력은 충격과 슬픔으로 가득 찬 어려운 시기를 용케 헤쳐나갈 수 있도록 전 지역사회를 도와주었습니다.

교육계를 대신해서 여러분의 노고에 감사드립니다. 여러분이 행했던 모든 일들에 대해 고(故) 캐롤라인 교장선생님이 기뻐하고 자랑스러워하셨을 겁니다.

노고에 감사드리며,

1999년 10월 14일 교육감 드림

관련 서적

미취학 어린이~초등학교 저학년

- 공룡이 죽을 때: 죽음을 이해하는 지침서 *When Dinosaurs Die: A Guide to Understanding Death (Dinos Die)* | 마크 브라운*Marc Brown*

- 나뭇잎 프레디 *The Fall of Freddie the Leaf* | 레오 버스캐글리아*Leo, Phd Buscaglia* | 청목사 | 1988년 01월

- 트레버를 위한 풍선: 죽음의 이해 *Balloons for Trevor: Understanding Death* | 앤 굿 케이브*Anne Good Cave*

- 용 같은 건 없어 *There's No Such Thing As a Dragon* | 잭 켄트*Jack Kent* | 교학사 | 2004년 02월

- 슬플 때도 있는 거야(마음과생각이크는책 2) *Sad Isn't Bad: A Good-Grief Guidebook for Kids Dealing With Loss (Elf-*

Help Books for Kids) | 미셸린느 먼디*Michaelene Mundy* |
비룡소 | 2003년 11월

- 안녕이라고 말하게 도와주세요: 특별한 사람이 세상을 떠
  났을 때 아이가 헤쳐나갈 수 있도록 돕는 활동들*Help Me
  Say Goodbye: Activities for Helping Kids Cope When a Special Person
  Dies* | 재니스 실버맨*Janis Silverman*

- 오소리 아저씨의 소중한 선물*Badger's Parting Gifts* |
  수잔 발레이*Susan Varley* | 지경사 | 1998년 07월

- 바니가 우리에게 해 준 열 가지 좋은 일*The 10th Good
  Thing About Barney* | 주디스 바이어스트*Judith Viorst* | 파
  랑새어린이(파랑새) | 2003년 03월

- 애완동물의 죽음에 관해 얘기해봅시다*Let's Talk About When Your Pet
  Dies (The Let's Talk Library)* | 마리안 존스턴*Marianne Johnston*

- 아빠의 약속*Daddy's Promise* | 신디 클레인 코헨*Cindy Klein Cohen* 외

- 부모님의 죽음에 관해 얘기해봅시다*Let's Talk About When a Parent Dies
  (The Let's Talk Library)* | 엘리자베스 와이츠먼*Elizabeth Weitzman*

- 가장 슬픈 시간*The Saddest Time (An Albert Whitman Prairie Book)* | 노
  마 사이먼*Norma Simon*

<u>초등학교 고학년</u>

- 끔찍한 일이 일어났을 때: 어린이는 슬픔에 대처하는 방법을 배울 수 있다
  *When Something Terrible Happens: Children Can Learn to Cope with
  Grief* | 마지 히가드*Marge Heegaard*

- "나 손을 잡고 싶어요": 슬픔과 상실에 대한 어린이용 가이드*"I Wish I*

Could Hold Your Hand" : A Child's Guide to Grief and Loss | 팻 팔머*Pat Palmer*

• 착한 사람이 가는 곳, 하늘나라*What's Heaven?* | 마리아 슈라이버*Maria Shriver* | 파랑새어린이(파랑새) | 2003년 04월

청소년

• 친구가 세상을 떠났을 때: 10대를 위한 슬픔과 치유의 책*When a Friend Dies: A Book for Teens About Grieving & Healing (Teen-Focused Coping Skills)* | 마릴린 굿맨*Marilyn E. Gootman*

• 10대를 위한 죽음에 관한 솔직한 대화: 사랑하는 이를 잃었을 때의 대처법 *Straight Talk About Death for Teenagers: How to Cope With Losing Someone You Love* | 얼 그롤먼*Earl A. Grollman*

• 10대들이 슬픔에서 헤어나도록 돕는 법*Helping Teens Work Through Grief* | 메리 켈리 퍼시*Mary Kelly Perschy*

관련 웹사이트

• Rainbows

교과과정을 통해 죽음, 이혼, 그밖의 가족의 변화에 직면한 어린이들, 10대들, 그리고 어른들의 감정적인 치유를 위한 다리를 놓는다는 취지로 마련된 미국 내 조직. http://www.rainbow.org/

• Compassionate Friends

아이들을 잃은 부모들을 지원하기 위래 조직된 미국의 국내 단체. http://www.compassionatefriends.org/

- 한국청소년상담원

  문화관광부 산하 기관으로 국내·외에서 전문적인 상담훈련과 교육을 받은 전문가들이 전문적인 상담 서비스를 제공하는 청소년 상담 기관. 지역별·문제별 자세한 상담을 받을 수 있도록 각종 기관 안내와 링크도 충실히 되어 있다. http://www.kyci.or.kr/

- 학교 가기 싫어!

  학교는 희망을 가꿔가는 교육공동체여야 한다는 취지 아래 부모, 교사, 학생들이 함께 대화를 나눔으로써 근본적인 해결책을 찾으려 노력하는 곳이다. 학교에서 벌어지는 다양한 일에 관해 고민을 털어놓거나 상담을 받을 수 있다. http://cafe.daum.net/smillingschool

- 소아 청소년 정신건강 클리닉

  의학박사인 최영 정신과 / 학습증진센터 원장이 운영하는 홈으로 소아 및 청소년의 정신건강과 관련 다양한 상담을 받을 수 있다. http://소아청소년.kr/

D편 : 추가 정보

감정의 반응들에 대한 정의

화 | 무서움, 상처, 위협, 위해 그리고 상실에 대한 강력한 반응. 내부에 웅크렸던 단단한 상처가 솟구치면서 동시에 풀리는 것과 유사하다. 가장 일반적인 표현 두 가지는 자기 자신에게로 되돌아가는, 화를 안으로 향하도록 하는 억압과 다른 사람들에게 향하는, 밖으로 토해내는 배제가 있다.

어느 누구라도 죽은 사람에게 화를 내는 것을 상상하기는 매우 어려운 일이다. 화와 같은 감정적인 반응은 극히 정상적이고 일반적으로 경험된다. 하지만 죽은 사람에게 화를 내는 모습은 상상조차 할 수 없기 때문에, 억제하고 억압하는 경향이 있다. 자포자기와 그에 뒤따라오는 무기력한 상태에서 화는 우리가 인정하고 맞서기엔 무척 위험하다.

좌절 | 기대에 어긋나거나 부정적인 환경을 바꿀 수 없다는 무기력함이 되풀이될 때 나타나는 감정이다. 화처럼 밖으로 분출되며, 비슷하게 억압되거나 표현된다.

두려움 | 상처 혹은 파멸에 대한 예감.

후회 | 과거 어떤 일을 하지 않았기를 혹은 했기를 간절히 바라는 것.

그리움 | 거부당했거나 잃어버렸던 어떤 것 때문에 지속되는 아픔.

죄책감 | 책임감을 느끼거나 우리 자신이 그렇게 하지 않았더라면 하고 바라는 말이나 행동.

외로움 | 주위에 다른 사람과 함께 있음에도, 혼자라는 의식이 강한 상태.

상처 | 마음 혹은 정신, 몸, 영혼의 고통.

분노 | 자신을 거부한 행동을 했던 다른 사람들을 향한 부정적인 감정. 오랫동안 간직하고 있었던 화.

실망 | 포기하거나 그만두고 싶다는 충동. 용기의 상실.

자기연민 | 스스로에 대해 느끼는 미안함. 자신을 파멸시키려는 생각들이 넋두리, 투덜거림, 침울함, 그리고 다른 기면상태의 행동 속에서 표현된다.

비애 | "우발적인 사건"에 좌우된다. 행복의 반대로, 부정적인 "사건"과 연관되어 있는 정상적인 감정.

배신 | 사건들이나 사람들이 우리에 맞설 때. 사랑 혹은 존재, 지지를 거두어들이는 것.

불안 | 무엇인가 잘못되었거나 잘못될 것이라고 마음속에 퍼져 가는, 자신을 괴롭히는 감각.

걱정 | 현재의 문제들과 그 문제들로 인해 야기되는 잠재적인 상처들, 실패들, 임박한 병에 대해 반복적으로 생각하는 것.

혼란 | 제 역할을 하지 못하게 막는 불안과 걱정이 발작처럼 일어나는 상태.

절망 | 계속 일을 해나가고, 노력하고, 느끼고, 관심을 갖고 살아가려는 욕구가 부재한 상태.

안심 | 압박하는 부정적인 감정들, 책임, 의무가 덜어진 상태

당황 | 명확하게 생각하거나 이성적으로 행동할 수 없는 상태.

자아몰입 | 다른 사람들이나 그들의 요구 혹은 주위환경에 초점을 둘 수 없는 상태. 모든 생각이나 행동이 자기를 향해 있다.

파괴적인 사고방식 | 희망 혹은 긍정적인 예상의 부재. 이따금 스스로 그렇게 되리라고 예상을 하지만 부정적이다.

파괴적인 행동 | 의식적인 혹은 무의식적인 충돌들을 통한, 파괴적인 경향들이 행동으로 나타나는 것.

슬픔에 있어 감정의 역할에 대한 이해

인간의 경험은 여러 생각과 감정들의 복잡한 상호작용이다. 우리가 하는 사고의 저변에는 생각과 감정 둘 중 어느 것이 더 근본적인 것일 까라는 질문이 깔려 있다. 생각이 감정을 지배하는 걸까 아니면 감정 이 생각을 지배하는 걸까? 물론 그 대답은 둘 다이다. 대부분 우리들 은 머릿속에 있는 생각이 근본적인 힘을 갖기를 기대한다. 우리가 하 는 생각이 우리가 느끼는 방법을 지배하기를 원하는 것이다. 사실이 이와 같다면 우리는 우리가 행복하고 평화롭고 생산적이고 낙관적이 고 건설적으로 느끼도록 항상 요구할 수 있는 셈이다. 실제로 대부분 우리들은 감정이 의지에 복종하기를 바라며 또 그렇게 하려고 노력한 다. 물론 경직되는 것은 위험하다. 생각이라는 무쇠주먹 아래 우리의 느낌이나 감정에 꼭 맞는 뚜껑을 닫아두는 것, 이렇게 감정을 숨막히 게 하는 것 또한 위험하다. 건강하지 못한 행동이다.

반대로 감정이 넘쳐나도록 스스로를 그냥 놔두고, 생각이 감정에 의해 지배되도록 감정을 제어하지 않는 것도 똑같이 건강하지 못하다. 자제되지 않는 감정에 좌우된다면 생활도 평화롭지 못하며, 사회적 역할도 성공적으로 수행할 수 없다. 감정이 표현되는 것이 건강하기는 하지만, 감정에 지배당하는 것은 오히려 해로울 수 있다. 감정이 솔직하게 표현되는 것은 중요하다. 그 감정들이 생각이나 아이디어들을 특징짓게 된다.

대부분 우리들은 감정과 생각 사이에 균형을 잡아가면서 어려움을 극복하고 제 역할을 다하려고 노력한다. 그리고 대부분 잘 해나가고 있다. 하지만 정신적인 충격, 상실 혹은 어떤 혼란스러운 경험이 우리의 삶에 끼여들면서 감정과 생각 사이의 아슬아슬한 균형은 무너지고, 마음은 어지러워진다. 생각은 더 이상 감정을 제어할 수 없고 감정은 더 이상 생각을 감독할 수 없게 된다. 감정과 생각 사이에서 균형을 얻으려고 노력을 기울여 왔건만, 슬픔과 상실의 경험은 그 균형을 잃게 되는 바로 그 시간이자 장소가 되어버린다. 갑자기 짐을 가득실은 외바퀴 손수레처럼 이쪽에서 저쪽으로 기우뚱거리는 자신을 발견한다. 균형을 되찾고자 노력하면서 올바르게 생각하고 느끼기 위해 온갖 방법들을 시도하게 된다. 한순간 생각이 감정을 막아내다가도, 그 다음 순간 압도하는 슬픔 혹은 화처럼 폭발하는 감정의 조수에 일순간 명쾌한 듯 보였던 생각이 압도당하기도 한다.

상실로 인해 괴로울 때, 변함없는 평정을 결코 유지할 수는 없다는 사실을 인정하는 것이 중요하다. 삶을 바꾸어놓은 상실이 가져오는 결과들 중 하나는 우리가 다시는 상실을 겪기 전과 똑같은 상태로 돌아갈 수 없다는 것이다. 상실에 관해서도 이전과 똑같은 방법으로는 결코 생각할 수 없다. 옛 것을 다시 세울 수 없기 때문에 새롭게 마음의 평정을 이룰 필요가 있다. 하지만 이런 새로운 생각과 새로운 감정에 이름을 붙이고, 이를 인정하기까지는 시간이 걸린다.

　감정은 희박한 공기로부터 나오는 것이 아니다. 그것은 어떤 자극이 주어졌을 때 기쁨 혹은 놀람, 충격 혹은 슬픔, 공포 혹은 동경의 감정으로 반응하는 것이다. 흥미롭게도 똑같은 감정일지라도 시간이 흐르면서 달라진다. 그 자극이 무엇인지 늘 알아차릴 수는 없다. 자극은 냄새나 날씨, 1년 중 어느 한때일 수도 있다. 갑작스런 죽음이나 정신적인 상처가 존재할 때, 충격은 감정을 완벽하게 죽이거나 무디게 할 수 있다. 이런 생물학적인 파동의 보호자, 서지 프로텍터*surge-protector*는 감정적인 평정을 다시 얻을 때까지 큰 도움이 된다.

　시간이 흐름에 따라 슬픔, 아픔, 동경의 감정들이 천천히 살아나고, 생활해나가면서 그런 감정들에 순응하는 과정이 시작된다. 사람마다 이 과정이 어떻게 일어나는지는 천차만별이다. 슬픔에 대한 반응도 같은 사람이라도 순간과 시간에 따라 서로 다르다.

　감정들은 속성상 심리적이면서도 육체적이기 때문에, 고통스러웠거나 아팠던 시간들을 언어로 표현할 수 있다. 성장과 호르몬의 변화 한가운데에 서 있는 10대들을 생각해보면, 보다 심한 변덕을 부리며 보다 더 예측하기 힘들도록 자신들의 감정을 격렬하게 경험할 가능성이 크다. 10대들은 시시각각으로 변하는 경향이 있다. 보다 어렸다면, 혹 보다 나이 들거나 보다 성숙했다면 좀 덜했을 것이다. 어떤 아이들은 몹시 의기소침해하고, 어떤 아이들은 화를 내며, 어떤 아이들은 흥분한다. 그런데 그 이유를 정확히 알지 못한다. 가장 힘들어 하는 요소는 아마도 수시로 변하는 빈도와 강도일 것이다. 반대로 어린아이들은 자신들의 감정을 솔직히 표현하지 못한다. 그래서 때때로 그들을 오해하기도 한다.

어린이나 청소년들이 후회 혹은 죄책감과 같은 불편함을 안겨주는 감정에 의해 정복당할 때, 일반적으로 왜 '화'라는 반응을 보이는지 그 이유가 몹시 궁금하다. 하나의 감정이 또다른 감정을 꾸며내는 걸까? 슬프거나 무섭다고 느끼기 시작하면 보다 상처받기 쉬운 감정들을 숨기기 위해 화를 이용하는 걸까? 화를 냄으로써 자신이 좀더 강한 존재라고 느끼게 만드는 걸까? 죽음을 둘러싸고 있는 감정들은 우리 자신의 죽음에 대한 근본적인 두려움에 직면케 한다. 나뿐만 아니라 아빠 혹은 엄마에게도 일어날 수 있을지 모른다고. 그러면 그땐 나는 무엇을 할 수 있을까 하고.

어린이들을 상담하면서 겪은 또 다른 흥미로운 경험은, "내가 이 일을 일으켰어" 혹은 "내가 그 일을 하지 않았다면, 이번 일은 일어나지 않았을 텐데"와 같은 공상을 한다는 것이다. "제 어린 동생 마이클이 하늘나라에 있어요. 스몰 교장선생님, 제 동생에게 글 읽는 법을 가르쳐주세요"라고 나뭇잎에 쓴 어린 소년을 기억해보자. 그것은 스몰 선생님에게 무슨 일이 일어날 것인지, 하늘나라는 어디에 있고 어떤 모습일지에 대한 아이의 공상의 표현이다. 미술치료가 유익한 점은 바로 이런 점 때문이다. 경험이 풍부한 치료사와 함께 공상 혹은 무서움을 그려냄으로써 아이들은 현실을 이해하고, 새로운 현실이 가져온 변화들을 극복할 방법들을 깨닫는다.

학교와 부모들은, 어린이와 10대들이 감정을 속일 수 있고, 다른 보다 깊은 감정들도 위장할 수 있다는 사실을 알아야 한다. 이것은 무척 중요한 문제이다. 아이들의 감정을 풀어낼 때, 사랑으로 보살피는 부모 또는 선생님이 몇 개의 길을 제시해 보일 수는 있을지라도, 모든 감정을 이해할 수 있는 기술을 가질 수는 없다. 학생들에게서 볼 수 있는 표면화된 감정들은, 자신을 돌보는 사람들도 죽을 수 있다는 두려움, 그들 자신에게도 이런 일이 일어날 수 있다는 두려움, 자신의 감정이 자신들을 어디로 이끌지 모른다는 두려움 등이 예측 가능한 감정의 외피를 쓰고 표현되리라는 것이 아마도 제일 무난한 추정일 것이다. 이것은 또한 부모들과 선생님들에게 무엇을 할지에 대한 하나의 단서가 되기도 한다.

화에 대한 이해

—『슬퍼하며 춤추며』에서

화는 슬픔에 빠져 있는 사람들에게 슬픔을 일으키는 제1의 감정이다. 보통 화는 나쁘며, 좋은 사람들 특히 교회에 다니는 사람들은 화를 내지 않는다고 생각한다. 유아기 때 받은 교육에 대해 이의를 제기한다면, 바로 화에 대해서이다.

우선, 내가 배웠던 교회의 메시지는 성서에 부합하지 않았다. 성경은 "화를 내지 말라"고 말하지 않는다. 오히려, "태양이 당신의 화 위로 떨어지지 않게 하라" "화를 내되 천천히" "화를 내시오. 하지만 죄는 안 됩니다"라고 말한다. 오늘날에는 정신건강을 위한 건전한 지침들이 마련되어 있다. 태양이 당신의 화 위로 떨어지지 않게 하라는 것은 잠을 잘 수 있도록 문제를 잘 해결하라는 의미이다. 화를 천천히 내라는 것은, 당신이 욱하는 유형이라 화를 조종할 필요가 있다면 도움이 될 것이다. 그리고 화가 나 있는 동안 죄를 짓지 말라는 것도 한창 화가 나 있을 때에는 자기 자신에게 혹은 다른 사람에게 상처를 줄 어떤 행동도 하지 말라는 것이라고 해석된다. 여기서 중요한 메시지는 "화를 내지 마시오"라는 말은 어디에도 없다는 것이다.

닐 워렌*Neil Warren* 박사는 내가 화에 대해 이해할 수 있게끔 도움을 줬다. 저서 『당신의 동지를 성나게 하라*Make Anger Your Ally*』에서 그는 화란 우리가 협박을 받고 있거나 좌절감을 맛보았을 때, 거부당하거나 상처를 입었을 때―이 모든 것은 상실로 괴로워할 때 경험하는 것들이다―나타나는 대기 혹은 신체적인 준비 상태라고 설명한다. "사람들은 모두 삶 속의 짜증스러운 사건들에 아랑곳없이 몸이 자동적으로 행동을 준비하고 있기 때문에 화를 낸다. 화는 당신 안에 똬리를 틀고 있는 용수철이다. 즉, 인생의 어렵고 위협적인 부분들을 관리할 능력을 주는 복잡하게 고안된 내재적 과정이다." 화는 우리의 자연스런 방어체계의 내적인 부분이며, 무언가 당신의 얼굴 앞에서 위협하고 있을 때, 눈을 감고 얼굴을 돌리는 것과 크게 다르지 않다. 어느 누구도 화를 낸다고 나쁜 사람이라 평가하지 않는다. 하지만 누군가 당신에게 도움을 요청할 때, 혹은 "사랑해"라고 말할 때 그와 똑같은 행동을 한다면, 파괴적인 결과를 낳을 것이다. 화를 해롭게 이용하면, 화의 실재도 그와 똑같게 된다. 여기서 중대한 변수는 외부의 위협에 대해 몸이 대비하는 이 필수적인 상태인 화에 대해 우리가 무엇을 할 수 있느냐는 것이다. 가는 길에 있는 것이 무엇이든 파괴하면서, 다른 사람들에게 폭언과 폭행을 퍼붓기 위해 그것을 이용해야 할까? 아니면 화가 존재한다는 사실을 부정한 채, 자기 자신을 적대시하며 내부로 향하게 해야 할까? 내부로 향하게 된, 거부되고 억압된 화는 점점 더 약해지는 건강, 신체적인 상처, 의기소침, 때때로 자살로 이르게 되는 결과를 낳을 수 있다. 밖으로 향하는 표출만큼이나 파괴적이 될 수 있는 것이다. 후자의 반응은 여성의 경우에 보다 일반적이고, 슬픔이 진행되는 과정 내내 강하게 현존한다. 내가 운영하고 있는 지원 모임들 가운데 한 그룹에 참여하고 있는 남편이 비극적으로 죽은 한 여성은, 내부의 화를 다른 이름들로 표출하도록 우리가 도울 때까지 자신은 절대 화가 나지 않는다고 매주마다 강하게 주장했다. 하지만 그녀는 차츰 자신의 좌절, 혼란, 두려움 그리고 앙갚음하고 싶은 욕구들을 입밖에 내기 시작했다. 이 모임에 대해 완벽하게 이해하고 안심해도 된다는 확신이 들자, 자신의 느낌을 막힘없이 자유롭게 표현했다. 이때 이 자연스러운 내적 반응을 이해할 수 있는 능력이 새로 생겨났다. 어느 날 저녁, 온화하고, 부드러운 말투의 세련되고 신앙심이 깊은 이 여성은, 손을 맞잡고 함께 걸어가고 있는 부부를 보았다. 무언가 속에서 부글부글 끓는 게 일어났는데, 바로 그것은 그들을 죽이고 싶은 마음이었다고 비밀스럽게 털어놓았다. 이것은 화에 대한 꽤 적절한 묘사일 수 있다고 점잖게 암시해주자 그녀는 동의했고, 그즉시 그것에 대해 무엇을 할 수 있는지 도움을 요청했다.

나는 이런 감정들을 일상적으로 어떻게 다루어 왔는지 이야기해주었다. 그녀는 머리를 숙이며 어머니는 화를 내시는 법이 없고, 항상 그녀에게 화를 내는 것을 죄라고 가르치셨다고 했다. 또한 어머니는 이따금 남자들은 어쩔 수 없지만, 여자들, 특히 착한 여자들은 화를 내서는 안 된다고 말씀하셨다 한다. 우리는 뿌리 깊은 사회적 관습이 되어버린 몇몇 주제에 대해 더 이야기를 나눴다.

그녀가 눈에 띄게 행복한 부부들을 보았을 때 그녀 마음속에 일어난 일, 남자와 여자에게 거의 매일 비슷하게 일어나는 일에 대해 나는 닐 워렌으로부터 배웠던 내용을 빌려 이렇게 설명했다.

"화는 강력한 힘입니다. 그것을 억누를 수도 있고, 부정할 수도 있고, 화가 당신을 조정하게 내버려두거나 또는 오히려 화를 다루는 법을 배울 수 있어요. 화는 인생에 있어서 불리한 것만은 아닙니다. 오히려 나의 인생을 위해 화를 이용할 수 있어요."

나는 세 살 난 아들 타미가 그렇게 깊이 사랑하고 그리워한 아버지의 사진을 찢었던 이야기를 해주었다. 그애는 너무 어려 사회적인 관습들을 배울 수도 없었지만, 자신을 번쩍 들어주지도 못하고 따뜻하게 꼭 안아줄 수도 없었으며 아픔을 다독거려줄 아빠가 없다는 것을 이해할 수 없어서 그 순진무구한 화를 사진을 찢음으로써 표현했던 것이다. 이러한 과정, 이 "화의 활동"은 슬픔을 회복하는 데 있어 무척 중요하며, 계속 진행되는 부분이기도 하다.

감사의 말

저의 생명줄인 가족들을 제외하고도, 많은 친구들과 동료들이 이 책을 쓰는 데 다방면으로 도움을 주셨습니다. 읽고, 교정을 보고, 조사하고, 귀기울여 들어주고, 정직한 견해와 평가를 주셨습니다. 선생님들, 행정가들, 어린이 대변인, 학교 상담전문가들, 부모들, 치료사들인 그들은 모두 이 책을 통해 슬픔 때문에 힘들어 하는 독자들에게 도움을 주고 싶어 했습니다. 자신들의 시간, 통찰력, 지혜를 아낌없이 준 친구들과 동료들은 다음과 같습니다. 제인 보스웰*Jane Boswell*, 아일린 시더벅*Eileen Cederberg*, 브렌다 컬리스*Brenda Kirleis*, 빌 린드블룸*Bill Lindbloom*, 제니 멀토*Jenny Murtaugh*, 조 히스*Joe Heath*, 낸시 너기*Nancy Nargi*, 수 노먼*Sue Naumann*, 존 머기어*John Murgia*, 루이즈 포터튼*Louise Potterton*, 수지 스캇*Suzy Scott*, 브렌다 스펜서 *Brenda Spencer*, 잭 스자보*Jack Szabo*, 린다*Linda*와 돈 워터즈*Don Waters*, 그리고 데이브 라이트*Dave Wright*, 특히 어린이에 대한 책들과 자료들을 연구하는 데 많은 시간을 쏟고, 항상 마음의 문제들에 초점을 맞춰준 마리안 브로버로*Marian Brovero*에게 감사드립니다. 또한 친구이자 저작권 대리인인 린다 록허*Linda Roghaar*와 월드윅 *Waldwick*에서 레인보우*Rainbows* 프로그램을 시작하는 데 훌륭한 지도력을 발휘한 조카 로라 다운햄 핏코*Laura Downham Pytko*에게도 감사의 마음을 전하고 싶습니다. 남편 윌 밀러*Will Miller*는 집필 과정에서 폭발하곤 했던 제 감정을 받아주었고, 기술적인 문제들을 처리해주었으며, 이 책의 처음부터 완성되는 순간까지 작가인 저를 지지해주었습니다.

매튜 다이너*Matthew Diener*, 리사 드러커*Lisa Drucker*, 에리카 올로프*Erica Orloff*와 수전 토비어스*Susan Tobias*의 편집 능력은 이 책을 제본하고, 인쇄하기에 적합하게 만들어냈습니다. HCI의 훌륭한 모든 사람들에게도 감사를 드립니다. 학교에서의 애도활동에 대한 저의 비전을 함께 나누었고, 트라파겐 학교에서의 활동을 적극 지원해주었습니다.

가장 깊은 감사의 마음을 전하고 싶은 사람들은 이 책에 나오는 가족들입니다. 자신들의 삶과 사랑했던 사람들의 이야기를 싣도록 허락해준 것에 존경을 표합니다. 제 마음으로부터 우러나오는 정중한 인사의 말을 다음의 가족들에게 전합니다.

딕 가족*The Dick Family*	다운햄 가족*The Downham Family*
포쉬니 가족*The Foschini Family*	그린 가족*The Greene Family*
잭슨 가족*The Jackson Family*	스몰 가족*The Small Family*
랜디스 가족*The Landis Family*	메이저 가족*The Major Family*
머기어 가족*The Murgia Family*	노먼 가족*The Naumann Family*
라이스 가족*The Rice Family*	스케헨 가족*The Skehan Family*

트라파겐 학교 가족*The Traphagen School Family*

테쿰세 캠프 가족*The Camp Tecumseh Family*

월드윅 교육위원회*The Waldwick Educational Community*

사람의 마음 속에 기쁨이나 행복만을 담고 살아갈 수 있다면 얼마나 좋을까요. 하지만 몸의 일부분이 뭉텅 떨어져나가는 듯한 상실의 아픔을 겪으며, 그로 인해 자연스럽게 차오르는 슬픔 또한 우리 사람의 마음속에 담겨질 수 있습니다. 그리고 그런 상실들은 삶 자체를 말 그대로 뒤흔들어버리고 말지요. 언젠가 반드시 죽을 수밖에 없는 것이 어쩔 수 없는 인간의 운명이라면 그로 인한 상실의 아픔과 슬픔 역시 어쩔 수 없는 인간의 굴레란 생각이 듭니다.

하지만 살아가는 동안 내내 슬픔과 아픔, 화와 분노의 짐을 짊어지고 힘겨운 싸움을 벌이는 사람들에게 이 책은 조심스럽게 희망을 타진합니다. 상실의 여파로 방황하는 이들의 문제를 외면하지 않고, 미루지 않고, 고통스럽지만 삶의 자연스런 부분으로 슬픔을 포용함으로써 말이지요. 또 상실로 인한 심한 정신적인 충격과 주체할 수 없는 감정들을 스스로 다룰 수 있도록 구체적인 분석과 훈련 방법들을 제시합니다. 그리고 긴급한 위기 상황들이 닥쳐왔을 때 바로 이런 일들을 하라고 충고합니다.

아빠를 잃은 다섯 살짜리 딸에게 달걀을 예로 들어 죽음이 무엇인지, 어떤 것인지 설명하는 엄마가 나옵니다. 존경하던 교장선생님을 갑작스런 사고로 잃은 아이들은 평소 교장선생님의 가르침을 실천함으로써 교장선생님을 영원히 기억하는 법을 배우지요. 자랑스런 할아버지를 잃은 초등학생, 사고로 돌아가신 교장선생님이 그리운 1학년 꼬마, 딸 혹은 아들을 잃은 부모, 친한 친구를 잃은 아이들, 암으로 시한부 삶을 선고받은 아들과 이를 지켜봐야 하는 엄마, 엄마가 자살한 아이들, '신경아세포종'이라는 희귀병과 전쟁을 치르는 꼬마 숙녀 등 많은 사람들이 나옵니다. 자신들의 고통을 용감하게 말이나 글로 표현하고, 슬픔을 감싸안는 올바른 방향과 자신들만의 방법들을 씩씩하게 모색하지요.

이 책 속에서 인용된 내용들 가운데 하나인 『용 같은 건 없어』에서 용의 존재를 인정하자마자 용이 오그라든 것처럼 삶 속에 가시처럼 박혀있는 상실의 고통을 인정하고 슬픔과 변화들을 건강하게 생활 속에서 구체화시키는 방법을 찾게 된다면, 분명 고통과 슬픔은 시간이 흐르면서 줄어들게 되지 않을까요?

예기치 않은 상실로 인해 미로를 헤매고 있는 이들에게 자신들이 지금 어디에 있는지, 지금 무슨 일이 벌어지고 있는지 정확하게 이해하고 인정하는 데 이 책이 도움이 되리라 생각합니다. 그리고 삶 속에 일어난 부정적인 변화들을 바꾸고 슬픔의 내면을 들여다보아야 할 때 무엇을 해야 하는지, 무엇을 할 수 있는지 그 질문에 충실히 대답할 것입니다.

번역을 하면서 제 마음 속에 일렁이던 감동의 물결이 여러분의 마음 속에도 일렁이길 기대합니다.

절 취 선

보내는 사람

도서출판 異彩(이채)

서울시 강남구 청담동 68-19 리버뷰오피스텔 1110호

tel 02.511.1891, 512.1891 | fax 02.511.1244 | e-mail yiche7@dreamwiz.com

1 3 5 - 1 0 0

독자 여러분의 의견이 좋은 책을 만드는 귀중한 자료가 됩니다. 이제(異彩)는 여러분의 의견 하나하나를 소중한 충고로 받아들이겠습니다.

이름 .... 나이 .... 성별 (남 / 여)

직업 .... 근무처 ....

전화 .... 휴대폰 .... ID

구독하시는 신문 .... 애청하시는 라디오 프로그램

○구입하신 책의 제목

○구입하신 지역과 서점 이름

○이 책을 어떻게 구입하시게 되었습니까?

○이 책을 보시고 좋았던 점이나 아쉬웠던 점을 적어 주십시오.

○평소에 출간되었으면 하신 책이 있으시면 적어 주십시오(아/내용/저자).

○저희 이제(異彩)에 바라는 점이 있으시면 적어 주십시오.